U0454540

马克思主义研究译丛 典藏版

「十三五」国家重点出版物出版规划项目

马克思主义以前的马克思

Marx Before Marxism

[英] 戴维·麦克莱伦（David McLellan）/著

李智　杨倩 等/译

中国人民大学出版社

·北京·

马克思主义研究译丛 典藏版

编委会

总　序

“马克思主义研究译丛”问世已逾十五个春秋，出版著作数十种，应当说它已经成为新世纪我国学术界有较大影响的翻译介绍国外马克思主义最新成果的大型丛书。为适应我国哲学社会科学繁荣发展的新形势，特别是满足马克思主义理论研究和教学的迫切需要，我们将继续加大这套丛书的翻译出版力度。

“译丛”在不断成长壮大，但初衷未改，其直接目的是为国内学术界乃至整个思想文化界翻译介绍当代国外马克思主义研究的最新成果，提升我国马克思主义理论研究水平，并推动建构有中国特色的哲学社会科学体系，包括学科体系、教学体系和话语体系等；而根本目的是借鉴当今世界最新文明成果以提高我们民族的理论思维水平，为实现中华民族伟大复兴的中国梦乃至推动人类文明进步事业提供思想资源和理论支撑。

“译丛”的鲜明特征是与时俱进。它站在巨人的肩上不断前行。改革开放后，我国学者翻译介绍了大量国外马克思主义研究成果，特别是徐崇温先生主编的“国外马克思主义和社会主义研究丛书”等，将20世纪国外马克思主义的主要理论成果介绍到国内，对推动我国学术研究发挥了巨大作用。20世纪末，特别是进入21世纪后，世界格局出现重大转折，国外马克思主义研究也随之发生了很大变化，形成了一大批新的研究成果。我们这套丛书的使命，就是要在前人工作的基础上，继续进行跟踪研究，尽快把这些新的思想成果介绍到国内，为人们研究有关问题提供参考。

我们所说的“国外马克思主义”是“世界马克思主义”的一部分。“世界马克思主义”有广义和狭义之分。广义的“世界马克思主义”是指自1848年马克思恩格斯发表《共产党宣言》以来的所有马克思主义，既包括经典马克思主义，也包括中国的马克思主义以及其他国家的马克思主义。狭义的“世界马克思主义”则是中国学者通常指称的“国外马克思主义”，即马克思、恩格斯、列宁等经典作家之后的中国以外的马克思主义。

160多年来，世界马克思主义对人类社会的发展产生了巨大影响，不仅在实践上改变了世界格局，而且在思想文化上影响深远。仅从思想文化角度看，其影响至少表现在五个方面。第一，它是当今世界上最大的话语体系。如“经济-政治-文化”“生产力”“经济结构”“资本主义”“社会主义”等，已经成为世界通用的概念。不管人们是否赞同马克思主义，都离不开马克思主义的概念和分析方法。第二，它影响并带动了世界上一大批著名学者，包括卢卡奇、葛兰西、哈贝马斯、沃勒斯坦等。正是这些思想家在引领世界思想潮流中发挥着不可替代的积极作用。第三，它深刻影响了当今世界各国的哲学社会科学，包括哲学、经济学、社会学、政治学、法学、新闻学等。第四，它深刻影响了世界各国的社会思想文化和制度文化，包括文学、艺术、新闻、出版、广播、影视以及各种具有社会主义性质的制度文化。第五，它深刻影响了世界各国的大众文化，包括大众语言、生活节日，如三八国际劳动妇女节、五一国际劳动节、六一国际儿童节等。应当说，在当今世界上，马克思主义已经深入人类文明的方方面面。

160多年来，世界马克思主义本身也在发生着巨大变化，从资本主义一统天下局面下的经典马克思主义发展到社会主义和资本主义两种制度并存局面下多种形态的马克思主义。20世纪以来，在资本主义国家，先后出现过社会民主主义模式的马克思主义、与苏联模式相对应的“西方马克思主义”，以及近几十年来出现的“新马克思主义”“后马克思主义”等；在社会主义国家，则先后形成了苏联模式的马克思主义、中国化的马克思主义，以及其他各具特色的马克思主义。

尽管世界马克思主义形态纷繁多样，但其基本的立场、观点、方法和价值指向是相同的，这就是在资本主义向社会主义转变的历史大潮中不断批判资本主义，寻找替代资本主义的更好方案，探索社会主义发展的正确道路。中国作为当今世界上最大的社会主义国家，同时也是最大的马克思主义理论翻译和研究大国，认真研究借鉴当代国外马克思主义的最新成果，对于推进中国特色社会主义事业和人类文明进步事业，都具有十分重要的意义。

世界潮流，浩浩荡荡。进入21世纪以来，中国的发展一日千里，世界的变化日新月异。全球发展中的机遇与挑战、中国发展中的成就与问题，都在不断呼唤马克思主义的理论创新。

从世界范围来看，全球化的深入推进、信息技术的广泛应用促使人类社会发展进入了一个全新的时代。同时，以中国为代表的新兴经济体的迅速崛起，以及世界各具特色的社会主义的新一轮发展，正在引发世界格局的重大变化。这些都为马克思主义、社会主义的发展提供了极好机遇。同时，也应当看到，尽管今天的世界是“一球两制”，但资本主义仍然占据主导地位，社会主义主导人类文明的时代尚未到来。时代的深刻变化向人们提出了一系列亟须回答的重大课题。比如，究竟应如何定义今天的时代？对此，国外学者给出了各种答案，诸如“全球化时代”“后工业时代”“信息时代”“后现代社会”“消费社会”等。又如，随着经济全球化、政治多极化和文化多元化的深入推进，人类世界交往的深度和广度都远远超越了以往任何历史时代，由此引发一系列全人类性的问题。如全球经济均衡发展、国际政治民主化、生态环境保护、人的全面发展、后现代状况、后殖民状况、多元文化、世界体系重构、全球治理等问题，越来越受到国际社会的普遍关注，也越来越多地进入思想家们的理论视野。近些年来，随着中国的发展以及资本主义世界金融危机的普遍爆发，马克思主义、社会主义又重新焕发生机，并受到世人的广泛关注。《共产党宣言》《资本论》等马克思主义经典著作又引发世界思想界乃至社会大众新一轮的研究热潮，特别是对“中国模式”的研究方兴未艾。关于社会主义、资本主义以及二者关系问题，马克思主义经典文本等的研究仍然是当代国外左翼学者普遍关注的问题。所有这些问题以及国外学者所做出的回答，都从不同方面反映了人类社会发展的时代潮流。了解这些思想潮流，有助于我们认识、研究当今中国和世界发展的问题。

从中国现实来讲，随着改革开放的深入进行，中国经济社会的发展突飞猛进，国际地位空前提高。中国正在逐步从世界舞台的边缘向中心迈进。中国化的马克思主义理论成果也不断推出。随着中央组织实施的马克思主义理论研究和建设工程不断向纵深发展，我国的理论研究与改革开放实践进程交相辉映，这使我国哲学社会科学在理论与实践、历史与现实、国内与国际、研究与教学的结合上愈加深入，愈加科学，愈加丰富，愈加具有实践性、时代性和民族性。中国思想界从来没有像今天这样朝气蓬勃而又富有创造精神。然而，也应当看到，我国的现代化建设还面临各种困难与问题、风险与挑战，如社会不公、贫富分化、权力腐败、物质主义泛滥、人文精神失落、生态环境破坏等。为解决这些发展中的突出问题，中央提出了“四个全面”战略布局、“五大发展理念”等。要把这些发展的新理念、新思想、新战略等变为现实，还需要做深入的研究。这是我们理论研究面临的首要任务。再者，我国这些年的经济社会发展成就斐然，但国际话语权还很小，这是制约我国走向世界的关键。中华民族要实现伟大复兴的梦想，就必须在未来世界文明的舞台上有所作为，不仅要解决好自己的发展问题，还要关注人类的命运。这就需要站在世界潮流的高度看问题，特别是要把握和处理好社会主义与资本主义的关系，既要做好社会主义与资本主义长期并存、相互影响的准备，又要培养担当精神，主动引领世界文明的发展，为构建人类命运共同体，最终实现社会主义新文明对资本主义旧文明的超越，做出我们中华民族的新贡献。而要赢得世界的话语权，乃至引领世界文明潮流，就需要认真总结人类现代文明发展的经验，特别是要总结中国特色社会主义建设的经验，把这些实践经验上升到思想理论和学术研究的高度，形成一套现代化的国内外人们普遍认同的价值理念、思维方式、话语体系、学术体系、学科体系等，使之能够进入世界各国的学术研究领域、教学教材体系乃至变成大众的生产生活方式。正是在这样的背景下，中央提出了构建有中国特色的哲学社会科学体系的历史任务。

作为 21 世纪的中国学者，要承担时代赋予我们的使命，就必须始终站在学术前沿，立足中国，放眼世界，不断汲取人类一切优秀的思想学术成果，以丰富自己的头脑，创新马克思主义理论，为推进中国和世界的发展提供理论智慧。

正是出于上述考虑，我们力求站在世界潮流发展的高度，结合我国现代化建设和理论研究的实际，从国外马克思主义研究的最新成果中选择有时代性、创造性、权威性、建设性的作品，译介给我国读者。这应当说是“译丛”选题的基本原则。

至于选题的内容，主要包括以下四个方面：一是有关基础理论研究成果，即关于马克思主义经典文本和思想发展史的研究成果，如关于马克思恩格斯的文本、基本观点及其发展历程的研究成果，关于国外马克思主义发展史的梳理分析，以及马克思主义中国化的研究成果，等等。这些成果的翻译引进可以帮助我们更加深入地研究马克思主义经典著作，推进马克思主义基本理论和马克思主义发展史、传播史的研究。二是有关重大理论问题研究成果，即关于人类社会发展历史、规律和未来趋势方面的新成果，如关于社会主义的发展、资本主义的走向、人类文明转型、现代性与后现代性等的研究成果。这有助于我们科学把握人类社会发展的规律、现状和趋势，推进马克思主义基本理论的创新与发展。三是有关重大现实问题研究成果，如关于经济全球化、政治民主化、生态问题、后殖民主义、文化多元主义、人的发展问题、共享发展问题等的研究成果。这有助于我们回答和研究一系列重大社会现实问题。四是海外有关中国道路、理论、制度的研究。这是近些年来国外学术界研究的新亮点，也应当成为我们这套丛书的新亮点。翻译介绍这些成果有助于我们了解国际思想界、学术界乃至国际社会对中国改革开放和现代化建设的认识，从而有助于加强与国际学术界的交流互鉴，提升我们在国际学术界的话语权和影响力。除了这四个方面之外，其他凡是有助于马克思主义研究的新成果，也都在选题之列。当然，由于所处的社会文化环境不同，国外学者的思想认识与我们的观点不尽相同，也不一定完全正确，相信读者会用科学的态度对这些思想成果进行甄别和借鉴。

为更好地完成丛书的使命，我们充实调整了顾问与编委队伍。邀请国内著名的世界马克思主义研究专家作为丛书顾问，同时，邀请国内一批著名的专家学者作为编委，还适当吸收了青年学者。这些学者，或精通英语、德语、法语、日语，或对某一领域、学派、人物等有专门研究，或对国内某一地区、某一方面的研究有一定的权威性。有这样一支语种齐全、研究面广、代表性强的老中青队伍，加之广大学者的积极支持，我们有信心把丛书做得更好。

“译丛”自 2002 年问世以来，得到我国学术界乃至社会各界同人的广泛关注和大力支持。其中有的译作在社会上产生了较大影响，对推进我国马克思主义理论学科建设发挥了积极作用。这套丛书还日益受到国际学术界的重视，不少国际著名学者表示愿意将自己的新作列入丛书。为此，要衷心感谢所有关心、帮助、支持和参与丛书工作的朋友！需要说明的是，由于这方面的研究成果很多，而我们的能力有限，只能有选择性地陆续翻译出版，有考虑不周或疏漏乃至失误之处，也请大家鉴谅。希望新老朋友们继续为丛书推荐书稿、译者，继续关心、支持我们的工作，共同为繁荣发展我国哲学社会科学和理论研究事业奉献智慧与力量。

杨金海

2016 年 6 月 16 日

于北京西单

译者前言

本书以亚里士多德的一句名言作为结语：要想厘清一件事，就必须回溯至它的起源。这或许正是本书撰写的要旨所在：要想弄明白马克思主义，最好回到马克思主义的原点，即回到马克思那里去。按照以赛亚·伯林对思想家学术实践的分类，作为西方马克思主义研究集大成者的麦克莱伦，研究马克思采用的是典型的狐狸模式：围绕多重人生现象（马克思生平事迹和思想历程的方方面面）进行经验主义的事实描述和多角度的归纳评述，而不预设任何立场或急于从事实中推导出某个结论。这种研究模式并非在于输出一种鲜明、锐利的观点，而在于提供一种启发性的指引：世界那么大，青年马克思该何去何从？这就使得本书通篇行文娓娓道来而又环环相扣、兼顾各方而又层层递进，呈现出一种多维、立体且饱满、澄明的马克思形象。当作者向我们悉数展现青年马克思的成长历程、马克思早期著述活动的来龙去脉，并对当时热议的“两个马克思”等学术问题进行充分讨论之后，一个叠加和融合了青年马克思和老年马克思的人物形象已然跃然纸上。

面对卷帙浩繁的马克思相关著作，本书钩玄提要、阐幽抉微，充分采用了包括《马克思恩格斯全集》（MEGA[1]）、《马克思恩格斯选集》、《马克思恩格斯文集》、马克思恩格斯的书信集以及马克思主义评论性专著在内的引证材料，以求正本清源、还原要义。在对引文的翻译上，本版译本充分参考人民出版社自1995年起陆续出版的《马克思恩格斯全集》中文第二版各卷内容，原文中少量标注来自选集、书信集或者《资本论》等单独发行的而非MEGA[1]的引文，本版译本亦对标《马克思恩格斯全集》中文第二版进行统一校译。另外，针对英文原版正文中部分虽以引号标示但未明确标明出处的内容，在此译本中统一以“译者注”的方式补注释。

本书的翻译是一项集体的事业，除了主译李智、杨倩外，高冉、魏飞、祁芝红、崔鑫宇和王艺燃也参与了本书的翻译。此外，杜钰婧、孙高洁、霍俐俐、秦子妍、秦意、卢欣怡、陈子恒、刘孟乔等人提供了部分翻译资料。最后由李智、高冉和崔鑫宇进行统稿。

最后要指出的是：本书的翻译是教育部专项课题“推进党史学习教育融入思政课的有效匹配研究”（21SZK0033004）的阶段性成果。

译　者

2023 年 3 月 29 日

目　录

前　言

马克思的早期著作一直遭遇的一个困境是：在用英文探讨这些著作的少量精细化研究中，它们总是被相关书籍用来论证某种解释而加以讨论。本书则旨在尽可能中立地呈现出处于特定社会历史情境下的马克思的早期著作。

如果说本书在写作风格上有什么优点，那么，这在很大程度上要归功于格雷汉姆·托马斯，他对本书的帮助是极其慷慨而宝贵的。

利特尔克劳福特

奇勒姆

肯特

1968 年 12 月

第一章　1848 年以前的德意志

1. 经济

1 法国大革命刚结束之时，德国还是一个经济落后的国家。与正在经历从农业向制造业转型的法国经济相比，德国的“贫困”（这在当时是一种约定俗成的说法）是不言而喻的。而与已经步入工业化阶段的英国相比，德国更是相形见绌。彼时的德国只是一个笼统的地理概念，用以指代那些使用同一门语言的、曾经同属神圣罗马帝国的邦国——这里 2 300 万人中有3/4都靠土地为生，因而仍是一个地地道道的农业国家。自拿破仑败北到 1848 年革命的 30 多年间，德国的经济发展呈现出这样的特点：通过自上而下在农业社会实施市场经济，快速向工业大国的地位迈进①。

在普鲁士，旧有的封建土地结构被三次革命消失殆尽：1807 年 10 月，
2 弗里德里希·威廉三世的内政部长冯·施泰因男爵解除了土地买卖的禁令，

---

① 关于德国这个时期社会经济背景的更充分的论述，见 A. Ramm, *Germany : A Political History* (Methuen, London, 1967) pp. 103 ff. ; G. Mann, *The History of Germany since* 1789 (Chatto & Windus, London, 1968) pp. 15ff。另外一篇文献提供了大量详细而合理的解释，参见：J. Droz and P. Ayçoberry, ‘Structures sociales et courants idéologiques en Allemagne prérévolutionnnaire’, *Annali*, VI (Feltrineli, Milan, 1964) 164 ff. 关于工人阶级，参见 W. Conze, ‘ Vom Pöbel zum Proletariat’, *Vierteljahrsschrift für Sozial – und Wirtschaftsgeschichte*, XLIV (Wiesbaden, 1954); J. Kuczynski, *Die Lage der Arbeiter unter dem Kapitalismus* (Akademie Verlag, Berlin, 1961) I。还有一本可靠的背景资料文献是 F. Schnabel, *Deutsche Geschichte*, 5th ed. （Herder, Freiburg, 1959）。

并废除了农奴制度，尽管农民仍要向地主缴租和提供劳役；1811 年，普鲁士首相哈登堡又进一步推进了改革，让农民通过割让部分土地给地主，使他们成为完全的土地所有者；最后，1821 年的一项法案使得所有农民可以买断仍然存续的地租，但是要花上平均相当于年租 25 倍的价钱。这些改革的效果意义深远：普鲁士的农业变得规整化了，农庄规模日益扩大，中小地主在 1815 年到 1848 年间减少了 40%，100 万公顷的土地转入了大地主手里。这些地主开始前所未有地从土地上获取利益，与资产阶级在经济发展的看法上越来越不谋而合；而原先的农民获得了婚姻和择居的自由，可以留在大庄园当日工或者搬到城镇逐渐形成为日益壮大的无产阶级。

在 19 世纪初期，纺织业是唯一大规模存在的制造业。这受益于拿破仑战争期间的大陆封锁令，但解除封锁给德国带来了洪水般涌入的英国廉价商品，几乎让已有的工业规模毁于一旦。这些工业被迫进行现代化或者惨遭淘汰，折腾了 15 年才恢复元气。德国各邦的经济发展存在着一定程度的不平衡，这是由拿破仑占领及其实施的不同法律所造成的。毫无疑问，莱茵 - 威斯特伐利亚是工业领先的省份，这也是马克思出生的地方，曾经在 1795 年到 1814 年间被法国占领，也因祸得福从经济、行政和政治改革中获得好处。之前的 108 个小邦被划分为 4 个行政区，封建制度被废除了，政治、司法和财政上的平等得到了确立。各地割据和关卡壁垒被取消了，很多产品可以出口到法国，制造者受到了本国的保护抵御来自英国的竞争。增长势头如此迅猛以至于鲁尔区的行政长官在 1810 年洋洋自得地宣称这里是欧洲最具工业化的地区。纺织业在这一轮扩张中处于领先地位，它们不需要太多资本投入，而且现成劳动力充足。大陆封锁的解除和被迫现代化 3
之后，亚麻被更适宜机器生产的棉花替代。法国占领造成的进一步后果是，在莱茵地区的人们当中弥漫着一种对法国和法国思想的复杂情愫，他们并不乐意接受 1815 年维也纳会议把莱茵地区归还给普鲁士的决定，因为在当时那是一个备受战争摧残的穷国。大概到了 1830 年，这种反感随着普鲁士的经济恢复起来才渐渐有所消减。

与法国和英国相比，整个德国的工业生产仍然相形见绌，但是发展势头迅猛。采矿业的产量在 1800 年到 1830 年之间增长了 50%，接着在 1830 年到 1842 年之间又翻了一番。冶金业产量在 1800 年到 1830 年之间增至 3 倍，而消费产品在 1830 年到 1840 年十年间的产量是 1800 年到 1810 年十年间的 8 倍。但直到 1834 年 18 个邦加入关税同盟时，才开始实现快速增长。在 30 年代中期之前，蒸汽机的生产仍然缓慢，1831 年时的状况滞后英国 50 年。克虏伯钢铁公司大概 1835 年的时候才开始扩张规模。突飞猛进的代表当数铁路：德国的第一条铁轨在1835年铺设，到了1847年铁路总长已达到2 500公里。钢铁产量从1834年的13.4万吨增长到1841年的17万吨，棉花的进口量从1836年的18.7万吨增长到1845年的44.6万吨，蒸汽机的数量在1837年到1848年之间增加了2倍。

工业发展与人口大幅度增长同步出现，在1815年到1855年之间有一半以上的地区人口激增，给国家的经济和社会结构带来了复杂的影响。东部农业地区的增长量普遍高于西部，部分原因是国家放松了对结婚年龄的限制，还有就是马铃薯种植面积的增加能够养活人数更多的家庭。莱茵-威斯特伐利亚、美因河谷、萨克森等工业地区的人口也出现了激增，因为
4 想要限制产业工人家庭人口增多是不可能的，到了后来则是由于周围农村人口的涌入；德国长期未能充分就业的情况在那些不能支撑人口增长的农村地区开始出现，这些过剩人口后来只能涌向城镇。在1848年之前的30年里，还有75万的移民涌向了其他欧洲国家和美洲。

因此，这个时期的工业大发展部分得益于先前的农业改革、人口剧增和大量廉价劳动力的供应；部分得益于在外国竞争的冲击中生存下来的德国工业在这个时候处于扩大的态势；部分得益于海关制度的改革大大方便了贸易；最后得益于那些在30年代中期开始从商的年轻一代当中出现的新姿态：这是第一代技术教育的受惠者，国内外旅游的机会使他们见多识广。他们从传统信条中解放出来，能够意识到人口暴增的潜在力量。

2. 社会

这种由农业危机和人口剧增所推动的工业发展，以及随之出现的以工厂为生产单位的趋势，必定会在社会结构方面引起很多变化。那些通过市场规则开发自己土地的大地主，仍然保有一定的封建特权：他们免交财产税，有自己的警察和法庭来把持小范围案件，享有教会庇护而且操持着省议会。他们虽然并不都是贵族，但他们往往凭借传承下来的特权进行投机而获取相应的财富。他们虽然逐渐失去了对城镇行政的控制权，但仍然占据着最高的公职并掌控着军队。

中产阶级是工业扩张的真正受益者。基于拿破仑立法，他们由大商人转变为工业家或企业家。他们经历了几个艰难的时期——特别是在解放战争以后——关注经济利益的必要性在一定程度上解释了他们的政治觉醒较
5 慢的原因。而且德国中产阶级不同于1789年革命以前的法国资产阶级，他

们是非常虔诚的教徒，一个典型的地区就是恩格斯童年居住的乌培河谷。在这里，加尔文主义的精神保持着一种严格的等级秩序感，并严守一种义务，即不断增加上帝赐予的财富是为了上帝更伟大的荣光。莱茵河流域的资产阶级是个例外，他们仗着先进的工业和来自法国的影响，开始要求在省议会中拥有更大的代表权、更自由的表达权和更强有力的法律保障。

比资产阶级的人数多得多的是手工业匠人，他们的社会地位受到经济发展的威胁最为严重。“手工业匠人”一词在最严格的意义上指的是在自己家里干活儿并雇用几名“帮工”的手艺师傅。在这种最初的劳作组织中，商人把生产的全过程都委托给每一位工匠去完成。后来制造业阶段到来，就出现了分工。有时候工具归商家所有，手工业匠人的独立性就进一步被削弱了。在第三个阶段中，工厂兴起，生产集中化和机械化出现了。在这个过程中，由于工业的发展，手工业匠人逐渐被压榨，失去了独立性，一些人开始依附于批发商，另一些人被迫进入了工厂。以前手工业匠人受到自治团体的保护，这得益于遍及全德的无数关税壁垒，还受益于大多数邦国使用不同的货币：普鲁士有 67 道关卡，西部各省流通着 71 种不同的货币。在 19 世纪 30 年代，由于早期的工业发展给那些从事建筑、机械和奢侈品生产的手工业匠人打开了市场，他们的生意相当繁荣，但不久之后，工业的巨大发展使一个又一个行业失去了经济活力。帮工的数量减少了，这些人大量迁移，有的去了国外，有的进了工厂。那些留下来的人敌视资本主义发展所带来的后果，赞成恢复行会。工匠师傅和他们的帮工站在同一立场上，而且态度往往更为保守，因为如果他们丧失了自己的地位，他们在社会上的地位就必定进一步下降。因此，那个时候的手工业匠人大部分时间里处于自相矛盾的状态；行会的日趋没落和城镇的壮大，给他们中 6
的很多人带来了暂时性的兴旺，而工业的出现又使他们依附于资产阶级。

当然，人数增长最快的是产业工人——在 1800 年至 1848 年间增长了 7 倍。这是一个延长劳动时间和雇佣女工、童工的时代。但这至少给无地的农民和失业的手工业匠人提供了工作机会，然而工人的生活却只够勉强糊口。他们的工资持续下降：如果 1800 年以 100 为基准的话，到 1830 年则降为 86，而到 1848 年降至 74，其中在 1847 年危机中曾降到最低的 57。而且案例研究表明，大多数产业工人的生活都是艰难的。然而，这些工人还未能形成有阶级觉悟的无产阶级。首先这是因为他们的人数还不算多，在 19 世纪 40 年代中期普鲁士手工业匠人的数量仍高于产业工人；其次，每一行业的工人仍然倾向于恪守他们的职业头衔、习俗和工作风格。优先把“社会问题”摆到台前的是资产阶级中感到忧心忡忡的一部分人，虽然在工人中也开始出现了一些研究团体（Bildungvereine），但最具有阶级觉悟的当数德国流亡工人。

尽管直到1850年以后德国才真正出现产业扩张，在此之前德国基本上仍是一个农业国，行会和容克地主仍握有相当大的社会控制权，然而农业改革、人口猛增、因新贵和失业手工业匠人的出现而充斥着混乱的城市社会、快速的人员迁徙，以及阶级对立不断加剧，都为政治思想的发展和传播提供了丰富的土壤。

3. 政治

诚然，德国1848年以前的各种政治思想并不完全与上述的社会经济集
7 团相适应。更何况，那时还没有政党，一些邦国，尤其是普鲁士，甚至没有一部宪法。尽管如此，我们还是有可能将各种政治立场集结为五个主要流派：保守主义、政治天主教派、自由主义、激进主义和新兴的社会主义①。

（1）保守主义。

德国的保守主义派并不纯粹是对日渐强大的自由民主力量做出被动的反应，因而他们不只是发起力图恢复旧势力的运动，还旨在为社会构建某种内在秩序。英国贵族通过控制议会来保持他们的影响力，法国贵族则在1789年失去政权之后或多或少沦为教会政治势力的残余，而德国的保守派贵族虽然势力强大但没有团结起来。他们没有组成政党，仅有的一些正式团体是在某些虔诚派教徒的运动中形成的。

保守主义思想主流的领袖是盖尔拉赫兄弟、政治哲学家斯塔尔、神学家亨斯滕贝格和历史学家利奥。他们对任何形式的理性主义都一概持敌视态度，因此不仅反对自由派和民主派，而且也反对弗里德里希·威廉三世或奥地利的约瑟夫所实行的那套专制主义，因为他们认为那是一种理性主义的权力观。他们相信整体绝对优于部分，留恋中世纪帝国并支持超国家的神圣同盟。他们强调传统和合法性，因而是坚定的保皇党人，还把这些观念整合成一种等级制的和系统性的世界观，这种世界观

① 对这时期德国政治思想的两篇卓越论述是在 E. R. Huber, *Deutsche Verfassungsgeschichte*（Kohlhammer, Stuttgart, 1960）Ⅱ 324 ff.，以及前面提到的德罗兹和埃索贝里那篇文章的后半部分中（见第2页脚注中）。

源自诸如弥勒和弗里德里希·施莱格尔这样的浪漫派政治哲学家①。因此，他们是“基督教国家”的坚定支持者，他们支持旧有庄园基础上建构起来的政体。

一些保守派拥有强烈的社会意识，他们是那些首先注意到社会问题和
最贫穷阶级苦难的人②。他们中的一些人继承了封建先辈们留传下来的对 8
被保护者的责任感。维克托·艾梅·休伯和洛伦茨·冯·施泰因就是这样一些人，他们赞成“社会君主制”并呼吁国王帮助无财产的阶级反对财产占有者。弗里德里希·威廉四世深受这种主张的影响并努力兴建慈善救济组织。另外还有一个独特的自由主义保守派群体，如兰克和拉多维茨，他们关心的首要问题是德国的统一和某种程度的代议制政府。

（2）政治天主教派。

老实说，新教徒和天主教徒的政治观点在 1837 年以前是难以区别的。1837 年发生的“科隆事件”唤醒了全德天主教徒的政治觉悟。科隆的新任大主教决定实施长久以来一直被忽略了的一条罗马教皇法令，即要求异族通婚的双方发誓将他们的孩子培养成为天主教徒。由于这一决定与 1825 年的皇家法令相抵触，国王没有别的选择，只能逮捕了大主教，使其成为殉教者。1840 年弗里德里希·威廉四世继承王位时释放了大主教这件事一直是天主教徒不满意政府的焦点。普鲁士政府最后不得不让步的结局，让天主教徒们获得了胜利感，从而使教皇至上主义得以复兴。这里的天主教复兴不像在法国和比利时那样是自由派主导的，因为它的支持者们乃是反民
主且不切实际之流。他们相信教会是上帝为了永生的拯救而建立的，在任 9
何情况下都不应该从属于国家。这样看起来似乎他们也认同政教分离的自由主义观点，似乎也赞成以言论自由、通讯自由和集会自由为实现这一目的手段。

然而，大多数有政治头脑的天主教徒是相当保守的，他们期望看到一个基督教君主政体，在这个政体中，教会在纪律和教学都比较自由的情况下用道德说教来影响国家。他们的目的并不在于恢复教会之前的世俗权力，

---

① 关于这个方面的情况，参见：H. Reiss, *The Political Thought of the German Romantics* (Blackwell, Oxford, 1955).

② 浪漫派哲学家弗朗兹·巴德尔在 1835 年谈到他的出生地巴伐利亚时，似乎最早使用了“无产者”一词，并指出了它对社会的意义。在他的 *Über das dermalige Missverhältnis der Vermögslosen oder Proletairs zu den Vermögen besitzenden Klassen* (1835) 一文中，他从几个方面描述了资本积累的规律，并断定无论慈善事业还是治安措施或是只有有产者具有公民权的立宪国家，都不能帮助工人阶级。工人应在教会的指引下，依靠结社来获得维护自身利益的权利。

而是希望发挥其精神上的影响力让公众认可和确保教会的地位。这还包括正式认可基督教婚姻是一项根本的国家制度，并谴责不同宗教信仰的人通婚。教育也被认为是隶属于教会的管辖范围，国家教育被视为是不可靠的。在纯政治问题上，天主教徒的观念并不是很统一，虽然他们中间绝大多数积极分子来自德国西部、南部和西里西亚贵族。至于任何有关个人自由的观念，他们的哲学家巴德尔和雅尔克都反对国家有机哲学。他们赞成阶级代表制，恢复旧帝国及其政治制度的念头对他们产生了强烈的影响。

政治天主教徒的领导集团以约瑟夫·格雷斯为中心，虽然他年轻时是康德的信徒，而且是法国革命原则的狂热者，但是在 19 世纪 30 年代他成了天主教党的首席发言人。他通过发送小册子而拥有广泛的影响力，在这些小册子中留传最广的是他在“科隆事件”中支持教会立场的《阿塔纳修斯》。该集团的其他成员包括巴德尔、雅尔克和后来因反对梵蒂冈教廷的法令而声名鹊起的德林格尔。在莱茵地区的资产阶级中也出现了一个在政治上主张自由主义的天主教派，他们不排斥法国革命的原则。在布斯和冯·凯特勒主教周围也形成了一个小团体，他们热衷于社会问题，主张建立一种“社会国家”。然而，以上提到的后两个团体人数都相对较少。

10 (3) 自由主义。

商业资产阶级想在决策过程中拥有更多话语权的诉求为自由主义思潮提供了各种流派的力量。

有两个主要派别清晰可辨。

第一个派别的观点比较保守，它的主要思想领袖是达尔曼，这个派别的观点与保守的有机的国家观非常接近。对于他们来说，个人不是与他们的同胞没有任何必然联系的孤立的原子。个人具有作为社会的一名自由而又负有责任的成员的地位和职责。国家是一个法人，正是国家握有主权。这些自由主义者对主权属于国王和主权属于个人两种观点都一概反对。事实上，他们坚持只有国家拥有主权，个人的自由才能得到保障，如果是国王或个人拥有主权，个人的自由即使不被毁灭，也将受到损害。国家权力当然不是无限的，因为它要受到各种力量的制衡和成文宪法的制约。此外，每个人都有双重身份：他作为个人的权利和义务不能与他作为公民所拥有的与生俱来的权利相抵触。英国的自由主义在这里比法国的自由主义更被推崇为典范，因为英国的发展看起来很自然，人为干扰因素较少，因此吸引了持有历史传统和政治渐进观点的人。较为保守的德国自由主义者反对以议会为基础的制度，而提倡由世袭君王和由人民选举产生的代表形成权力制衡的君主立宪制。行政权力由国王任命的并对议会负责的部长们所掌握，他们对议会负责却不依赖于议会。这些主张由于得到诸如施特劳斯和罗森克兰茨等自由黑格尔主义者的支持，在德国北部的势力最强大，尤其是在由商人康普豪森和梅菲森领导的持久战取得成功的莱茵地区，这些斗争旨在维护在《民法法典》和法律面前一切公民平等的原则。这场斗争使莱茵地区长期保持着一种自治精神和对普鲁士的宗教政策和半封建专制主
义的厌恶。由于国家的官僚机构没有能力应对农产品市场萎缩和农村地区 11
贫困加剧等问题，一部分东普鲁士贵族转而支持以柯尼斯堡城为中心的自由主义运动，这个城市是康德曾生活和教书的地方。东普鲁士总统冯·舍恩出版了一本小册子，强调三级会议的召开是属于每个国家的最基本权利，约翰·雅各比博士被指控犯有叛国罪，因为他发表了一份请愿书，要求国王批准他以前许诺过的宪法。

自由主义思潮的另外一个主要流派更加强调个人自由，受到本杰明·康斯坦特等法国自由主义者的影响，他们曾反对波旁王朝复辟并在七月革命中取得胜利。这个流派效仿法国，遵循 1789 年的原则。巴登的政治家罗特克是这些自由主义者的典型代表，这种自由主义者在西部人数最多，就是在那些成立了议会并且能公开讨论政治问题的邦国（例如巴登）里人数居多。他们非常崇拜卢梭和孟德斯鸠，特别强调议会权力至上，并且主张仿效法国和比利时的“资产阶级君主政体”模式，建立一种议会君主制①。

（4）激进主义。

相比较而言，自由主义作为一种运动，广泛得到了各阶层民众的大力支持（至少也是默默支持），而且它的目标是比较实际和确定的——在国家的政府里争取到发言权，而激进派的思想却局限在知识分子的一些小圈子里，其中最著名的是青年黑格尔派。除了霍夫曼·冯·法勒斯雷本、佛莱里格拉和海尔维格的诗，以及教会中诸如新教徒的启蒙运动和天主教的德国天主教运动这样的反抗运动之外，激进派思想对广大民众的影响微不足道。自由主义者对政府决策不持蓄意反对态度，并且寄希望于合法性。
他们的目标是改善，而不是摧毁君主制度，而且他们强调保持一致和少搞 12
宗派主义的重要性：支持罗特克和巴登的自由主义者们反对在他们的议会中投票，并希望所有的决议都是通过达成共识而得出的。而激进主义者们是天生的革命者，他们对人民主权、普选制甚至共和主义方面的主张几乎没有商量的余地。

---

① 关于这个时期的自由主义，特别是学术界所起的作用，请见：R. H. Thomas, *Liberalism, Nationalism and the German Intellectuals, 1821 – 1847* (Heffer, Cambridge, 1951).

激进分子们的核心观念是人民主权，他们对这一观念的解释显然受到了卢梭学说的启发，即公众意志是无所不在和无所不能的。因为他们坚信，一切国家权力——行政权、司法权和立法权都来自人民。毫无自由派那种历史传统的和渐进演化的考虑，他们也赞同在一个单一的、不可分割的国家中建立国家民主。这就带有了共和制的思想，而激进派无条件地反对任何形式的君主政体思想。和自由派一样，激进派要求成立国民议会，但是坚持只设一个议院，因为人民只有一种意志。政府将是这个议会的一个行政委员会，并且完全依从议会。激进主义者反对任何平衡制约的想法，因为他们认为自由的唯一保障是全民参与国家的政府管理。形成这些思想的基础是一种完全不同于自由主义者的平等观。自由派在谈到“人民”的时候，并不是指这个国家的所有的个人，罗特克本人就说过，他绝不反对“根据人的天赋、德行以及财富的区别造成的足以产生政治影响的自然的和真实的不平等”①。激进派否认阶级不平等是天然合理的。与自由派相反，激进派认为阶级地位的不平等应该由政治的平等来弥补，普选制对于任何公正合理的政治制度来说都是最基本的。

从自由主义逐渐分离出来的这种激进主义，直到 19 世纪 40 年代初期才与自由主义完全决裂，在法国的七月革命之后第一次作为一种公开力量在德国亮相。1831 年哥廷根的激进分子策划了一次短暂的政变；
13 1832 年在帕拉蒂纳特举行了一次政治集会，谴责对约翰·维特协会因支持汉巴赫的出版自由而遭到的镇压，3 万人的集会中有许多人高举被取缔的青年团（激进学生组织）的黑红金三色旗；1833 年他们甚至袭击了法兰克福城。

这些公然举动导致奥地利首相梅特涅在 1832 年向联邦议会提出了 6 项条款，重申一切权力都掌握在王公手中，议会没有权力干涉他们政府的决定。这些条款重申了审查制度，进一步从法律上禁止政治结社，除非有严密的监视，否则不允许公开集会。激进派不经意发动的政治示威遭遇的失败，意味着往后在德国境内的反抗只能局限在文学和宗教领域内。在文学界，定调的是“青年德意志”运动；他们深受圣西门学说的影响，他们的领袖是卡尔·古茨科夫，他们中最著名的作家是亨利希·海涅②；在宗教界，黑格尔的激进派信徒反对他们的领袖把宗教和哲学混为一谈，卡尔·

① *Staatslexikon*, ed. Rotteck and Welcker (Altona, 1837) Ⅳ 252 f.

② 关于这个运动，请参见：E. Butler, *The Saint-Simonian Religion in Germany* (Cambridge University Press, 1926).

马克思就是其中的一员。这一运动很快变成政治性的，一些成员离开了德国，参加了在法国、比利时和瑞士的德国移民的激进主义团体，这些团体是在梅特涅实行镇压措施后不久成立的。在这些地方社会主义思想已经开始流传。

（5）新兴的社会主义。

德国的工人阶级并非社会主义思想的发起者。当时的德国只是在向工业化国家发展的过程中，产业工人远未达到人口的大多数。他们没有成立起足够有力的组织，且沉湎怀旧胜过向往革命。社会主义思想是由一个知识精英的政党传播的，这一政党把无产阶级群众视为社会复兴的潜在工具。

19 世纪 30 年代，法国空想社会主义开始在德国产生影响①。在特里尔本地（马克思的出生地），路德维希·伽尔公开宣传傅立叶学说，然而在 14
柏林，海涅的诗和甘斯的演讲赢得了更广泛的听众。德国本土的共产主义者写的第一本书是莫泽斯·赫斯的《人类的神圣历史》，他从父亲在科隆的工厂逃到巴黎后，接受了共产主义思想②。这本书写得深奥且隐晦，但很清楚地包含着关于阶级两极分化和无产阶级革命即将来临的思想。1 年以后，活跃在巴黎和瑞士的德国流亡工人协会中的一位名为威廉·魏特林的裁缝出版了一本小册子，标题是《现在的人和将来的人》③。这是一部救世主式的作品，它反对世上造成各种不平等和不公正的有钱人和实权者，捍卫所有人通过社会平等公正的方法接受教育和幸福生活的权利。但是极大地促进了社会主义思想传播的还是洛伦茨·冯·施泰因的研究文集《当代法国的社会主义和共产主义》④。早在 19 世纪 40 年代，一些黑格尔的激进信徒们就追随费尔巴哈对黑格尔哲学的人本主义解释，发展了一种建立在以人为“类存在物”⑤ 基础之上的社会主义。

---

① E. Butler, *The Saint-Simonian Religion in Germany* (Cambridge University Press, 1926).

② 关于赫斯，参见：E. Silberner, *Moses Hess* (E. J. Brill, Leiden, 1966). On 'The Sacred History', see ibid, pp. 31 ff.; D. McLellan, *The Young Hegelians and Karl Marx* (Macmillan, London, 1969) pp. 137 ff. 赫斯的这本书再刊于《莫泽斯·赫斯：哲学和社会主义文集》。*Philosophische und socialistische Aufsätze*, ed. A. Cornu and W. Mönke (Akademie Verlag, Berlin, 1961) pp. 1-74.

③ 关于魏特林，参见：C. Wittke, *The Utopian Communist* (Louisiana State University Press, Baton Rouge, 1950).

④ 对施泰因的更详尽的介绍，见本书 81 页。

⑤ 对德国社会主义起源的更为详尽的论述，参见：*A. Cornu*, *Karl Marx et Friedrich Engels* (Presses Universitaires de France, Paris, 1955) Ⅰ 23 ff.; G. D. H. Cole, *A History of Socialist Thought* (Macmillan, London, 1953) Ⅰ 219 ff.

4. 知识分子

(1) 1789 年的原则。

诸如罗特克这样的自由主义者和社会主义者两派都大大得益于 18 世纪
15 法国思想家——伏尔泰、狄德罗、孔狄亚克、爱尔维修和卢梭的思想①。他们基本上都是理性主义者，无条件信奉理性在解释世界和改造世界方面发挥的力量。根据这种信仰，他们调和了莱布尼茨等古典形而上学理论家的唯理论和英国洛克与休谟的经验论。他们认为自己能证明人的天性是善良的，而且所有人都具有同样的理性；导致人类灾难的根源简单地说可以归于无知，造成这样的无知，部分是由于不利的客观现实，部分是由于那些世俗统治者或者教会头目为了压制和歪曲真理而故意为之，显而易见为了满足掌权者的利益，他们希望能够长此以往地欺骗人们听从谎言甘愿忍受苦劳。消灭这种事态的主要手段之一是教育，另一种是从改变人们的环境入手。《百科全书》的大多数编辑在某种程度上赞同唯物主义者拉·梅特里的名著《人是机器》中的决定论观点。然而，法国的唯物主义者最强调的是把理性、自我意识和塑造未来的力量视为将人类和动物相区别的特征。他们想效仿开普勒和牛顿等人为物理学做出贡献那样改观人类社会的生活。在这场以自由和理性的姿态探究个人和社会问题的改革运动中，最杰出的人物是伏尔泰，他与生俱来的宣传天分使新思想广为流传。卢梭的思想虽然与同时代的激进派大相径庭，但是当反对陈腐旧政权时，他们则一致对外。他的用语总的来说更富有情感，如果说他并没有将意志凌驾于理性的话，他至少是将意志与理性放置在平起平坐的地位的。他神秘莫测、模棱两可的言语往往增加了他的吸引力，他还被引用为对不相容理论的支持：康德吸取了卢梭的个人主义政治观，而黑格尔的信徒们则引用他的话支持着一个先验的国家②。

---

① 参见马克思在《神圣家族》[*Die heilige Familie* ('The Holy Family')] 一书中对这些思想家的评论，重印于 K. Marx and F. Engels, *Historisch-kritische Gesamt - ausgabe*, ed. D. Rjazanov and V. Adoratskij (Berlin, 1927ff.) Ⅰ iii 173 ff.（以下简称 MEGA），并翻译成 *The Essential Writings of Karl Marx*, (MacGibbon & Kee, London, 1967) pp. 25 ff。

② 关于 18 世纪唯物主义者的观点及其在法国大革命中的表现，参见：Kingsley Martin, *French Liberal Thought in the Eighteenth Century*, 3rd ed.（Phoenix House, London, 1962）; J. L. Talmon, *The Origins of Totalitarian Democracy* (Secker & Warburg, London, 1952).

(2) 黑格尔。 16

与此同时，在德国这个热情拥抱法国大革命的地方，康德正是首先给这些原则提供了哲学基础的人，他还进一步推动了反宗教教条主义束缚的斗争，而且像莱辛这样的文学家已经表现出重视人类理性价值的意识。康德认为，人的理性局限于现象世界之内，而自在之物却在现象世界的范围之外。但理性是可以发现经验世界及它所隐藏的规律的。康德的道德哲学基于个人意识的自主性，意识则被视作责任义务的起点，这样一来，尽管他再次引入上帝、自由、不朽等作为合理假设的前提，但他强调的人类理性中心论与法国唯物主义者的观点可以说是如出一辙的。

费希特和谢林继续探讨康德提出的认知问题。费希特发现，一切唯心主义者都致力于探求世界存在从根本上来说统一于人类大脑的创造中，包括整个客观世界的创造。谢林也强调精神第一，他描述了从自然到精神，然后精神反过来又渗透到自然，最后达到两者合二为一境界的进阶过程，正如一件艺术作品的创作过程那样使自然和精神融为一体。此外，德国唯心主义者们除了寻求这种用来解释一切存在的单一法则之外，同时又排斥任何先验之物，他们认为世界的调节原则是内在固有的。再者，他们还认为采取发展和变化的观点是理解世界的根本。最后，他们把矛盾和对立视为所有变化的根源。

黑格尔的主要贡献是接受这些分散的主题，并把它们拼成一个综合的
体系①。黑格尔是斯瓦比亚人，1770年出生于斯图加特，那年正值康德在 17
柯尼斯堡获得教授资格。他在图宾根大学学了5年神学，然后当上了家庭教师，在此期间写的长篇大作帮助他逐渐形成了自己的思想，大多数文章直到1907年才得以出版。他获得的一笔遗产使他能够与学生时代的朋友谢林一起到耶拿大学共事，然而没过多久他的想法就开始同谢林产生分歧，因为他觉得谢林的观点模棱两可而且不切实际。两个人的决裂在1807年公开化，这时黑格尔出版了他的第一本主要著作《精神现象学》，这也是他的作品中最具影响力的著作。拿破仑攻陷耶拿使黑格尔在这一年丢了工作，

① 以这么短的篇幅显然不可能充分论述这位如此复杂的思想家的思想。我在这里只是非常简洁地概览一下而已。由于黑格尔的学说对马克思的思想有重大影响，我在其他地方将更详细地研究这些学说的某些方面。最近有两本研究黑格尔哲学的优秀的英文书籍：J. N. Findlay, *Hegel: A Re-examination* (Allen & Unwin, London, 1958), and W. Kaufmann, *Hegel* (Doubleday, New York, 1965). 参见 H. Marcuse, *Reason and Revolution* (Oxford University Press, New York, 1941)，分析较多的研究著作是 J. Plamenatz, *Man and Society* (Longmans, London, 1963) Ⅱ 129 ff。

去了纽伦堡的一所文法学校担任校长，在此期间完成他的第二本主要著作《逻辑学》。1816 年他在海德堡获得哲学教授的职位，1818 年他在柏林接受了教职，直到 1831 年逝世为止一直在此任教。在柏林，黑格尔出版了他的主要政治著作《法哲学原理》。他的学生们在他去世后将他各种讲座的笔记整理出来进行发表。

恩格斯曾经写过，黑格尔哲学的最大功绩是“第一次……把整个自然的、历史的和精神的世界描写为一个过程，即把它描写为处在不断的运动、变化、转变和发展中，并企图揭示这种运动和发展的内在联系”①。如同黑格尔谈到法国大革命时所说的，他的体系始于相信“人的存在以他的头脑
18 为中心，即以理性为中心，在这一中心指导下，人建立起现实的世界”②。在他最伟大的著作《精神现象学》里，黑格尔沿着心灵或精神的发展，把历史的运动重新引入哲学，并断言人类心灵能达到绝对理念③。他分析了人类意识的发展，从对此时此刻的感知到自我意识的阶段，也就是那种使人们能够分析世界并相应地组织自身行为的理解阶段。随后是理性自身的阶段，即对现实的理解阶段，在精神通过宗教和艺术到达绝对理念之后的阶段，到达了人们在这个世界上辨识出他自己的理性的阶段。黑格尔把这些阶段称为“异化”，因为它们是人的心灵的创造物，然而又被认为是独立且超越人的心灵的思想。这种绝对理念同时也是人类精神的一种再现，因为后续的每个阶段在超越以前那些阶段的同时又保留了之前那些阶段的因素。这种既抑制又保留的运动，黑格尔称为“扬弃”（Aufhebung），在德文中这个词有两重含义。黑格尔也称之为“否定的力量”，他认为在任何事物的现存状态和它将变成的状态之间，总有一种张力。因为任何现存状况都处于逐渐被否定、变为其他事物的过程中。这个过程就是黑格尔所指的辩证法。

进一步研究黑格尔关于国家和宗教的观念是很有意义的事情，因为正

---

① F. Engels, ‘Socialism, Utopian and Scientific’, 重印于 K. Marx and F. Engels, selected Works (Moscow, 1962) Ⅱ 162。马克思，恩格斯. 马克思恩格斯全集：第 20 卷. 北京：人民出版社，1971：26.

② G. W. F. Hegel, *Werke* (Berlin, 1832 ff.) Ⅸ 441.

③ 关于这部著作，参见：the translation by Sir James Baillie, 2nd ed. (Allen & Unwin, London, 1949); J. Loewenberg, *Hegel's Phenomenology* (Open Court Publishing Co., La Salle, Ⅲ., 1965). 经典的评论著作是 J. Hyppolite, *Genèse et structure de la phénoménologie de l'esprit de Hegel*, 2 *vols.* (Aubier, Paris, 1946)。一本不太忠实于黑格尔原著，但对之做了绝妙的马克思主义-存在主义解释的，参见：A. Kojeve, *Introduction a la lecture de Hegel* (Gallimard, Paris, 1947).

是在这些领域里他遭到了来自他的信徒们最强烈的批判。黑格尔的政治哲学也是他一直努力使哲学与现实相协调的一部分，人的意识客观上反映在人的法律、道德、社会和政治制度中。这些制度允许精神达到一种完全的自由，而实现这种自由是因存在于家庭、市民社会和国家这些环环相扣的群体中的社会道德才有可能促成的。家庭教育要求人们恪守道德自律，而市民社会则掌管经济、职业和文化生活。只有被黑格尔称为“具体自由的现实”——国家这一最高层次的社会组织，才有可能把特殊权利和普遍理
性综合成客观精神进化的最后阶段。这样黑格尔就排除了人生而自由的观 19
念，而正是国家限制了这种与生俱来的自由。在他看来，国家是实现个人自由的唯一手段。因为黑格尔相信，没有哲学家能够超越他自己所处的时代，因此他排斥抽象观念的理论构建，他认为他所描述的国家从某种程度上来说已经在普鲁士出现了。黑格尔的政治哲学无疑是相当矛盾的：一方面他把法国革命说成是“灿烂的黎明”，他一辈子都坚持在攻克巴士底狱的那一天喝上一口以示庆贺；另一方面他的很多言论，特别是在他晚年的时候，倾向于一种算不上反动但更保守的立场①。

黑格尔的宗教观在他的思想体系形成中扮演了主要角色，他的宗教观不止一种解释，可以对其进行开放式的理解。对他来说，宗教和哲学一样都是人类的精神生活的最高形式。对于终其一生都践行路德派教义的黑格尔来说，宗教指的是基督教新教，他心目中宗教的最高和最终形式是绝对理念向自身的回归。宗教的内容与哲学相同，尽管宗教的理解方法与哲学不是一回事。因为哲学靠概念，而宗教则靠想象。这些不能令人满意的想象只能对得到哲学合理解释的知识提供一些零星片段和似是而非的东西。但是宗教可以通过宗教哲学而与哲学联系起来，黑格尔就认为，宗教想象中的那些特殊的教义内容是绝对精神发展中的必经阶段。宗教哲学在更高的层面上既阐释了单纯信仰又阐释了批判理性。因此黑格尔拒斥 18 世纪理性主义者们的观点，即宗教不恰当地抢了只有科学才能够胜任的事情；在
他看来，宗教（或者说他赋予宗教的哲学解释）满足了人们想要对自身和 20
世界的形象有所了解这样一种永续存在的心理需求，个人借此可以为自己

① 关于黑格尔在政治上如何开明的问题，参见：Z. A. Pelczynski's introduction to *Hegel's Political Writings* (Clarendon Press, Oxford, 1964) 和悉尼·胡克在‘Hegel Re-habilitated’一文中对佩尔金斯基的批评，载于 *Encounter* (Jan 1965)，‘Hegel and his Apologists’, *Encounter* (May 1966)，以及 S. 阿文纳里和佩乌琴斯基的答复 *Encounter* (Nov 1965 and Mar 1966)。

找到方向①。

（3）黑格尔学派。

黑格尔刚刚逝世的头几年，黑格尔学派是统一的，并且在德国各大学中是至高无上的存在。黑格尔学派的影响力从他过去获得教职的柏林蔓延开来，最后发展到德国的每一所大学都有黑格尔学派的前沿阵地——专属的哲学俱乐部和期刊。普鲁士文化部部长阿尔滕施泰因赞成黑格尔主义，推动黑格尔派的学术事业发扬光大。这位大师的著作全集由他的七位弟子整理出版。他们认为黑格尔的哲学成就总体上是详尽无遗的。因而他的后继者在哲学上止步不前。即使是在黑格尔浅尝辄止的领域，他们也只是沉迷于辩护和诠释这位大师已经确立的原则。七人之一的甘斯说：“黑格尔造就了一群才华出众的人，但是没有造就出后继者。”②

然而，随着时间的推移，黑格尔学派内部开始出现了不可避免的观点分歧，最终分裂为左翼和右翼③。尽管这些术语在法国国民议会中具有政治含义，但在这里是专门用来表明宗教态度的，从政治上看有时的确不恰当。举例来说，甘斯理所当然地被归为老年黑格尔主义者，在政治上却是左翼。

正统的黑格尔派米舍莱对两者的区别是这样描述的④：右翼推崇“凡
21 是现实的就是合理的”这一口号，他们在宗教的传统表述中看不到任何不妥之处。他们认为，宗教的主要陈述、上帝的超验人格、基督的独一无二和灵魂的个体不朽，这些都是宗教基本内容的组成部分。因此，他们拥护黑格尔有关哲学与宗教统一的教条。左翼反其道而行之，他们开始质疑黑格尔是否真的不是泛神论者（在这一点上很多正统的路德派教友与他们走到了一起，对这些路德派教友来说，形形色色的黑格尔主义者都是令人憎恶的）。关于上帝的人格和灵魂不灭的问题开始被问及。黑格尔在这几点上的教学含糊其词，他讲课的语言风格也变幻莫测。左翼所坚持的原则是

① 关于黑格尔的宗教观点，参见：K. Barth, *From Rousseau to Ritschl* (S. C. M. Press, London, 1959) pp. 268 ff.; P. Asveld, *La Pensée religieuse du jeune Hegel* (Desclée de Brouwer, Paris, 1953); A. Chappelle, *Hegel et la Religion*, 2 vols (Paris, 1964); K. Löwith, 'Hegel and the Christian Religion', in *Nature, History and Existentialism* (Northwestern U. P., Evanston, Ⅲ., 1966) pp. 162 ff.

② E. Gans, *Vermischte Schriften* (Berlin, 1834) p. 251.

③ 第一个使用“黑格尔学派”这一术语的是 D. F. 施特劳斯，可以参见他的著作 *Streitschriften* (Tübingen, 1837) Ⅲ 93。

④ 参见：C. Michelet, *Entwicklungsgeschichte der neuesten deutschen Philosophie* (Berlin, 1843) pp. 316 ff.

“凡是合理的都是存在的”。学派中的左翼就是用一种悲观主义去对抗右翼的乐观主义，这种悲观主义要着手摧毁现存宗教中被视为神圣的但已经落伍的教条。这些表述必须被一种进步的理性来检验，而并非如黑格尔所说的那样“在灰色上再涂上灰色”，从而仅仅承认那些陈词滥调的存在。因为黑格尔这位大师也说过，一个在思想上被理解的时代已经超前于它所处的时代，左翼由此总结：对宗教的理解甚至已经伤及内核，而它的形式则蜕变为一种徒有其表的纯粹神话。

这场争论因戴维·施特劳斯在 1835 年出版的《耶稣传》而变得白热化。施特劳斯曾到图宾根激进的旧约全书批评家 F. C. 鲍尔那里学习过神学，也到柏林去旁听了黑格尔的最后几场讲座。黑格尔当时认为福音书的历史真实性相对来说并不重要，他全力以赴地解释其中具有象征意义的内容，而施特劳斯则认为要从福音书的叙事中找到基督教的精华，他把它们看作反映了人们深层渴望的神话而不是象征性的东西。施特劳斯因此反对黑格尔式的哲学和宗教的和解，他坚持教义不能还原成哲学概念，除非彻底改变宗教的内容。由于不能从福音书的叙事中提取出历史上耶稣的图貌，
施特劳斯认为这些叙事只是体现了原始基督教团体中的救世主思想，是不 22
应该被当作真实的历史叙述来看待的神话。施特劳斯在这本书的结论里①坚持说基督教的思想不会受他的研究影响；唯一不同的是这种思想不再只是在一个单独的个体上而是在整个人类中显现。福音传道者们所陈述的有关耶稣本人的内容适合全人类：“基督教观念并不是通过把它的全部丰富多彩的思想体现在一个个别典范身上，并拒绝给予其他所有的人来实现自身的；不是把自己充分表现在这一个人身上，而不完全地表现在其他人身上。不是这样，它希望在众多的互为补充的典范人物之中展示自己丰富的思想……”②

施特劳斯著作的出版使黑格尔派分裂为正反两派，柏林的神学讲师布鲁诺·鲍威尔在激进派中很快成为最直言不讳的激进分子。对于黑格尔体系公开发表的不同解释，恩格斯做了精准评论：

> 黑格尔的整个学说，如我们所看到的，给各种极不相同的实践的党派观点都留下了广阔的活动场所；而在当时的理论的德国，有实践意义的首先是两种东西：宗教和政治。特别重视黑格尔的**体系**的人，在两个领域中都可以成为相当保守的；认为辩证**方法**是主要的东西的

①② D. F. Strauss, *Das Leben Jesu* (Tübingen, 1835 -6) Ⅱ 691 ff. There is a translation by Marian Evans (George Eliot) (London, 1854).

> 人，在政治上和宗教上都可以属于最极端的反对派。黑格尔本人，虽然在他的著作中相当频繁地爆发出革命的怒火，但是总的说来似乎更倾向于保守的方面；他在体系上所花费的“艰苦的思想工作”的确比他在方法上所花费的要多得多。到三十年代末，他的学派内的分裂愈来愈明显了。左翼，即所谓青年黑格尔派，在反对正统的虔信派教徒和封建反动派的斗争中一点一点地放弃了在哲学上对当前的紧迫问题所采取的超然态度，由于这种态度，他们的学说直到目前为止曾经得到了政府的容忍、甚至保护……①

23 可想而知，这场讨论应该首先是有关神学的争论，因为大多数黑格尔派的成员对宗教问题情有独钟，而且正如恩格斯上文所指，那时候“政治是一个错综复杂的棘手领域”。然而，在德国只要允许基督教的建立，再加上宗教和政治之间千丝万缕的紧密关系，一场宗教批判运动将不可避免地会迅速世俗化，成为政治反抗中的一种运动。作为这场迅速变革运动中的一员，卡尔·马克思第一次开始整理自己对哲学和社会的观点。

① Marx and Engels, *Select Words*, Ⅱ 366. 马克思，恩格斯．马克思恩格斯全集：第21卷．北京：人民出版社，1965：311－312.

第二章　童年和青年

1. 特里尔

1818 年 5 月 5 日，马克思出生于摩塞尔河畔的特里尔城，这个城市有 24
12 000 居民，是摩塞尔地区的行政中心。特里尔城位于当时刚刚重新加入普鲁士的莱茵省南部的农业地区。特里尔拥有美丽宁静的乡村风光和令人印象深刻的建筑群，这些建筑彰显着昔日的壮丽辉煌。该城创立于罗马人统治的时代，初创时名为奥古斯塔·特雷沃，而且曾是帝国北部的首府。特里尔城有很多罗马时代的建筑至今屹立不倒，包括著名的尼格拉城门，马克思的家就在尼格拉城门附近。据称，特里尔城中的教堂数量相比其他规模相仿的城市都要多。1794 年，在未被法国入侵和推翻之前，特里尔曾对梅斯、土尔和凡尔登地区行使管辖权，并修建了各式各样的修道院。性格随和、宽厚开朗的特里尔人曾热烈欢迎法国人的到来，而且像别处一样，这里也种了一棵自由树，成立了一个雅各宾俱乐部，但是伴随着拿破仑战争提出的需求不断增多，特里尔人的热情转变为冷漠和敌意。然而，由于神圣同盟的反动措施，以及无法处理摩塞尔地区主要依赖的葡萄酒生产危机，莱茵省人民对普鲁士起初的友好态度很快消失殆尽。由于特里尔几乎没有工业，城内居民以公务员、商人和手工业匠人为主，葡萄园的兴亡盛衰与每个人休戚相关。

1830 年革命标志着神圣同盟末日的到来，莱茵省人民对普鲁士的敌意
也在这场革命后与日俱增。法国七月革命在莱茵地区同样唤起一股自由主 25

义的和对法国原则同情的浪潮。要求莱茵地区自治的小册子开始出现，摩塞尔的葡萄种植者派了庞大的代表团参加汉巴赫的游行示威。同德国其他自由主义者一样，莱茵地区的自由主义者反对经济限制和特权，支持立宪政府和出版自由。由于农产品价格不断下降，加之1828年普鲁士和赫斯的关税联盟使农民的境遇雪上加霜，这实际上关闭了前者作为摩塞尔农民的市场，因此自由主义者的抗议活动得到日益贫困的摩塞尔葡萄种植者们的拥护。

脆弱的经济状况为社会主义思想的传播提供了现实土壤。像在德国其他地方一样，圣西门的学说在特里尔也赢得了信徒的支持，以至于大主教在布道时不得不对他们发出正式谴责。更为重要的是，傅立叶的思想由被称作德国第一个社会主义者的路德维希·伽尔在特里尔积极传播。1791年，路德维希·伽尔生于一个农民家庭，他曾在科隆学习法律，并于1816年担任特里尔市政委员会的秘书。1818年他在该市成立了一个“保障所有贫穷德国人的工作、工资、适用住宅及财物的协会”。一年以后，伽尔迁居美国，在宾夕法尼亚的哈里斯堡仿照傅立叶的法伦斯泰尔组织成立了一个团体，但很快以失败告终，于是他返回特里尔分享了他的经验。19世纪20年代后期，伽尔继续他的宣传工作，他毫不避讳地提出日益严重的社会问题，指出在资产阶级社会中，劳动是金钱的奴隶并受它的剥削，因此并不能充分满足人类的需要。在有产者与无产者之间不断增长的贫富差距只会加强阶级对立。“那些享有财富带来的特权的人们和工人阶级从根本上是相互对立的，他们的利益是截然相反的；有产者的境况越好，无产者的境况
26 恰恰越来越糟，更加不稳定，悲惨不堪。”①

再一次受到傅立叶的启发后，伽尔提出了解决方案，即国家建立国有工厂向集体化经济过渡，通过消灭剥削，增加工资，进而根治社会弊病。由此来看，与傅立叶相比，伽尔并没有提出更丰富的革命思想，他只是希望在资产阶级社会框架下创造出一个全新的、更加公平的劳动组织。

果不其然，这些主张遭到了当局的反对，1832年，伽尔再次离开特里尔。他前往巴黎会见了傅立叶，随后又前往匈牙利试验新的蒸馏法。但是1835年他返回了特里尔，继续宣扬他的社会改良计划。尽管社会主义思想在特里尔的影响微乎其微，但自由主义思想却开辟了一片天地。

---

① L. Gall, *Beleuchtung der Försterschen sogenannten Kritilc der gerühmtesten Distilleriegeräte* (Trier, 1835) p. 37.

2. 家谱

像卡尔·马克思这样纯粹的犹太血统寥寥可数①。马克思这个名字是莫迪凯的简写形式，后来改为马库斯。1782 年，卡尔·马克思的父亲亨利希·马克思出生，是迈耶·哈勒维·马克思的第三个儿子，卡尔·马克思的祖父在自己的岳父死后，成为特里尔犹太教的拉比，并把这一职位传给了他的大儿子，即马克思的伯父赛米尔，1827 年，赛米尔逝世。卡尔·马克思的祖父迈耶·哈勒维·马克思谈及，他的祖先中有很多来自波西米亚地区的拉比，而他的妻子查盖的祖先更加声名显赫：盖亚是特里尔的拉比莫泽斯·利沃夫的女儿，莫泽斯·利沃夫的父亲和祖父也都是特里尔的拉比。莫泽斯·利沃夫的父亲约苏亚·赫舍尔·利沃夫 1723 年被选为特里尔的拉比，并与当时的犹太领袖人物有通信来往，约苏亚·赫舍尔·利沃夫勇敢追逐真理的形象妇孺皆知。据说，约苏亚·赫舍尔·利沃夫的一言一 *27*
行在犹太社会里占有举足轻重的地位。约苏亚·赫舍尔·利沃夫的父亲阿伦·利沃夫也是特里尔的拉比，后来迁到阿尔萨斯的韦斯特霍芬，在那里担任拉比 20 年。阿伦·利沃夫的父亲莫泽斯·利沃夫是波兰伦贝格（德语为利沃夫）人，他的祖先中有 16 世纪帕多瓦的犹太法典高等学校的校长——迈尔·卡岑耐伦博根，还有帕多瓦的拉比——亚伯拉罕·哈-勒维·明茨，他的父亲在 15 世纪中叶因遭到迫害而离开德国。

对卡尔·马克思母亲的祖先的情况我们知之甚少，但是她似乎和她丈夫一样，深受犹太教传统的熏陶。她是荷兰人，是奈梅根的拉比艾萨克·普雷斯伯格的女儿。据爱琳娜·马克思说，在她祖母的家里“子孙们几个世纪以来都是拉比”②。爱琳娜在一封给荷兰社会主义者白拉克的信中写道：“真奇怪，我父亲有一半的荷兰血统这件事鲜为人知……我的祖母家的人姓普雷斯伯格，而且她的血统属于一个古老的匈牙利犹太家庭。这个家族，因受到迫害而背井离乡来到荷兰，在那里定居下来以普雷斯伯

① 关于马克思家谱的详细研究，见 B. Wachstein，‘Die Abstammung von Marx’，载于 *Festskrift i anledning af Professor David Simonsens 70 - aaroge fodseldag*（Copenhagen，1923）pp. 277ff.；E. Lewin-Dorsch，‘Familie und Stammbaum von Karl Marx’，*Die GLoche*，Ⅸ（Berlin，1924）309 ff.，340 f.；H. Horowitz，‘Die Familie Lwow’，*Monatsschrift für Geschichte und Wissenschaft des Judentums*，LXXII（Frankfurt，1928）487ff。

② W. Liebknecht，*Karl Marx zum Gedächtnis*（Nuremberg，1896）p. 92.

格这个姓而日渐闻名，正如我前面说过的，他们实际上就是从这个城市来的。”①

忽视这一重大传统对卡尔·马克思的影响，将大错特错。那种坚持认为“马克思的犹太背景不会对他人生的任何阶段产生影响”的观点②，是对马克思的祖先遗传和生长环境的双重轻视，甚至马克思家族开明的氛围和他父亲对犹太教松散的依赖关系，也都不应被忽视。尤其在当时，犹太性是难以割舍的东西。尽管马克思的两位密友海涅和赫斯，一位出于文化原因皈依新教，另一位公开宣称自己是无神论者，但他们都终生保持着作
28 为犹太人的自我意识。甚至仅有1/2的犹太血统的马克思的小女儿爱琳娜，在参加伦敦东区举行的工人集会时，也引以为傲地宣布：“我是一个犹太人。”③ 在莱茵地区，犹太人往往被认为是加剧农民贫困的罪魁祸首，犹太人在这里的地位强化了这种自我意识。尽管《拿破仑法典》规定公民是平等的，但实际上，神圣同盟以及它的“基督教国家”政策，不可避免地包含反犹太主义，因为犹太人声称自己是异教徒和异教公民，即以色列人民。

3. 马克思的双亲

亨利希·马克思对他儿子的成长影响至关重要，一方面是因为犹太家庭强大的父权传统，另一方面是因为卡尔·马克思对父亲的高度尊重。亨利希·马克思并没有承袭很多犹太人的特征，他很早就离开了家，他认为自己没有从家人那里得到任何东西，并常常向他儿子提起，自己如何渡过重重难关，最终获得了特里尔高等上诉法院律师的职位。他赞同启蒙运动的观点。据他的孙女爱琳娜说，他是“一个真正的18世纪法国人，对伏尔泰和卢梭了然于胸”④。亨利希·马克思的信仰是肤浅的、说教式的自然神论。卡尔·马克思后来的内弟埃德加尔·冯·威斯特华伦将亨利希·马克

---

① 1893年10月31日爱琳娜·马克思致亨利·白拉克的信，引自：W. Blumenberg, ‘Ein unbekanntes Kapitel aus Marx’ Leben’, *International Review of Social History* Ⅰ (1956).

② H. P. Adams, *Karl Marx in his Earlier Writings*, 2nd ed. (Frank Cass, London, 1965) p. 11.

③ 参见：E. Bernstein, *Die neue Zeit*, XⅥ (1898) p. 122.

④ Eleanor Marx, ibid. (1898) p. 5.

思描述为“莱辛的新教徒”①。他的人生哲学正是他给儿子的忠告：“对上帝的虔诚信仰是道德的巨大动力。你知道，我远非狂热的宗教信徒。但是，这种信仰迟早都会成为一个人的真正［需］要，生活中往往有这种时候，
甚至一个无神论者也会［不知］不觉地拜倒在至高无上的神面前……每一 29
个人［……］都有可能崇拜牛顿、洛克和莱布尼茨所信仰过的东西。”②

然而，亨利希·马克思并没有彻底抛弃他的犹太身份。有人认为，他是出于信仰而接受的新教洗礼，是信仰自然神论的必然结果，这种现象在当时的德国新教司空见惯③。但是，有研究表明这种看法是完全错误的，接受洗礼是他迫不得已在宗教信仰与职业之间做出的选择④。1815 年前，管理莱茵地区犹太人所采用的法律是 1808 年版的《拿破仑法典》，1791 年法国国民议会的法令赋予了犹太人完全的平等，1808 年版的《拿破仑法典》在一定程度上沿袭了这一法令。《拿破仑法典》仅仅是在经济领域的法律，该法规定实行一种在接受抵押贷款之前需要获得特别授权的贸易许可证制度，并没有直接影响到亨利希·马克思。问题是，1815 年莱茵地区重新并入普鲁士王国时，犹太人将会面临什么样的命运。在被兼并时，亨利希·马克思给冯·扎克总督写了一份题为《关于 1808 年 3 月 17 日拿破仑法令的几点评论》⑤ 的信件。他在信中非常恭敬地要求废除专门适用于犹太人的法律。在这里他提到了他的“教友”，并充分表明自己认同犹太群体的身份。总督似乎没有回信。

无论如何，犹太人得到了最坏的结果：1818 年颁布的一个法令将《拿破仑法典》有效期无限延长；两年前，普鲁士政府决定，莱茵地区也应该遵守自 1812 年起在普鲁士生效的法律，该法律虽然赋予犹太人与基督教徒平等的权利，但又规定如果他们在国家机构中任职，他们就必须得到国王的特殊许可。省最高法院主席冯·塞斯 1816 年 4 月在莱茵地区做了一次巡
行，并访问了亨利希·马克思。他对亨利希·马克思的印象是“知识渊博、 30
非常勤奋、表达清晰、绝对正直”。因此，他建议亨利希·马克思和另外两

---

① 引自：O. Maenchen-Helfen and B. Nicolaievsky, Karl Marx, 2nd ed. (Europäische Verlagsanstalt, Frankfurt-am-Main, 1963) p. 5.

② *MEGA* Ⅰ ⅰ (2) 186. 马克思，恩格斯. 马克思恩格斯全集：第 40 卷. 北京：人民出版社，1982：832.

③ 参见：F. Mehring, *Karl Marx* (Allen&Unwin, London, 1936) p. 3; W. Sens, *Karl Marx. Seine irreligiöse Entwickelung* (Halle, 1935) p. 12.

④ 参见：A. Kober, 'Karl Marx' Vater und das Napoleonische Ausnahmegesetz gegen die Juden, 1808', *Jahrbuch des kölnischen Geschichtsvereins*, XⅣ 111 ff.

⑤ Reprinted ibid, pp. 120ff.

个犹太官员的职位原封不动。但遭到了普鲁士的司法大臣柯切森的反对，为了避免像冯·塞斯所说的那样“丢了饭碗”，亨利希·马克思迫不得已改变宗教信仰。他在1817年8月前接受了洗礼①，并把自己的名字“赫舍尔”改为“亨利希”。

亨利希·马克思非常钦佩伏尔泰，并与莱茵地区的自由派运动保持着联系，这一点不足为怪。尽管这种联系与他对普鲁士及其政府的忠诚相矛盾。亨利希·马克思是特里尔卡西诺俱乐部的成员，该俱乐部是一个在法国占领期间成立，以它的聚会地点卡西诺（特里尔的一座包含市政图书馆和音乐厅的大型建筑）命名的文学协会。法国七月革命后，自由派运动如火如荼，为了欢迎莱茵地区议会中的来自特里尔的自由派代表，俱乐部举办了一场宴会。这次宴会在普鲁士是独一无二的，也是德国南部作为更具代表性的宪法运动中的一部分而举行的系列宴会之一。亨利希·马克思作为此次特里尔宴会的组织者之一，进行了一次极其温和恭敬的演讲。如自由派人士们所愿，马克思热情地感谢了弗里德里希·威廉三世，“因为他的宽厚仁慈，我们得以建立了第一批民众代议机构”②。在演讲尾声，他说：“让我们满怀信心地憧憬一个幸福的未来，因为它掌握在一位仁慈的父亲、一位公平的国王手中。他的高尚之心将永远支持人民的合理愿望。”③ 宴会中的人们唱起革命歌曲，警察在向政府的报告中提到，亨利希·马克思也
31 参与到了其中。这场宴会激怒了政界，而在两星期后，在俱乐部成立周年纪念那天，人们唱起《马赛曲》、挥舞着三色旗的行为更加惹恼了政府。普鲁士政府严厉斥责了省长，并派警察监视卡西诺俱乐部的活动。这次活动亨利希·马克思没有参加，他不亲法国，而且讨厌拿破仑和他称之为“疯狂的意识形态”④。他在给冯·扎克的信中深刻表现了对普鲁士的热爱。这一点在他所写的一篇关于“科隆事件”的文章的残存部分中也可窥见，在文章里，他认为一个专制君王为了维护国家有违背自然法则的权力⑤。当得知他的儿子卡尔·马克思正在写诗时，他甚至鼓励儿子创作一首“能

---

① 在他的孩子们1824年洗礼登记时，亨利希·马克思说到过以前给他施洗礼的牧师只是一个“区传教士”，因此他的洗礼必须赶在特里尔新教教区1817年8月17日成立以前举行。

② 引自：Maenchen-Helfen and Nicolaievsky, *Karl Marx*, p. 10.

③ 引自：Maenchen-Helfen and Nicolaievsky, *Karl Marx*, p. 10.

④ *MEGA* I i（2）205. 未在中文版《马克思恩格斯全集》中找到对应出处。——译者注

⑤ 重印于MEGA Ii（2）231 ff。未在中文版《马克思恩格斯全集》中找到对应出处。——译者注

为普鲁士增光……强调指出王国的天才所起的作用”，彰显“爱国主义的、热情洋溢的和渗透德意志精神……”① 的颂诗。

有关卡尔·马克思的母亲的情况，我们知之甚少；目前残存的仅有几份用非常不合语法的德语写的信，并且根本没有标点符号。事实上，她写给荷兰亲戚的信也是用德语写的，这表明，她可能在父母的家中用意第绪语来沟通。她和自己的家庭关系很密切，所以在特里尔总觉得人地生疏。我们可以从仅有的几份留存下来的材料中得知，她是一位质朴的、没有受过教育的、吃苦耐劳的妇女，她的视野几乎完全局限于她的家人和家庭，她总是焦虑不安，总是哀怨和缺乏幽默感地说教。她是马克思一家人中最后一个受洗礼的。在家里举行的一个洗礼仪式上，所有的孩子都一起受了洗礼，很多朋友应邀出席了仪式。时间大约是在亨利希·马克思接受洗礼后的六七年，1824 年 8 月，当时最大的孩子已经到了上学的年龄。在孩子们接受洗礼的时候，母亲的宗教信仰登记的是犹太教，附了一条她同意孩子们接受洗礼成为基督教徒，但她自己的受洗因父母的缘故要推迟。1825 年，她的父亲去世，同年她受洗成为基督徒。她的推迟受洗以及她对犹太传统的依恋，对青少年的卡尔·马克思产生了一定的影响。他肯定从他母 32
亲那儿学到了很多有关他的祖先和他们的宗教的东西；尽管（迫不得已地）改变了宗教信仰，但很多犹太人的传统风尚必定被马克思一家所承袭。

关于卡尔·马克思对母亲的态度，知之不多，他只在写给父亲的信中提及过她是“一位天使一般的母亲”。她一直活到 1863 年，尽管马克思与他母亲的荷兰亲戚长期保持着密切联系，但是依旧常常受困于经济纠纷引起的苦恼。相反，马克思和他父亲（死于 1837 年）的关系非常亲密。在父亲 55 岁生日时，马克思送给他一册自创的诗集“作为永恒之爱的微弱象征”，他给他父亲的唯一一封幸存的信中充满了爱意。据爱琳娜·马克思说，卡尔·马克思总是随身携带着父亲的照片。“这张脸在我看来非常漂亮。他的眼睛和前额与他儿子的一样，但他嘴边和下巴周围的下半部脸更温柔。尽管很英俊，但整体看来明显是犹太人的面貌。”②

马克思家有 9 个孩子，其中卡尔是长子，大弟弟莫里茨·戴维出生不久就死了。另外 4 个很小就都死于肺结核。亨利希·马克思的收入相当可观，在卡尔·马克思出生后的第 2 年，他们全家搬进了这个小镇的

---

① *MEGA* I i（2）204. 马克思，恩格斯．马克思恩格斯全集：第 40 卷．北京：人民出版社，1982：861.

② Eleanor Marx, *Die neue Zeit*（May 1883） p. 441.

上流住宅区，位于西蒙大街尼格拉城门附近。马克思的女儿爱琳娜说，马克思的姑姑经常告诉她，马克思小时候对待他的妹妹们像一个可怕的暴君；他像驱赶马一样，驱赶她们在特里尔的圣·马克山跑上跑下；更糟的是，他强迫妹妹们吃他用自己的脏手拿更脏的面团做成的“糕饼”。“卡尔会讲非常精彩的故事作为回报”①，因此她们并没有对这种行为表
33 示抗议。

4. 中学时期

1830年至1835年间，卡尔·马克思就读于特里尔中学②。这个学校以前是一所名为弗里德里希·威廉中学的耶稣教会学校。特里尔已故的选帝侯克莱门特·温塞斯拉斯曾将启蒙运动的自由主义精神引入这所学校，他采纳了他著名的前任费布罗纽斯的原则，并试图从康德主义的角度调和信仰和理性。为了同神职人员的无知斗争，他把这所学校改造成了一座小神学院。在法国占领期间，学校的教育水平降得很低，但莱茵地区并入普鲁士以后，学校进行了重组，吸纳了几位颇有天赋的教师③。学校里影响最大的是校长雨果·维登巴赫，他既是卡尔·马克思的历史教师，也是马克思一家的朋友。歌德给予其高度评价，称他为“康德哲学的行家”④，他参与了卡西诺俱乐部的创立。在汉巴赫示威以后，维登巴赫受到警察的监视，学校遭到搜查，在学生的东西中找到了汉巴赫演说稿的抄本以及反政府的讽刺作品。1834年，卡尔·马克思在读的第4年，由于卡西诺俱乐部事件，数学教师被指控为唯物主义和无神论者，而希伯来教师则被指控参与了革命歌曲演唱。维登巴赫本人受到了解雇的威胁，但最后只任命了一个反革命的副校长勒尔斯来抵制盛行的自由主义。卡尔·马克思此时的态度可以从他父亲对他的抱怨中看出：卡尔和另一个学生在离开学校的时候故意不向勒尔斯告别，使他们引人注目⑤。

---

① Eleanor Marx, *Erinnerungen an Karl Marx*（Zürich, 1934）p. 223.

② 欲了解更多细节，请参见：Cornu, *Karx et Friedrich Engels*, Ⅰ 61 ff.

③ 参见：C. Gruenberg, *Archiv für die Geschichte des Sozialismus und der Arbeiterbewegung*（1926）pp. 239 f.

④ J. Goethe, *Die Campagne des Frankreichs* 25 Oct 1792.

⑤ 参见：*MEGA* Ⅰ i （2）186. 未在中文版《马克思恩格斯全集》中找到对应出处。——译者注

卡尔·马克思的同学有4/5是天主教徒，大多数出身于中下层家庭，
是农民和工匠们的儿子。据说卡尔可以轻松自如地写出讽刺诗和抨击文章 34
对付敌人，令他的同学们感到敬畏①。很久以后在他写给恩格斯的一封信里，他曾轻蔑地谈及“这些家伙的特点是脑子笨，年纪大，就象过去在我们家乡的特利尔中学有一些农村来的笨人，他们准备投考教会学校（天主教的），大多数人领取助学金”②。马克思并没有和他的同学们建立持久的友谊，尽管他们当中有他未来的内弟埃德加尔·冯·威斯特华伦。埃德加尔的姐姐燕妮说，埃德加尔是“我童年和青年时期的偶像”。埃德加尔随后的所作所为证明他是一个性格不坚定的人，他的共产主义思想摇摆不定，他曾两次移居得克萨斯；即使这样，马克思还是对他怀有感情。

学校里学生们的学业水平不高，半数的人没有通过毕业考试。在智力上，卡尔·马克思算是中上等水平；他是班上最年轻的学生之一，他们离开学校时的平均年龄约为20岁。学校很重视语言教学，马克思的拉丁语和希腊语诗歌学得很好，宗教课成绩也令人满意，法文和数学较差，奇怪的是他的历史成绩最差③。马克思手里留存的最早的文章是他为了中学毕业考试所写的论文。其中一篇用拉丁文写的关于奥古斯都大帝的文章并不重要。但是，关于宗教的一篇和另一篇德语文章则更显独特。这两篇文章都洋溢着对理想主义和对个性发展的热情颂扬，致力于摒弃外在名利，无私地献身于为全人类谋利。宗教主题的作文题目是《对信徒与基督结合的原因、性质、必要性和影响的阐释——根据〈圣约翰福音〉第15章第1－14节》④，马克思在文章一开头就说，历史是“人类的伟大教师”，使我们看到，从古至今，人类的本性一直都是试图提高自己，从而达到更高的道德
标准。“各民族的历史告诉我们同基督一致的必要性。但是，在我们研究各 35
个人的历史，人的本性的时候，我们虽然也看到他心中有神性的火花、好善的热情、求知的欲望、对真理的渴望”⑤。但是罪恶的欲望干扰人的自然本能，而与基督同在的信徒可以克服这些困难，并“得到的是这样一种快

① Eleanor Marx in D. *Rjazanov*, *Karl Marx als denker usw.* (Moscow, 1927) p. 27.

② 1878年9月17日的信，*MEGA* Ⅲ iv478. 马克思，恩格斯．马克思恩格斯全集：第34卷．北京：人民出版社，1972：76.

③ 参见：C. Gruenberg，‘*Marx als Abiturient*’，*Archiv für die Geschichte des Sozialismus und der Arbeiterbwegung*，XⅠ (1925) 424 ff.

④ 首次发表于 *MEGA* Ⅰ i (2) 171 ff.；再版于 *Karl Marx*：*Texte zu Methode und praxis*，ed. G. Hillmann，(Rowohlt，Hamburg，1966) pp. 11 ff。

⑤ *MEGA* Ⅰ i (2) 171. 马克思，恩格斯．马克思恩格斯全集：第40卷．北京：人民出版社，1982：819.

乐，这种快乐是一个伊壁鸠鲁主义者在其肤浅的哲学中，一个比较深刻的思想家在未被发现的知识奥秘中想要找到而没有找到的，只有和基督并且通过基督而和上帝结合在一起的天真无邪的孩童心灵，才能体会得到它，并且它能使生活变得更加美好和崇高”①。这篇文章充满了悲情和甜蜜的虔诚，文章结构合理，解释了基督教的出现对人类道德全面发展的必要性。马克思对上帝有着一种朴素的、无色的自然神论概念，类似于他父亲的观点，以及在学校负责讲授宗教课的牧师——约瑟夫·库珀的观点。库珀是亨利希·马克思的朋友，负责特里尔一个小的新教教区。他对伦理道德问题特别感兴趣，而且他也受到康德的巨大影响，认为接近宗教是把人教育成一个“真正的人”的最佳途径。受到理性主义因素的强烈影响，库珀以耶稣和《圣经》为基础进行教学，避免了任何宗派主义②。马克思文章的格调在很多方面像他的老师，并受到了老师的赞扬，与此同时，老师也客观地评价文章：“所谈到的与基督结合的理由只谈到了一方面，对其结合的本质并未加以论述。”③

这篇题为《青年在选择职业时的考虑》的德语文章显得更富有原创
36 性④。马克思的论点是：虽然人类不能随心所欲地选择职业，但是正是这种自由把人与动物区分开来。一个人不应该让野心和转瞬即逝的热情冲昏头脑；重要的是抓住为人类服务的机会，同时避免被抽象的真理冲昏头脑。这篇文章的结尾以充满激情的信念阐述了坚信生命的价值在于为整个人类的利益牺牲。

这篇文章的主题和结构与马克思的同学们的文章都非常相似。它的基本思想是德国启蒙运动和古典时期的人文主义理想——个人的全面发展和人类社会的全面发展相辅相成⑤。马克思的文章中没有先验上帝的痕迹：上帝、自然和创造是可以相互转换的，历史的理论过程是内在的。马克思

---

① *MEGA* Ⅰi (2) 174. 马克思，恩格斯．马克思恩格斯全集：第40卷．北京：人民出版社，1982：822－823.

② 关于库珀的更多信息，参见：*Sens*，*Karl Marx. Seine irreligiöse Entwicklung*，pp. 13f.

③ *MEGA* Ⅰi (2) 174. 未在中文版《马克思恩格斯全集》中找到对应出处。——译者注

④ 首次发表于 MEGA Ⅰi (2) 164 ff，重印于 Karl Marx，*Frühe Schriften*，ed. H. －J. Lieber and P. Furth (Cotta，Stuttgart，1962) Ⅰ1 ff.；*Texte zu Methode und Praxis*，pp. 7ff. 翻译文稿请参见：*Writing of the Young Marx on Phitosophy and Society*，ed. L. Easton and K. Guddat (Doubleday，New York，1967) pp. 35 ff.（以下简称伊斯顿和古达特）.

⑤ 关于马克思的文章与卢梭的《爱弥儿》之间惊人的相似之处，请参见：G. Hillmann，*Marx und Hegel* (Europäische Verlags-anstalt，Frankfurt-am-Main，1966) pp. 33ff.

在他的文章的开头这样写道：

> 自然本身给动物规定了它应该遵循的活动范围，动物也就安分地在这个范围内运动，不试图越出这个范围，甚至不考虑有其他什么范围存在。神也给人指定了共同的目标——使人类和他自己趋于高尚，但是，神要人自己去寻找可以达到这个目标的手段；神让人在社会上选择一个最适合于他、最能使他和社会得到提高的地位。
>
> 能这样选择是人比其他生物远为优越的地方，但是这同时也是可能毁灭人的一生、破坏他的一切计划并使他陷于不幸的行为。①

每个人都有一个内心深处由“温柔而坚定”的声音所指引的人生目标。这一目标很容易被雄心壮志和求知欲所迷惑，所以必须密切关注自己真正适合做什么。一旦深入考虑了所有的因素，那么所选择的职业就应该被热切地追求。“但是，我们并不总是能够选择我们自认为适合的职业；我们在社会上的关系，还在我们有能力对它们起决定性影响以前就已经在某 37
种程度上开始确立了。”② 这句话被誉为马克思后来的历史唯物主义理论的第一个萌芽③。卢因-多施甚至说：“历史唯物主义正是从这短短的一句话中苏醒，第一次睁开了眼睛。它是一种光，其亮度年复一年地增长，直到最终发出耀眼的光芒。”④ 然而，有一个像启蒙学派和百科全书派一样古老的观点：人的活动总是受到先前构造的环境影响。如果连唯物史观的萌芽都已经出现在一个17岁的学生的头脑中，那就真的很令人惊讶了。如果认为马克思在早期著作中提出的问题在以后会得到答案，这种看法是错误的——无论是在这里还是之后，都要避免这种错误。如果把青年马克思的发展看作一个朝着既定目标前进的过程，这种观点就误解了它的各个阶段，仅仅从它们导致了什么来看待它们，马克思“尚未”达到这一目标，而仅仅是显示出一些“先兆”。马克思这篇文章随后的一段话中提到了身体或精神的局限性，这表明马克思在这里的意思仅仅是：一个人在选择职业的时候应该考虑到他所处的环境。

马克思继续说，一个人能够选择的最有价值的职业是“建立在我们深

---

① *MEGA* Ⅰ i （2）164；Easton and Guddat，pp. 35f. 马克思，恩格斯．马克思恩格斯全集：第40卷．北京：人民出版社，1982：3.

② *MEGA* Ⅰ i （2）165；Easton and Guddat，p. 37. 马克思，恩格斯．马克思恩格斯全集：第40卷．北京：人民出版社，1982：5.

③ 参见：Mehring，*Karl Marx*，p. 5；Cornu，*Karl Marx et Friedrich Engels*，Ⅰ 64.

④ E. Lewin - Dorsch，‘Der junge Marx’，*Die Glocke*，Ⅻ（Berlin，1924）1502.

信其正确的思想上的职业；选择一种能给我们提供广阔场所来为人类进行活动、接近共同目标（对于这个目标来说，一切职业只不过是手段）即完美境地的职业”①。

这种完美的观念是决定职业选择的首要因素，永远都要牢记：

> 那些主要不是干预生活本身，而是从事抽象真理的研究的职业，对于还没有坚定的原则和牢固、不可动摇的信念的青年是最危险的。
> 38 同时，如果这些职业在我们心里深深地扎下了根，如果我们能够为它们的支配思想牺牲生命、竭尽全力，这些职业看来似乎还是最高尚的。②

评论家们在这里也试图发现马克思后来的“理论与实践结合”这一思想的征兆③。这又是对马克思文章的一次过分解读。马克思所说的是，在从事研究抽象思维的职业时应该特别谨慎，因为“这些职业能够使才能适合的人幸福，但也必定使那些不经考虑、凭一时冲动就仓促从事的人毁灭”④。首要的问题是实践，而不是以理论的只言片语来装点门面。在这里值得注意的是，马克思习惯辩证地思考，他研究对立的最终的结果，同时又试图把它们理解为一个整体的不同方面。

这篇文章以一段华丽的言辞结尾，彰显了纯真的、青年人的理想主义：

> 历史承认那些为共同目标劳动因而自己变得高尚的人是伟大人物；经验赞美那些为大多数人带来幸福的人是最幸福的人；宗教本身也教诲我们，人人敬仰的理想人物，就曾为人类牺牲了自己——有谁敢否定这类教诲呢？
>
> 如果我们选择了最能为人类福利而劳动的职业，那么，重担就不能把我们压倒，因为这是为大家而献身；那时我们所感到的就不是可怜的、有限的、自私的乐趣，我们的幸福将属于千百万人，我们的事业将默默地、但是永恒发挥作用地存在下去，而面对我们的骨灰，高

---

① *MEGA* Ⅰ i（2）166；Easton and Guddat，p. 38. 马克思，恩格斯．马克思恩格斯全集：第40卷．北京：人民出版社，1982：6.

② *MEGA* Ⅰ i（2）166f.；Easton and Guddat，pp. 38f. 马克思，恩格斯．马克思恩格斯全集：第40卷．北京：人民出版社，1982：6.

③ 参见：Cornu，*Karl Marx et Friedrich Engels*，Ⅰ 65；G. Mende，*Karl Marx Entwicklung vom revolutionäiren Demokraten zum Kommunisten*，3rd ed.（Berlin，1960）p. 26.

④ *MEGA* Ⅰ i（2）167；Easton and Guddat，p. 39. 马克思，恩格斯．马克思恩格斯全集：第40卷．北京：人民出版社，1982：6.

尚的人们将洒下热泪。①

这篇文章是由维登巴赫批阅的，他认为“相当好”，并赞扬马克思思
想丰富、组织严密，但他也公正地批评马克思“过分追求罕见的、富有想
象力的表达欲望”②。马克思在接下来的几年里所表现出来的这种对过度意 39
象的热爱和对诗歌的嗜好，在很大程度上是受马克思家族的朋友，也是马克思未来的岳父——巴伦·冯·威斯特华伦的影响。他比亨利希·马克思大12岁。他1770年生于一个贵族家庭，在7年的战争中，他的父亲菲利普·冯·威斯特华伦一直担任布伦瑞克公爵的总参谋长，对普鲁士和英国的发展作出不可磨灭的贡献，因此，被英国乔治三世封为贵族。他娶了一位苏格兰贵族姑娘珍妮·威沙特，珍妮·威沙特是英军总司令的侄女，也是阿盖尔公爵的后裔。因此他的儿子路易·冯·威斯特华伦的出身与大多数普鲁士官员截然不同。他赞成拿破仑在他的家乡布伦瑞克实行的改革，并于1816年被普鲁士首相哈登堡派往特里尔担任政府顾问，负责司法事务。在这里他结识亨利希·马克思，1819年，马克思家买下冯·威斯特华伦隔壁的房子。冯·威斯特华伦男爵的第一段婚姻有4个孩子，其中老大费迪南的事业发展较好，1850年至1855年间，在曼托伊费尔的反动内阁中任普鲁士内政部长。在他第二段婚姻所生的3个孩子中，燕妮是索菲娅·马克思的好朋友，1836年夏，她与卡尔订婚，埃德加尔是卡尔高中的同班同学③。

巴伦·冯·威斯特华伦是一个彬彬有礼的人，他的英语和他的德语一样好，并能轻松自如地阅读拉丁文和希腊文，他还特别喜欢浪漫主义诗歌。爱琳娜·马克思写道：“冯·威斯特华伦男爵向卡尔·马克思灌输了浪漫派的热情，亨利希和卡尔一起读伏尔泰和拉辛的著作，而男爵则给卡尔读荷马和莎士比亚的作品，他们成为马克思一生中最喜爱的作家。”④ 巴伦与青年马克思共同度过了很多时光，俩人穿过附近“风景如画的山林”，漫步
交谈学问。巴伦作为一个知识渊博的人，热衷于进步的政治思想，并激发
了马克思对圣西门的人格和著作的兴趣。马克思始终对这段友谊抱有非同 40
寻常的感激之情，1841年他以最热情洋溢的方式把他的博士论文献给了

① Ibid. 马克思，恩格斯．马克思恩格斯全集：第40卷．北京：人民出版社，1982：7.

② *MEGA* Ⅰ ⅰ（2）167. 未在中文版《马克思恩格斯全集》中找到对应出处。——译者注

③ 关于这个家庭的情况，请见：Mehring，‘Die von Westphalen’，*Die neue Zeit*，x（1891－2）481 ff.

④ E. Marx，引自：‘Karl Marx’，*Die neue Zeit*（May 1883）p. 441.

男爵：

我敬爱的父亲般的朋友，请您原谅我把我所爱慕的您的名字放在一本微不足道的小册子的开头。我已完全没有耐心再等待另一个机会来向您略表我的一点敬爱之意了。我希望一切怀疑观念的人，都能象我一样幸运地颂扬一位充满青春活力的老人。这位老人用真理所固有的热情和严肃性来欢迎时代的每一进步；他深怀着令人坚信不疑的、光明灿烂的理想主义，唯有这种理想主义才知道那能唤起世界上一切心灵的真理；他从不在倒退着的幽灵所投下的阴影前面畏缩，也不被时代上空常见的浓云迷雾所吓倒，相反的，他永远以神一般的精力和刚毅坚定的目光，透过一切风云变幻，看到那在世人心中燃烧着的九重天。您，我的父亲般的朋友，对于我永远是一个活生生的证据，证明理想主义不是幻想，而是真理。①

---

① *MEGA* I i (2) 7; *Texte zu Methode und praxis*, I 128. 马克思，恩格斯. 马克思恩格斯全集：第 40 卷. 北京：人民出版社，1982：187.

第三章　马克思的学生时代

1. 在波恩和柏林写的诗 41

由于受到巴伦·冯·威斯特华伦的影响，马克思在就读于波恩大学期间培养起对浪漫主义的兴趣与热情。1835 年 10 月，马克思离开特里尔，乘船从摩塞尔河顺流而下，到莱茵地区的文化中心波恩开始学习法律。波恩这个城市很小，并不比特里尔大多少，可这所大学却是一所拥有 700 多名学生的重要学府。马克思带着父亲的厚望来到这里，他父亲指望这个全家最有出息的孩子能做出一番惊天动地的事业。他在儿子刚抵达波恩不久就写信给儿子说："我希望你能成为我若是出生在你这么好的条件下可能成为的人。你可能会实现我的最美好的愿望，你也可能会摧毁它。"① 在父亲的勉励下，马克思开始非常努力地学习，他选学 9 门课程（后来，在父亲的建议下，把课程减少到 6 门）。从期末报告可以看出，马克思学习课程时情绪很高，并极为认真。1836 年初，马克思由于过度疲劳病倒了，在夏季学期里，他把选学的课程缩减至 4 门，而且学习热情也随之降低。与此同时，他经常参加大学社交活动，担任特里尔市学生会主席，他甚至由于"夜间酗酒吵嚷，扰乱秩序"② 被学校当局

① *MEGA* I i (2) 186. 马克思，恩格斯．马克思恩格斯全集：第 40 卷．北京：人民出版社，1982：831.

② Ibid. 194. 马克思，恩格斯．马克思恩格斯全集：第 40 卷．北京：人民出版社，1982：845.

监禁一天。1836 年 8 月，马克思在与一位年轻的普鲁士贵族决斗时，左眼上方受了轻伤。马克思还有一次被人控告他携带违禁武器，可是后来调查
42 不了了之。但是，当他同年年底离开波恩时，他的证书上并没有写他同任何可疑的政治组织有联系。

马克思在波恩这一年，写诗占据了他大部分的学习时间。他参加了一个诗人俱乐部，俱乐部的成员们都把自己的作品拿来朗诵，相互批评。但是这个俱乐部可能暗含某种政治色彩：它的成员中有卡尔·格律恩，他同莫泽斯·赫斯合作，是"'真正的'社会主义"的创始人之一；还有 F. C. 贝尔奈斯，他后来编辑了《前进报》，这是创刊在巴黎面向德国工人的一份激进报纸。马克思选学的课程中，艺术课过半；在谢林和施莱格尔的影响下，当时波恩的学术氛围是具有浪漫主义色彩的。在马克思选学的 6 门课之中，以谢林和施莱格尔为主关于荷马和普罗佩提乌斯的讲座是马克思最喜欢的 6 门课之一。

亨利希·马克思起初在他儿子对诗歌的兴趣上表示赞同，他说："对诗歌有兴趣总比对小酒馆有兴趣要好些。"可是，当马克思请求父亲为诗歌承担出版费用时，他便劝儿子等一等："一个诗人，一个文学家，当前必须创作出一些有价值的东西，如果他想要公开崭露头角的话。……但是，如果看到你成了一个平庸的诗人，我会感到伤心的。"① 一般说来，亨利希·马克思总是乐于接受儿子在信中提出的各种各样令人困惑的观点，例如，他赞同儿子编辑评论刊物的计划，甚至同意儿子进行戏剧批评。然而与此同时，马克思父母的来信都激烈地抱怨儿子对家庭缺少感情和极无规律的生活方式。

不管怎么样，亨利希·马克思对儿子在波恩的进步感到非常不满意，因此他决定把儿子转到柏林大学。在柏林，虽然马克思放弃了他在波恩的"野蛮和粗暴"，但是他继续写诗，尤其是在 1836 年启程前往波恩（柏林）② 前不久，在同燕妮·冯·威斯特华伦秘密订婚后，他对写诗的兴趣变得更加强烈了。

一年后，他在给父亲的信中写道：

> 当我离开了你们的时候，在我面前展现了一个新的世界，一个爱

---

① *MEGA* I i（2）189. 马克思，恩格斯. 马克思恩格斯全集：第 40 卷. 北京：人民出版社，1982：837.

② 根据其他可靠材料证明 1836 年马克思是离开波恩转入柏林大学，原文这里说"前往波恩"可能是笔误或印刷错误。——译者注

> 的——，而且起初是热烈追求的、没有希望的爱的世界。甚至到柏林去旅行我也是淡漠的，要是在别的时候，那会使我异常高兴，会激发我去观察自然，还会燃烧起我对生活的渴望。这次旅行甚至使我十分难受，因为我看到的岩石并不比我的感情更倔强、更骄
> 傲，广大的城市并不比我的血液更有生气，旅馆的饭食并不比我 43
> 所抱的一连串幻想更丰富、更经得消化，最后，艺术也不如燕妮那样美。①

在刚抵达柏林时，卡尔·马克思很不情愿地进行了几次必要的拜访，接着完全与世隔绝，以便全身心地投入科学与艺术之中。他最喜欢抒情诗，至少正如他自己所说，抒情诗是令人“最愉快最合意的题材”②。马克思在波恩时写的诗和1836年秋天在柏林写的诗都没有保存下来③。他在柏林写的诗有三卷，分别冠以“爱之书，第一部”、“爱之书，第二部”和“歌之书”的标题。这三卷诗都献给燕妮·冯·威斯特华伦。据梅林所说，除了一首以外，这些诗都是爱情抒情诗和浪漫民谣。他曾有幸在这些诗歌遗失以前读过这些诗歌，而且他评价这些诗是“完全未经仔细推敲”④。诗中充满了妖魔、海妖，歌颂群星和勇敢的骑士，“没有浪漫主义专属技巧的浪漫主义基调”⑤。马克思自己对这些诗是这样说的：

> 其原因在于我的情况和我从前的整个发展。我的天国、我的艺术同我的爱情一样都变成了某种非常遥远的彼岸的东西。一切现实的东西都模糊了，而一切正在模糊的东西都失去了轮廓。对当代的责难、捉摸不定的模糊的感情、缺乏自然性、全凭空想编造、现有的东西和应有的东西之间完全对立、修辞学上的考虑代替了富于诗意的思想，不过也许还有某种热烈的感情和对蓬勃朝气的追求，——这就是我赠给燕妮的头三册诗的内容的特点。无边无际的、广泛的渴求在这里以

---

① *MEGA* I i (2) 214; Easton and Guddat, p. 41. 马克思，恩格斯．马克思恩格斯全集：第40卷．北京：人民出版社，1982：9.

② *MEGA* I i (2) 214; Easton and Guddat, p. 41. 马克思，恩格斯．马克思恩格斯全集：第40卷．北京：人民出版社，1982：9.

③ 麦克莱伦写这本书时，这些诗还未找到，后来在整理马克思文稿时找到了这些诗。马克思于1836年秋，10月中—12月于柏林写的诗歌，即“爱之书”第一部和第二部以及“歌之书”现均已收入《马克思恩格斯全集》，参见：马克思，恩格斯．马克思恩格斯全集：第40卷．北京：人民出版社，1982：91－567.——译者注

④ F. Mehring, introduction to *Aus dem literarischen Nachlass von Karl Mars, Friedrich Emgels und Ferdinand Lassalle* (Stuttgart, 1902) I 26.

⑤ Ibid.

各种不同形式表现出来，使诗作不够紧凑，显得松散。①

唯一流传下来的诗歌是在 1837 年上半年写成的，与它们一起保留下来
44 的还有一部荒诞剧和一本喜剧小说的片段。马克思把其中一部分诗歌送到《德意志诗歌年鉴》的编辑阿德尔伯特·冯·夏米索那里试图发表，可是该刊物已经交付印刷了。马克思生前仅发表了两首诗歌，1841 年 1 月，这两首诗歌刊登在柏林的一个青年黑格尔派的刊物《雅典神殿》上，这些诗歌的基调反映了波恩当时的文化潮流，以及马克思在柏林的第一个学期在课堂上所学的东西。在那里，他听到了萨维尼和斯蒂芬斯对哲学法则进行的浪漫主义的解释。他心中的楷模是海涅、歌德和席勒，除了政治反动和民族主义内容以外，他们都写了著名的浪漫主义诗歌。汉斯·科恩对浪漫主义的世界观作了很好的总结：

> 浪漫主义的人物……不是把自己当作宇宙秩序的代表，而是当作独一无二的存在物，并且为了自己的创造天赋而要求完全的自由，同时，尽管浪漫主义者反抗社会，但他们不接受风暴和重压带来的巨大的孤寂。他们渴望一个由志趣相投的人组成的社会，这些人将按照内心的情感和信念度过一生。他们追求的这种社会的复杂性和苦恼因其潜在的主观主义而加剧。独一无二的个人渴望和他所有的要求都得到充分满足，但又感到需要在一种奇迹般的真正和谐的联盟中来实现，在这个联盟中，所有的人生的矛盾和对立都将得到调和。②

马克思的诗歌中充满了悲剧式爱情，谈论了人类命运是神秘力量的玩物。其中也表现出一种我们所熟悉的主观主义和对脱离社会的创造性艺术家人格的极度吹捧，由于他对燕妮的爱：

> 面对着整个奸诈的世界，
> 我会毫不留情地把战挑，
> 让世界这庞然大物塌倒，
> 它自身扑灭不了这火苗。
>
> 45 那时我就会象上帝一样，
> 在这宇宙的废墟上漫步；

① *MEGA* I i (2) 214 f; Easton and Guddat, pp. 41f. 马克思，恩格斯. 马克思恩格斯全集：第 40 卷. 北京：人民出版社，1982：9－10.

② H. Kohn, *The Mind of Germany* (Macmillan, London, 1965) p. 50.

我的每一句话都是行动，
我是尘世生活的造物主。①

其他诗歌表现出对某种无限东西的渴求和诺瓦利斯式对死亡的爱，另外有一些诗歌的内容彻底地存在于神秘想象的梦幻世界中。除了美学的理想主义以外，这些诗歌还对“腓力斯人”进行了一系列典型的浪漫主义的讽刺性攻击，他笔下的人，诸如医生和数学家，都基于对问题有条理和理智的认识，而从事着功利主义的职业。为了提高写作能力，马克思从莱辛的《拉奥孔》、佐尔格的《埃尔温》，以及温克尔曼的《艺术史》中做了大量摘录。马克思从他正在阅读的所有书籍中摘录（有时还要加上自己的评论）的习惯伴随着他的一生。而这些保留下来的笔记本对于了解马克思的思想发展是十分有价值的②。他采用斯特恩的幽默手法写过一部喜剧小说《斯科尔皮昂和费利克斯》的几章。接着，马克思又放弃了这部小说，创作了当代喜剧惊悚片《乌兰内姆》的第一幕，主人公是年弱体衰的浮士德的翻版。最后，还有一系列关于黑格尔的非常有趣的讽刺诗，马克思指责他的傲慢与晦涩。在第一首讽刺诗中，马克思写道：

发现了最崇高的智谋，领会它深邃的奥秘，
我就象神那样了不起，象神那样披上晦暗的外衣，
我长久地探索着，漂游在汹涌的思想海洋里，
在那儿我找到了表达的语言，就紧抓到底。③

第二首讽刺诗以同样的主题开始：

我教授的语言，在风云急变中已全被搅乱，
……④

最有趣的是下面一首：

康德和费希特在太空飞翔，
对未知世界在黑暗中探索；

---

① *MEGA* Ⅰi（2）50. 马克思，恩格斯. 马克思恩格斯全集：第40卷. 北京：人民出版社，1982：668－669.

② 参见：M. Rubel，‘Les Cahiers d'études de Karl Marx（1840－1853）’，*International Review of Social History*（1957）.

③ *MEGA* Ⅰi（2）41. 马克思，恩格斯. 马克思恩格斯全集：第40卷. 北京：人民出版社，1982：651.

④ *MEGA* Ⅰi（2）42. 马克思，恩格斯. 马克思恩格斯全集：第40卷. 北京：人民出版社，1982：651.

而我只求深入全面地领悟
在地面上遇到的日常事物。①

46 如果把这首诗理解为马克思对自己说的话，那么它的意义就完全被误解了②。正如在前两首诗中，马克思这位主观浪漫主义者批评了黑格尔过于依附现实的倾向。从马克思诗歌的整个基调来看，这显然是对黑格尔的批评，这在浪漫主义作家中是很常见的。

总之，马克思进入大学后，他在毕业论文中所表达出来的观点发生了极大的变化。他不再被那种为全人类服务的思想所鼓舞，也不再考虑寻找一个合适的位置去为崇高的理想而献身。马克思在1837年所作的诗歌正好相反，表现出一种对孤独天才的崇拜，以及对塑造有别于他人的个性的内在关注。

2. 转向黑格尔主义

非常幸运的是，我们可以根据马克思在1837年11月写给父亲的信（这是马克思在学生时代唯一保存的一封信）中所详细描述的情况，很容易地了解马克思在柏林大学第1年中的转变③。在这封已经被引证过的信中，他详细地记述了他的思想过程，并从他自己新获得的黑格尔派立场对此进行了批判。即使是在柏林的第1年，诗歌并非马克思唯一关心的事。他还广泛阅读了法学书籍，并感到有必要"用哲学去进行战斗"。这两者在他看来是紧密相连的，他企图创立法哲学的理论。他以一篇形而上学的导言作为序言，整部作品已经长达300页。在这篇序言中，他没能解决的
47 一个问题就是现存的事物和应存的事物之间的对立。"这种对立是唯心主义所固有的；它又成了拙劣的、错误的划分的根源。开头我搞的是我慨然称为法的形而上学的东西，也就是脱离了任何实际的法和法的任何实际形式的原则、思维、定义，这一切都是按费希特的那一套，只不过我的东西比

① *MEGA* I i（2）42. 马克思，恩格斯. 马克思恩格斯全集：第40卷. 北京：人民出版社，1982：651－652.

② 持这种见解的是 W. Johnston, 'Marx's verses of 1836－7', *Journal of the History of Ideas* (Apr 1967) 261; also of E. Kamenka, *The Ethical Foundations of Marxism* (Routedge, London, 1962) p. 20, and of S. Avineri, *The Social and Political Thought of Karl Marx* (Cambridge U. P., 1968) p. 8。

③ 首次发表于 *Die neue Zeit*, xvi (1897) 4 ff，附有马克思的女儿爱琳娜写的前言。

他的更现代化，内容更空洞而已。”① 马克思认为，黑格尔的哲学已经在现存的事物和应存的事物之间的鸿沟上架起了一座桥梁。马克思反对他已经建立的形而上学体系的第二个理由在于这一体系是“数学的独断论”。这里，马克思在重复黑格尔在他的《精神现象学》前言中对数学的驳斥。在这篇前言中，黑格尔把数学的真理同历史的真理作了不恰当比较：“数学真理的证明过程并不属于证明的对象，而是外在于对象的一种运动。”② 根据马克思的说法，康德和费希特的体系在当时是他自己思想的灵感来源，他们对这种反对意见持开放态度；它们是抽象的体系，如同几何学一样，从公理到结论，相比之下，“在生动的思想世界的具体表现方面，例如，在法、国家、自然界、全部哲学方面，情况就完全不同：在这里，我们必须从对象的发展上细心研究对象本身，决不应任意分割它们；事物本身的理性在这里应当作为一种自身矛盾的东西展开，并且在自身求得自己的统一”③。接着，马克思说在自己论文的第二部分概括了自己的法哲学的复杂图式。马克思对这种划分不满的主要理由似乎在于他并没有按照黑格尔的方式，把概念当作形式和内容的中介环节，因此他的划分是空洞的，用马克思的话讲，就好像有一张带抽屉的书桌，而抽屉后来又被他装上了沙子。当他就实体的私法展开讨论时，他意识到他的计划是错误的：

> 我看到了全部体系的虚假，体系的纲目近似康德的纲目，而执行
> 起来却完全不是那样。这又一次使我明白了，没有哲学我就不能前进。 48
> 这样我就必须怀着我的良知重新投入她的怀抱，并写了一个新的形而上学原则的体系，但在这个体系的结尾我又一次不得不承认它和我以前的全部努力都是不恰当的。④

就这样，马克思度过了他的第一个学期；并且以撰写上述诗稿来躲避他的那些哲学问题：

> 到学期终了，我又转向缪司的舞蹈和萨蒂尔的音乐⑤。在我寄给

① *MEGA* Ⅰ ⅰ (2) 215; Easton and Guddat, p. 42. 马克思，恩格斯．马克思恩格斯全集：第40卷．北京：人民出版社，1982：10.

② Hegel, *Werke* Ⅱ 32; translated in Kaufmann, *Hegel*, p, 418.

③ *MEGA* Ⅰ ⅰ (2) 215; Easton and Guddat, p. 43. 马克思，恩格斯．马克思恩格斯全集：第40卷．北京：人民出版社，1982：10－11.

④ *MEGA* Ⅰ ⅰ (2) 217 f; Easton and Guddat, p. 45. 马克思，恩格斯．马克思恩格斯全集：第40卷．北京：人民出版社，1982：13－14.

⑤ 在希特腊神话中，缪斯（司）是文艺女神，萨帝尔是森林之神，半人半兽。——译者注

> 你们的最后一册笔记中①，理想主义渗透了那勉强写出来的幽默小说《斯科尔皮昂和费利克斯》，还渗透了那不成功的幻想剧本（《乌兰内姆》），直到最后它完全变了样，变成一种大部分没有鼓舞人心的对象、没有令人振奋的奔放思路的纯粹艺术形式。②

可是这种做法，在展示出诗歌能成为什么样子的同时，也使马克思不可能再继续创作下去。“然而，只是在最近的一些诗中，才象魔杖一击——哎呀！这一击起初真是毁灭性的——突然在我面前闪现了一个象遥远的仙宫一样的真正诗歌的王国，而我所创作的一切全都化为灰烬。”③ 毫不奇怪，由于这一时期他在几个领域里进行紧张的脑力工作，并且经常彻夜不眠，最后导致他在一段时间里身患重病。医生劝告他改变一下环境，于是马克思就来到柏林近郊施特拉劳村。在这里，他的观点发生了巨大的变化：“帷幕降下来了，我最神圣的东西已经毁了，必须把新的神安置进去。”④ “我从理想主义，——顺便提一提，我曾拿它同康德和费希特的理想主义比较，并从其中吸取营养，——转而向现实本身去寻求思想。如果说神先前是超脱尘世的，那么现在它们已经成为尘世的中心。”⑤ 以前，作为康德、费希特的追随者，马克思一直拒绝接受黑格尔的概念的理性主义。那时这位浪漫派主观主义者曾经认为最高的存在是从尘世的现实中分
49 离出来。然而现在，理念似乎开始被看作是现实中内在固有的。“先前我读过黑格尔哲学的一些片断，我不喜欢它那种离奇古怪的调子。我想再钻到大海里一次，不过有个明确的目的，这就是要证实精神本性也和肉体本性一样是必要的、具体的，并且具有同样的严格形式；我不想再练剑术，而只想把真正的珍珠拿到阳光中来。”⑥

为了厘清自己的思路，马克思开始写作，他过去曾这样做过，以后也

---

① 参见：马克思，恩格斯．马克思恩格斯全集：第40卷．北京：人民出版社，1982：569－736；《献给父亲的诗册》。——译者注

② *MEGA* Ⅰ i（2）218；Easton and Guddat，p. 46. 马克思，恩格斯．马克思恩格斯全集：第40卷．北京：人民出版社，1982：14.

③ *MEGA* Ⅰ i（2）218；Easton and Guddat，p. 46. 马克思，恩格斯．马克思恩格斯全集：第40卷．北京：人民出版社，1982：14.

④ 马克思，恩格斯．马克思恩格斯全集：第40卷．北京：人民出版社，1982：14－15. ——译者注

⑤ *MEGA* Ⅰ i（2）218；Easton and Guddat，p. 46. 马克思，恩格斯．马克思恩格斯全集：第40卷．北京：人民出版社，1982：15.

⑥ *MEGA* Ⅰ i（2）218f.；Easton and Guddat，pp. 46f. 马克思，恩格斯．马克思恩格斯全集：第40卷．北京：人民出版社，1982：15.

多次这样做。他发表了一篇24印张的对话，题目是《克莱安泰斯，或论哲学的起点和必然的发展》。为此，他学习了自然科学、历史，还研究了谢林的著作。后者的影响在马克思描述对话时很明显，即艺术和自然科学的统一，“通过概念本身、宗教、自然、历史这些神性的表现从哲学上辩证地揭示神性”。这场对话以马克思向黑格尔主义的转变而结束：“我最后的命题原来是黑格尔体系的开端……这部著作，这个在月光下抚养大的我的可爱的孩子，象欺诈的海妖一样，把我诱入敌人的怀抱。”① 马克思经历了与德国古典哲学发展相同的演变过程，从康德、费希特到谢林，再到黑格尔。

这种放弃浪漫主义的理想主义，投入“敌人”怀抱的过程对马克思来说是极为激进的和非常痛苦的②。他描写他的最新决定时说道：

> 由于烦恼，我有几天完全不能够思考问题，就象狂人一样在“冲洗灵魂，冲淡茶水”的肮脏的施普雷河水旁的花园里乱跑，我甚至和我的房东一块去打猎，然后又跑到柏林去，想拥抱每一个遇见的人……
>
> 由于……我的徒劳无益的脑力劳动引起烦躁心情，由于不得不把我所憎恶的观点变成自己的偶像而感到苦恼，我生病了。③

马克思向黑格尔的转变完全是靠这样两个因素：首先他“从头到尾读了黑格尔的著作，也读了他大部分弟子的著作”；其次，马克思参加了一个黑格尔派研究团体：“由于在施特拉劳常和朋友们见面，我接触到一个 50
‘博士俱乐部’④，其中有几位讲师，还有我的一位最亲密的柏林朋友鲁滕堡博士。这里在争论中反映了很多相互对立的观点，而我同我想避开的现代世界哲学的联系却越来越紧密了。”⑤ 这个俱乐部的人定期在法兰西街上的一家咖啡店碰头，大家一起畅所欲言。马克思在这里提到的阿道夫·鲁

---

① *MEGA* I i (2) 219; Easton and Guddat, p. 47. 马克思，恩格斯. 马克思恩格斯全集：第40卷. 北京：人民出版社，1982：15.

② *MEGA* I i (2) 219; Easton and Guddat, p. 47. 马克思，恩格斯. 马克思恩格斯全集：第40卷. 北京：人民出版社，1982：15.

③ 马克思，恩格斯. 马克思恩格斯全集：第40卷. 北京：人民出版社，1982：15-16. ——译者注

④ 博士俱乐部是1837年在柏林出现的黑格尔派（青年黑格尔派）左翼激进分子代表的小组。博士俱乐部的成员有讲师布鲁诺·鲍威尔、历史学教员卡尔·弗里德里希·科本、地理学教员阿道夫·鲁滕堡等人。马克思也积极地参加了俱乐部的活动，该俱乐部在青年黑格尔派运动中起了重要作用。——译者注

⑤ 马克思，恩格斯. 马克思恩格斯全集：第40卷. 北京：人民出版社，1982：16. ——译者注

滕堡是一位地理教师，他过去曾因参加“大学生协会”被捕，并且定期为汉堡报纸《德意志电讯》撰稿。后来，当他与马克思一起在《莱茵报》工作时，马克思逐渐把鲁滕堡看作一个微不足道的人物了。俱乐部里的另一个成员是当地学校的一位历史教师卡尔·弗里德里希·科本，此人后来成为一名公认的关于佛教起源问题的专家。马克思在他的博士论文的序言中表示了对他的钦佩①。俱乐部的领袖人物是布鲁诺·鲍威尔，他从 1834 年起，就在柏林大学里讲授神学，并在接下来的 4 年里成为马克思最亲密的朋友。那时，他曾是正统黑格尔派马尔海内克的信徒，但很快他就变成了激进的青年黑格尔派的代言人②。

毫无疑问，马克思也深受柏林大学法学教授爱德华·甘斯的影响，马克思比其他任何人都更准时参加甘斯的讲座，甘斯是一位受过洗礼的犹太人，一位自由派黑格尔主义者，他阐述了黑格尔在法理学和史学领域的观点。他是一位才华横溢的演讲者，吸引了大批听众。“进步”是他的格言：
51 他非常赞赏 1830 年的法国大革命，也是英国君主制的倡导者，十分注重社会问题，赞同圣西门主义者的观点，并在 1836 年出版的著作中展现了圣西门的思想，他写道：

> 圣西门教徒正确地观察到，奴隶制还没有消失，它只是在形式上已不复存在，但它确实以一种最稳定的方式存在。正如曾经的奴隶主与奴隶的相互对立，接着是贵族阶级与平民、君主与臣仆，今天则是游手好闲的人同劳动者的相互对立。人们只需到工厂去一趟，就会看到成百上千憔悴且悲惨的男女，他们牺牲了自己的健康去为一个人提供服务和利润，并用生活中的所有乐趣换取微薄的收入。当被剥削的人像动物一样只有饿死的自由时，这难道不是真正纯粹的奴隶制剥削吗？难道没有必要唤醒无产者身上的公民意识，引导他们积极地参加他们现在自发地干着的工作吗？国家应向为数最多的最贫穷阶级提供

---

① 关于 Köppen，特别参见：H. Hirsch. *Denker und Kämpfer*（Europäische Verlagsanstalt, Frankfurt – am – Main, 1955）pp. 19 – 81.

② 关于 Bruno Bauer 的情况，参见：G. Mayer，‘Die Anfange des politischen Radikalismusimus im vormärzichen Preussen’, *Zeitschrift für Politik*, Ⅵ（1913）; E. Baanikol, *Das entdeckte Christentum im Vormärz*（Jena, 1927）; S. Hook, *From Hegel to Marx*, 2nd ed.（Ann Arbor, Michigan, 1962）; C. Cesa，‘Bruno Bauer e la filosofia dell’ autoscienza（1841 – 1843）’, *Giornale Critico della Filosofia Italiana*,（Florence, 1960）; G. A van den Bergh van Eysinga，‘Die Tätigkeit von Bruno Bauer in Bonn’, *Annali*, 1963（Milan, 1964）; H. Stuke, *Philosophie der Tat*（Ernst Klett Verlag, Stuttgart, 1963）; Mclellan, *The Young Hegelians and Karl Marx.*

> 必需品，这一观点乃是我们这个时代最有深远意义的观点。……未来的历史将不止一次地要求无产阶级进行反对中产阶级的斗争。在中世纪的各个行会中，有一种社会劳动组织形式，如今这些行会已被摧毁了，也不能重建了。然而，现在那些被解放了的劳动力，难道不是从行会专制制度下和雇主的绝对统治下逃脱出来，又受到了工厂主同样的统治吗？难道就没有一种能改善这种状况的方法吗？当然有的，这就是自由的行会，即社会化。①

虽然在马克思以后的文章中反复出现很多这类的思想，但在此时，这些思想对他几乎没有影响。他一直在考虑从事法律职业：他向他父亲提议，在柏林完成学业后，他要到明斯特市法院工作。他计划成为一名助理法官，并最终获得大学教授职位。他还顺便提到了编辑美学评论的计划。认为布鲁诺·鲍威尔和鲁滕堡已经得到了“所有黑格尔派著名美学家”的认可。

亨利希·马克思在对这封信的回答中没有谈及马克思提出的哲学问题， 52
他的信更多的是重复抱怨儿子生活缺乏规律、不关心家庭和奢侈浪费。此后不久，亨利希·马克思染上了致命的疾病，并于 1838 年 3 月去世。从此，卡尔·马克思同家庭的关系就变得非常淡漠了。

总的来看，这封信详尽地反映了马克思的思想向当时流行哲学的转变。可是它没有包含任何对黑格尔的批判，也没有丝毫表现出马克思未来思想的发展。任何关于马克思的观念在此已经孕育的说法，都是有违于原文意思的，此时没有任何迹象支持此观点。

3. 马克思的论文

(1) 导言。

在写给父亲的这封信之后的 1 年里，马克思几乎放弃了大学里所有的正规课程，专注于阅读书籍，并与博士俱乐部里的密友们讨论问题。他唯一继续听的一门课就是哲学，接下来两年的笔记本上都是黑格尔、亚里士多德、斯宾诺莎、莱布尼茨、休谟和康德著作中的摘录。同时，卡尔渐渐感到了赚取生活费用的必要性。他的父亲在世时曾敦促卡尔打下事业基础，以便尽早与他那位“天使般的女孩”结婚。他的母亲也同样提出了这个话

① E. Gans, Rückblicke auf Personen und zustände (Berlin, 1836) pp. 99 ff; 更多关于 Gans 的情况，参见：H. Reissner, *Eduard Gans. Ein Leben im Vormärz* (Tübingen, 1965).

题：她抱怨威斯特华伦家族看不起她，而燕妮本人也越来越不自在于自己的家庭中。所有这些因素促使马克思通过撰写一篇博士论文来完成他的学业，希望这将使他能够获得大学教师职位①。

这篇论文开始于1838年底，于1841年4月交稿。这篇论文保存了下来，但不完整，它是我们了解马克思这一时期思想状况的主要来源。这篇论文最初的笔记写于1839年间，共用了7本练习本，马克思将它们冠以
53 《伊壁鸠鲁哲学》这一题目。可内容远远超出了论文的范围，其中论述了诸如伊壁鸠鲁学派同斯多葛学派之间的联系、希腊哲学中的哲人观念、苏格拉底和柏拉图的宗教观，以及后期黑格尔学派哲学的前景。这篇题为《德谟克利特的自然哲学和伊壁鸠鲁的自然哲学的差别》的论文本身，包括了马克思对那些将德谟克利特与伊壁鸠鲁的自然哲学等同起来的人的批判，以及这两种哲学的差异性。另外还有一篇附录，内容是关于普鲁塔克对伊壁鸠鲁的批判，以及关于黑格尔和谢林的两篇冗长的笔记②。

（2）题目的选择。

马克思对伊壁鸠鲁的兴趣好像是在与青年黑格尔主义者的讨论中激发起来的。值得指出的是，由于马克思不是黑格尔的直接门徒，所以他对黑格尔学说的知识总是通过，或者说伴随着黑格尔门徒们的评论而获得的。他第一次认真地研究黑格尔是与“黑格尔绝大多数门徒”同时进行的。正是通过在博士俱乐部的讨论，马克思才“越来越被当时流行的这种世界哲学所吸引”。继费希特之后的青年黑格尔派正在重申主观高于实体的重要性，并对后亚里士多德主义者深表同情。其理由有两点：首先，青年黑格
54 尔派感到自己在黑格尔“绝对哲学”之后所处的境况，与希腊人在亚里士多德之后所处的境况是一样的；其次，他们认为后亚里士多德主义哲学包含了很多现代哲学的本质因素：它们奠定了罗马帝国的哲学基础，深深地

① 关于论文的由来，参见：Mehring's introduction to Marx, Engels and Lassalle, *Nachlass*, Ⅰ 51ff.

② 这些内容全部收入《马克思恩格斯全集》第40卷中。这篇论文（不包括最初的笔记）被重新编入 K. Marx, *Die Doktordissertation*, ed. G. Mende（Jena, 1964）中。这些论文也完全收入 K. Marx, *Texte zu Methode und Praxis*, ed. Hillmann Ⅰ。还有一个意大利译本 A. Sabbetti, *Sulla fondazione delmaterialismo storico*（Florence, 1962）。关于马克思的论文，有两部长篇评论著作：R. Sannwald, *Marx und die Antike*（Basel, 1957）；Hillmann, *Marx und Hegel*。一些有价值的关于哲学方面的讨论文章被收入 H. Popitz, *Der entfremdete Mensch*（Berlin, 1960）；M. dal Pra, *La Dialettica in Marx*（Laterza, Bari, 1965）pp. 23ff。还有一些有价值的材料，参见：Cornu, *Karl Marx et Friedrich Engels*, Ⅰ 179 ff.；C. Wackenheim, *La Faillite de la religion d'après Karl Marx*（P. U. F., Paris, 1963）pp. 90 ff.

影响了早期基督教道德观，并且包含了18世纪启蒙运动的理性主义特征。马克思在博士俱乐部的朋友中，有两个人特别认真地研究了这一时期：布鲁诺·鲍威尔，一个刚刚由正统的黑格尔主义转向激进主义者的人，他认为后亚里士多德主义哲学是早期基督教的精神基石。他认为，在古典世界及其客观的社会联系被破坏后，个人主义的哲学家们铺平了通向基督教的道路。然而，按照基督教教义，人是自己所创造的那个上帝的对象，因此人的意识水平低于无神论者和古希腊思想家们所达到的水平，他们严格地将哲学和宗教分离开来。卡尔·弗里德里希·科本也在他献给马克思的著作《弗里德里希大帝和他的敌人》中，把古希腊思想家、无神论与启蒙运动联系起来。他的书赞颂了弗里德里希·威廉二世和启蒙运动的倡导者们。科本坚持说，国王的伟大是来自于他结合了伊壁鸠鲁主义文化、斯多葛派对公共利益的贡献、古希腊怀疑论者的宽容，以及摆脱了教条的束缚。

马克思对他的论点的阐述也是类似的，他在序言中写道："必须把这篇论文仅仅看作是一部更大著作的导论，在该著作里我将联系整个希腊思辨来详细地分析伊壁鸠鲁、斯多葛和怀疑论这三派哲学的相互关系。"① 马克思说黑格尔已经大体上正确地描述了这一体系的一般特点：

> 但由于他的哲学史——一般说来哲学史是从它开始的——的令人惊讶的庞大和大胆的计划，使他不能深入研究个别细节。另一方面，黑格尔对于他主要地称之为思辨的东西的观点，也妨碍了这位伟大的思想家认识上述那些体系对于希腊哲学史和整个希腊精神的重大意义。这些体系是理解希腊哲学的真正历史的钥匙。②

在马克思论文的前几段，他详尽地阐述了为什么他认为这些作家掌握 55
着希腊哲学和当时哲学界的钥匙。这些哲学是"罗马精神的原型，即希腊成为罗马的形式"。它们是"如此富有个性的、如此集中的、如此重要的，以致现代世界也应该赋予它们充分的精神上的公民权"。马克思继续说道："在就体系的广博程度来说已接近完成的柏拉图和亚里士多德哲学体系之后，出现了一些新哲学体系，它们不以这两种丰富的精神形态为依据，而是远远往上追溯到最简单的学派：在物理学方面转向自然哲学家，在伦理

① *MEGA* Ⅰ i (1) 9. 马克思，恩格斯. 马克思恩格斯全集：第40卷. 北京：人民出版社，1982：188.

② *MEGA* Ⅰ i (1) 9. 马克思，恩格斯. 马克思恩格斯全集：第40卷. 北京：人民出版社，1982：188－189.

学方面转向苏格拉底学派，难道这不是值得注意的现象吗?”① 简言之，马克思选择了这个题目，就是要通过考察希腊哲学史上类似的时期，来阐明当代黑格尔之后的学派的状况。

（3）马克思准备写作论文的笔记。

这些笔记中最引人注意的一段是马克思在黑格尔的世界哲学基础上对哲学风气的论述。哲学现在已经到了一个转折点：

> 在哲学史上存在着各种关节点，它们使哲学在自身中上升到具体，把抽象的原则结合成统一的整体，从而打断了直线运动，同样也存在着这样的时刻：哲学已经不再是为了认识而注视着外部世界；它作为一个登上了舞台的人物，可以说与世界的阴谋发生了瓜葛……；然而象普罗米修斯从天上盗来天火之后开始在地上盖屋安家那样，哲学把握了整个世界以后就起来反对现象世界。现在黑格尔哲学正是这样。②

这一段和接下来的这一段是马克思写过的最晦涩难懂的一段，部分原因是这些东西仅仅是个人笔记，另一部分原因是马克思可能对自己的思想不太确定，只能用很多隐晦的话语。在这里一个“节点”就是一种哲学，
56 并将它之前的各种哲学的原则融合成一个相互联系的整体的哲学。这就结束了一种哲学发展的一个阶段，在综合以前哲学的稳定发展的同时，迫使未来的思想从一个崭新的方向产生出来。在这种情况下，哲学开始了一场“实践运动”，“同世界要阴谋”。这里，我们发现世界正处于变化的过程中，哲学与它发生冲突。马克思继续通过描绘黑格尔去世时的哲学状况来阐述哲学与世界之间的对立过程：

> 虽然哲学被封闭在一个完善的、整体的世界里面，但这个整体的规定性是由哲学的一般发展所制约的；这个发展还决定了哲学在转变为与现实的实际关系时所采取的形式。因此，世界的整体性一般地说是内部分离的，并且这种分离达到了极点，因为精神的存在是自由的，其丰富达到普遍的程度，心脏的跳动在其内部，也就是在作为整个机体的具体形态之中形成了差别。只有当世界的各个方面都是整体的时候，世界的分裂才是完整的。所以，与本身是一个整体的哲学相对立

---

① *MEGA* I i （1）14. 马克思，恩格斯. 马克思恩格斯全集：第40卷. 北京：人民出版社，1982：194－195.

② *MEGA* I i （1）131；Easton and Guddat，p. 52. 马克思，恩格斯. 马克思恩格斯全集：第40卷. 北京：人民出版社，1982：135－136.

> 的世界，是一个支离破碎的世界。①

简言之，这一段的意思是说黑格尔的哲学由于它的完整性与普遍性，使自身变得不现实，并与不断分化着的世界形成对立。这样，哲学本身就支离破碎了。

> 因而这个哲学的能动性也表现得支离破碎，自相矛盾；哲学的客观普遍性变成个别意识的主观形式，而哲学的生命就存在于这些主观形式之中。但是不应对这场继伟大的世界哲学之后出现的风暴，感到惊慌失措。普通竖琴在任何人手中都会响；而风神琴只有当暴风雨敲打琴弦时才会响。②

马克思继续说道：任何不理解这种历史必然性的人，一定会坚决否认在这样一个完整的体系之后继续进行哲学研究的可能性，对这种人来说，芝诺、伊壁鸠鲁在亚里士多德这样的思想家之后出现是不可理解的。

所需要的是方向的根本改变： 57

> 在这样的时代，模棱两可的智者们的观点同全体统帅们的观点是对立的。统帅们认为，裁减战斗部队，分散战斗力量并签订符合现实需要的和约，可以挽回损失，而泰米斯托克利斯在雅典城遭到毁灭的威胁时，却劝说雅典人完全抛弃这个城市，而在海上，即在另一个原素上建立新的雅典。③

马克思接着又说，在这种时期，出现了两种选择，或者是软弱无力地模仿过去，或者进行一场真正的根本性的剧变：

> 我们还不应该忘记，在这些大灾难之后的时代是铁器时代——如果这个时代以伟大斗争为标志，那它是幸运的；如果这个时代象艺术史上跟在伟大的时代之后跛行的那些世纪那样，那它是可悲的，因为这些世纪只会从事仿造：用蜡、石膏和铜来仿造那些用卡拉拉大理石雕刻出来的东西，就象帕拉斯·雅典娜是从诸神之父宙斯的头颅中出

---

① *MEGA* Ⅰ i （1）132；Easton and Guddat，p. 52. 马克思，恩格斯．马克思恩格斯全集：第40卷．北京：人民出版社，1982：136.

② *MEGA* Ⅰ i （1）132；Easton and Guddat，pp. 52f. 马克思，恩格斯．马克思恩格斯全集：第40卷．北京：人民出版社，1982：136.

③ *MEGA* Ⅰ i （1）132；Easton and Guddat，p. 53. 马克思，恩格斯．马克思恩格斯全集：第40卷．北京：人民出版社，1982：137.

> 来的一样。但是继在自身中完成的哲学及其发展的主观形式之后到来的那些时代具有宏伟的特点，因为形成这些时代的统一性的分裂是巨大的。于是继斯多葛派、怀疑派和伊壁鸠鲁派哲学之后来到的就是罗马时代。这些时代是不幸的铁器时代，因为它们的诸神死去了，而新的女神还命运莫测，不知是一派光明，还是一片黑暗。她还没有白昼的色彩。
>
> 然而不幸的根源在于，那时的时代精神，即本身是充实的而且在各方面都形成得十分理想的精神单子，不可能承认那种不是由精神单子形成的现实。这种不幸的幸运的一面，是作为主观意识的哲学在对待现实的态度上所采取的主观形式样态。
>
> 例如，伊壁鸠鲁哲学和斯多葛派哲学曾是它那个时代的幸运；又如在大家共有的太阳落山后，夜间的飞蛾就去寻找人们各自为自己点亮的灯光。①

马克思在结束这冗长的笔记时再一次指出，在一个完整的哲学之后，转变新方向要取决于这种哲学的特性：

> 另一方面，也是对哲学史家更为重要的一个方面，是哲学的这个
> 58 转变过程，它转化为有血有肉的过程，因规定性而异，这种规定性象胎记一样把在自身中完成的哲学和具体的哲学区别开来。……然而在哲学上指出这个方面是重要的，因为根据这一转变的一定形式，可以得出关于哲学发展过程的内在规定性及其世界历史性质的相反结论。以前作为成长过程表现出来的东西，现在已成了规定性；而曾经是存在于自身中的否定性的东西变成了否定。在这里我们仿佛看见哲学的生活道路之最集中的表现和主观的要点，就象根据英雄的死可以判断英雄的一生一样。②

马克思这篇笔记中的语言，虽然通篇是很生动的，但却非常晦涩难懂。笔记中弥漫的那种危机的气氛是当时所有青年黑格尔派所共有的。黑格尔自己曾声明：“人们无需费力就可以看到我们的时代是一个正在形成并向新时期过渡的时代。时代精神已经同迄今它所存在的和幻想的世界决裂了，

---

① *MEGA* Ⅰ i (2) 132f; Easton and Guddat, p. 53. 马克思，恩格斯．马克思恩格斯全集：第40卷．北京：人民出版社，1982：137－138.

② *MEGA* Ⅰ i (2) 133; Easton and Guddat, p. 54. 马克思，恩格斯．马克思恩格斯全集：第40卷．北京：人民出版社，1982：138.

并且还准备淹没过去的一切；它现在赋予自己一个新的形式。”① 马克思在撰写论文期间曾同布鲁诺·鲍威尔一直保持通信联系，鲍威尔在1840年写道：“巨变将是惊人的并且应该是巨大的。我几乎敢说，它将会比那次预示着基督教来到世界上的剧变更伟大更可怕。”②

（4）马克思的论文。

在其论文序言中，马克思简要概述了以前对伊壁鸠鲁哲学的误解，谈及了黑格尔对这一时期论述上的不足。接着，他又为自己批评普卢塔克攻击伊壁鸠鲁无神论做了辩护，并为哲学的至高无上性大唱颂歌，赞扬哲学高于其他一切学科，特别是高于神学。为了证明这一点，马克思引证了休谟的话：

> 对哲学来说，这当然是一种侮辱：当它的**最高权威**本应到处被承
> 认时，人们却迫使它在每一场合为自己的结论作辩护，并在被它触犯
> 的艺术和科学面前替自己申辩。**这就令人想起一个被控犯了背叛自己** 59
> **臣民的叛国罪的国王**。③

因此，马克思形成了自己的青年黑格尔派思想，对黑格尔调和哲学与宗教的做法进行了批判。他继续说：

> 哲学，只要它还有一滴血在它那个要征服世界的、绝对自由的心脏里跳动着，它就将永远用伊壁鸠鲁的话向它的反对者宣称：
>
> “渎神的并不是那抛弃众人所崇拜的众神的人，而是同意众人关于众神的意见的人。”
>
> 哲学并不隐瞒这一点。普罗米修斯承认道：
>
> 老实说，我痛恨所有的神。
>
> 这是哲学的自白，它自己的格言，借以表示它反对一切天上的和地上的神，这些神不承认人的自我意识具有最高的神性。不应该有任何神同人的自我意识相并列。④

---

① Hegel, *Werke* Ⅱ 10.

② *MEGA* Ⅰ i（2）241 ff. 未在中文版《马克思恩格斯全集》中找到对应出处。——译者注

③ *MEGA* Ⅰ i（1）10；引自 Hume’s *Treatise of Human Nature*, ed. L. Selby - Bigge（Oxford, 1888）p. 250。马克思，恩格斯．马克思恩格斯全集：第40卷．北京：人民出版社，1982：189.

④ *MEGA* Ⅰ i（1）10. 马克思，恩格斯．马克思恩格斯全集：第40卷．北京：人民出版社，1982：189－190.

马克思认为后亚里士多德主义哲学的特征是“自我意识的一切环节都得到充分表述”①。这种“自我意识”是青年黑格尔派，特别是布鲁诺·鲍威尔所阐述的哲学的核心概念。黑格尔本人也把亚里士多德之后的时期称为自我意识时期②，可是他的激进信徒们却使这种自我意识脱离了它的严格限定的语境，使其成为一条绝对原则。对于这些黑格尔的信徒来说，人的自我意识在不断发展，并意识到那些原以为与人的意识相分离的力量，诸如宗教，正是自我意识的创造物。因此，自我意识及其主要武器哲学批评的任务就是，揭露所有与这种人类自我意识的自由发展相对立的力量和观念③。

这种对自我意识哲学的热情也反映在马克思论文的正文里，马克思以不赞赏的态度把德谟克利特的机械决定论同伊壁鸠鲁的自由伦理学作了比
60 较④。德谟克利特是色雷斯沿海城镇阿夫季拉人，公元前 5 世纪末，他以原子和虚空理论论述并总结了 200 年来希腊物理学的思索。伊壁鸠鲁执教于 100 多年以后的雅典时代，这是以普遍混乱的社会秩序为标志的后亚历山大时代，并致力于为个人行为提供原则⑤。马克思以一个悖论开始了关于这两位哲学家之间关系的论述：伊壁鸠鲁认为所有的表象都具有客观实在性，但同时由于他希望保留意志自由，他又否认世界是被永恒法控制着的，因此，实际上就等于否定了自然的客观实在性。与之相反，德谟克利特对表象的实在性表示了极大的怀疑，但他却认为世界是被必然性所控制的。由此，马克思得出结论，伊壁鸠鲁的物理学，只是他的道德哲学的一部分。他不像通常认为的那样仅仅是抄袭德谟克利特的哲学，而是把自发性观念引入原子的运动，而且针对德谟克利特的由机械法则统治着的无生气的自然世界的理念，他又提出了一个有生命的、人类可以在其中起作用的自然世界。马克思之所以更喜欢伊壁鸠鲁的观点有两条理由：第一，伊壁鸠鲁强调人类精神的绝对自由，这就使人们摆脱了对那些超验客体的迷

---

① *MEGA* Ⅰ i（1）14. 马克思，恩格斯. 马克思恩格斯全集：第40卷. 北京：人民出版社，1982：195.

② 参见：Hegel，*Werke*，Ⅱ131 ff.

③ 关于这一点，特请参见：C. Cesa，‘Bruno Bauer e la filosofia dell’ auto – scienza（1841 – 1843）’，*Giornale Critico della Filosofia Italiana*，Ⅰ（1960）；Mclellan，*The Young Hegelians and Karl Marx*，pp. 48 ff.

④ 马克思的偏爱好像仅仅取决于这两个人道德哲学的比较，作为哲学家和自然科学家，德谟克利特是一个更加渊博、更具独特性的思想家。

⑤ 更多信息，请参见：B. Farrington，*The Faith of Epicurus*（Weidenfeld & Nicolson，London，1967）pp. 7 f.

信；第二，伊壁鸠鲁强调“自由的个体自我意识”，从而指明了一条超越“总体哲学”体系的出路。

马克思最欣赏的是伊壁鸠鲁的这种解放思想。几年以后，马克思在《德意志意识形态》中称伊壁鸠鲁是“古代最伟大的启蒙思想家”①，并在他以后的著作中经常以这样的评语评价伊壁鸠鲁。与对伊壁鸠鲁思想的狂热相对应的是他论文的一个附录，该附录抨击了普卢塔克，尤其是他那篇题为《论信从伊壁鸠鲁不可能有幸福的生活》的论文②。马克思将普卢塔
克的观点一一列出后，分开来看，证明了这些观点中只能得出相反的结论。 61
马克思强调，对神的信仰乃是源于将人类的美德从其本体——人——中分离开来，并使之依附于一个虚幻的主体。同样，灵魂不朽将它自身归结为个体对宇宙的要求。马克思所有这些观点，显然是受到费尔巴哈早期著作的启发，费尔巴哈早在1839年就开始从人道主义的角度批判黑格尔的辩证法。马克思用了很大篇幅去揭露普卢塔克对伊壁鸠鲁批判中的谬误，因为他认为普卢塔克是用神学的观点对哲学进行攻击的典型代表人物。他在序言中写道：“如果说这里以附录的形式增加了一篇批评普卢塔克对伊壁鸠鲁神学的论战的文章，那么这样做，是因为这个论战不是什么个别的东西，而是代表着一定的方向，并且很恰当地陈述了神学化的理智和哲学的关系。”③

（5）论文和笔记。

神学与宗教的对立观点是马克思在1841年底加进了论文中的一个主要论题。这里主要针对的是谢林，这位刚被弗里德里希·威廉四世召到柏林来“根除黑格尔派龙种”④ 的谢林，在他题为“启示哲学”的演讲中作了这样一种划分：消极的、纯粹理性的哲学和积极的哲学，后一哲学的真正内容是神性在历史上的演化，正如它在人类各种各样的神话和宗教中的记录那样。谢林的演讲被大肆宣传，并在一开始就引起了广泛关注：恩格斯、克尔凯郭尔和巴枯宁都出席了谢林的首次演讲。黑格尔派的反应是强烈的，

---

① *MEGA* Ⅳ122. 未在中文版《马克思恩格斯全集》中找到对应出处。——译者注

② 这篇附录没有保存下来，但可以根据前面的笔记重新整理出来，见 *MEGA* Ⅰi，p. xxxi; D. Baumgarten，‘Über den“verloren geglaubten” Anhang zu Karl Marx’ Doktordissertation’，in *Gegenwarts – probleme der Soziologie*（Eisermann，Potsdam，1949）。马克思，恩格斯．马克思恩格斯全集：第40卷．北京：人民出版社，1982：282.——译者注

③ *MEGA* Ⅰi（1）10. 马克思，恩格斯．马克思恩格斯全集：第40卷．北京：人民出版社，1982：189.

④ Frederick William Ⅳ to Bunsen，in Chr. von Bunsen，A*us seinen briefenleipzig*，1869）Ⅱ 133.

马克思的反应也不小。他的论述方法是将谢林当时的言论同自己早期的著作进行对比。在青年黑格尔派的著作中，往往有一些元素可以追溯到黑格尔之前，尤其是费希特关于人的辩证自我创造的思想：科本公开宣称自己
62 是费希特的信徒，布鲁诺·鲍威尔和赫斯二人则是把费希特的原理渗透到思想中①。马克思的笔记是以摘录谢林早期著作的三段话为开头的，这三段话与费希特的思想非常相近：

> “**软弱的**智慧不是那个不认识客观的神的智慧，而是那个**想要**认识神的智慧。”
>
> 总之，可以奉劝谢林先生回想一下他早期的著作。例如，在《论“自我”是哲学的原则》这一著作里，他说道：
>
> “譬如，我们假定说，被规定为客体的**神**是我们知识的**真实基础**，那么，这样一来，既然神是客体，神**本身**就进入**我们的知识范围之内**，因而对于我们来说就不可能是这整个范围所赖以建立的最后根据了。”
>
> 最后，我们提醒谢林先生注意上述他的那封信的结束语：
>
> “向**优秀的**人类宣布**精神自由**并且**不再容忍人类为失去身上的**枷锁而悲泣的**时候已经到来了**。”
>
> 如果早在1795年这样的“时候”就已到来，那么到了1841年又该怎样说呢？②

接着，马克思继续阐述，黑格尔颠倒了关于上帝存在的传统证明，从而也就推翻了这些证明。传统神学说：“因为偶然性确实存在，所以神存在。”而黑格尔把这种说法变成：“因为偶然性不存在，所以神或绝对者存在。”接着，马克思提出了一个二难推理：第一种可能性是，对神的存在的证明不外是重言式的，就好像马克思所概括的本体论一样：“凡是我认为真实的（实在的）表象的东西，就是真实的表象。”③ 在这种情况下，任何神灵都具有同等的实在性。康德对本体论的证明进行了著名的批驳，他拿100张虚拟的英镑纸币与100张真实的英镑纸币相比较，但这种批驳不能切中要害：事实上，纸币与神的信仰非常相似，如果你向一个国家输入纸币，而这

---

① 有一种关于马克思主义起源的论述，强调费希特的贡献，参见：R. Garaudy，*Karl Marx：The Evolution of his Thought*（Lawrence & Wishart，London，1967）.

② *MEGA* I i （1）80；Easton and Guddat，p. 64. 马克思，恩格斯．马克思恩格斯全集：第40卷．北京：人民出版社，1982：283－284.

③ 马克思是按其古典形式，而不是按其黑格尔的形式引用这句话的。他的论述具有讽刺性，参见：Wackenheim，*La Faillite de la religion d’après Karl Marx*，p. 101.

个国家不承认这些纸币，那么这些纸币的价值将是纯粹想象上的。“如果有人把温德人的某个神带给古代希腊人，那他就会发现这个神不存在的证明。因 63
为对希腊人来说，它是不存在的。一定的国家对于外来的特定的神来说，同理性的国家对于一般的神来说一样，就是神停止其存在的地方。”①

第二种可能性是“对神的存在的证明不外是对人的本质的自我意识存在的证明，对自我意识存在的逻辑说明，例如，本体论的证明。当我们思索‘存在’的时候，什么存在是直接的呢？自我意识”②。马克思主张，在这个意义上，对神的存在的一切证明都是对神的不存在的证明。真正的证明必须倒过来说：“因为自然不是完美的，所以神才存在。”但这就等于说非理性世界的存在构成了神的存在。

马克思在完成他的笔记时，再次引证了谢林早期著作中的两段话，从而将后期黑格尔派哲学和启蒙运动的纯理性主义不寻常地混合在一起：

> 假如你们假定一个客观的神的观念，你们怎么能够谈**理性从自身中产生出来的规律**呢？因为只有**绝对自由的东西**才能有**自主**。
>
> 把可以普遍传授的基本原则加以隐瞒，这是一种对人类的犯罪行为③。

论文附加的第二个重要笔记涉及了第一个笔记中探讨关于黑格尔总体体系之后的哲学前景的论题。在笔记的第一部分，马克思就所谓黑格尔与反动派“妥协”的普遍指责谈了自己的看法。“对于黑格尔也是这样，那也只是他的学生们的无知才用适应或类似的东西，简言之，从道德上来解释他的体系的这一或那一规定。他们忘记了，就在不久前他们还热情地赞同黑格尔的一切片面的说法，这一点可以用他们自己著作里的例子清楚地证明给他们看。”④ 马克思在为黑格尔辩护时提到要区别黑格尔的内在思想和他表达自己思想的外在形式：

> 一个哲学家由于这种或那种适应会犯这样或那样显然缺乏一贯性

---

① *MEGA* I i (1) 81；Easton and Guddat，p. 65. 马克思，恩格斯．马克思恩格斯全集：第 40 卷．北京：人民出版社，1982：285.

② *MEGA* I i (1) 81；Easton and Guddat，pp. 65f. 马克思，恩格斯．马克思恩格斯全集：第 40 卷．北京：人民出版社，1982：285.

③ *MEGA* I i (1) 81；Easton and Guddat，p. 66. 马克思，恩格斯．马克思恩格斯全集：第 40 卷．北京：人民出版社，1982：285.

④ *MEGA* I i (1) 63；Easton and Guddat，p. 60. 马克思，恩格斯．马克思恩格斯全集：第 40 卷．北京：人民出版社，1982：257.

64 的毛病，是完全可以理解的；他本人也许会意识到这一点。但有一点是他意识不到的，那就是：这种表面适应的可能性本身的最深刻的根源，在于他的原则的不充分或在于哲学家对于自己的原则没有充分的理解。因此，如果一个哲学家真正适应了，那么他的学生们就应该根据他的内在的本质的意识来说明那个对于他本人具有一种外在的意识形式的东西。这样一来，凡是表现为良心的进步的东西，同时也是一种知识的进步。这里不是哲学家个人的良心受到怀疑了，而是他的本质的意识形式被构成了，后者具有特定的形态和意义，——因而同时也就超出了意识形式的范围。①

青年黑格尔派普遍承认深奥的和世俗的黑格尔之间的差别②。布鲁诺·鲍威尔甚至声称黑格尔的真正要旨是“无神论、共和主义和革命”③。与此相仿，马克思也希望用黑格尔派的原则来解释黑格尔。

这里，马克思再次回到后黑格尔哲学以及被他称为“从纪律过渡到自由”的问题：

> 一个本身自由的理论精神变成实践的力量，并且作为一种意志走出阿门塞斯的阴影王国，转而面向那存在于理论精神之外的世俗的现实，——这是一条心理学的规律。……不过哲学的实践本身是理论的。正是批判从本质上衡量个别存在，而从观念上衡量特殊的现实。但是哲学的这种直接的实现，从其内在本质来说是充满矛盾的，而且它的这种矛盾的本质在现象中取得具体形式，并且给现象打上它的烙印。④

这是马克思第一次提到实践的概念，而实践成为他后来思想的核心。这一概念最初是由奥古斯特·冯·采什科夫斯基提出的，此人是一名波
65 兰伯爵，曾在柏林学习哲学，师从正统黑格尔派米希勒⑤。他也曾到过

---

① *MEGA* Ⅰ ⅰ (1) 64；Easton and Guddat, p. 61. 马克思，恩格斯. 马克思恩格斯全集：第40卷. 北京：人民出版社，1982：257 - 258.

② 最典型的是 Bruno Bauer, *Die Posaune des jüngstem Gerichts über Hegel den Atheisten und Anticharisten* (Leipzig, 1841)，重印于 K. Löwith, *Die Hegelsche Linke* (Stuttgart, 1962)。

③ Bruno Bauer, *Die Posaune des jüngstem Gerichts über Hegel den Atheisten und Anticharisten* (Leipzig, 1841), p. 42.

④ *MEGA* Ⅰ ⅰ (1) 64；Easton and Guddat, pp. 61f. 马克思，恩格斯. 马克思恩格斯全集：第40卷. 北京：人民出版社，1982：258.

⑤ 有一篇关于马克思《博士论文》的评论，强调采什科夫斯基的巨大影响，参见：R. Lauth, ‘Einflüsse slawischer Denker auf die Genesis der Marxschen Weltanschauung’, Orientalia Christiana Periodica, XXII (Rome, 1955) 399 ff.

巴黎，并了解了社会主义思想。1838 年，他出版了一本题为《历史科学引论》的小册子，试图证明青年黑格尔派学者们的创新。因为采什科夫斯基是第一个严肃地谈论从思想到实践的转变这一问题的人。他这本书的主要论点是：尽管黑格尔只论述了现状与过去，但是哲学现在应研究未来：在很大程度上，就像居维叶通过一颗牙齿构建一只全兽那样，哲学应该力图建造未来。这种关于未来的哲学应该是面向全社会，从而变成实践哲学：

> 因此，哲学应该放任自己变为应用哲学；正像艺术性的诗歌被改编成为思想性的散文一样，哲学必须从高高在上的理论降到地上来，成为实践。应用哲学，或者更准确地说，实践哲学（此种哲学对生活和社会状况的具体影响等同于在具体的活动中运用这两者）。大体上说，这就是哲学未来的命运……正如思想和反思超越了艺术，行为和社会活动也将超越哲学。①

使哲学变成行动的哲学，这种见解鼓舞了青年黑格尔派的很多成员，特别是莫泽斯·赫斯。甚至布鲁诺·鲍威尔也曾将它作为一种理想的形式来使用。鲍威尔在 1841 年初给马克思的信中说道：“理论现在是最强有力的实践，我们不能事先说在何种程度上它将成为实用的。”②

马克思在写这篇笔记时，按自己所见到的样子写了一段关于哲学和世界的关系的话。他看到这一问题的两方面。关于客观的一面，即哲学的实现，他说：

> 当哲学作为意志反对现象世界的时候，体系便被降低为一个抽象的整体，这就是说，它成为世界的一个方面，于是世界的另一个方面 66
> 就与它相对立。哲学体系同世界的关系就是一种反映的关系。哲学体系为实现自己的愿望所鼓舞，同其余方面就进入了紧张的关系。它的内在的自我满足及关门主义被打破了。那本来是内在之光的东西，就变成为转向外部的吞噬性的火焰。于是就得出这样的结果：世界的哲学化同时也就是哲学的世界化，哲学的实现同时也就是它的丧失，哲学在其外部所反对的东西就是它自己内在的缺陷，正是在斗争中它本身陷入了它所反对的错误，而且只有当它陷入这些错误时，它才消除

① A. von Cieszkowski, *Prolegomena zur Historiosophie* (Berlin, 1838) p. 142.

② *MEGA* Ⅰ i (2) 250. 未在中文版《马克思恩格斯全集》中找到对应出处。——译者注

> 掉这些错误。凡是反对它的东西、凡是它所反对的东西，总是跟它相同的东西，只不过具有相反的因素罢了。①

这里有趣的是哲学终结这一论题，采什科夫斯基已经称黑格尔的体系是“哲学终结的起点”②，而马克思的这些思想则同他后来关于“无产阶级废除哲学”的思想非常相似。

同时，马克思也谈到了问题的主观方面。他说：

> 这就是被实现的哲学体系同体现着它的进展的它的精神承担者、同个别的自我意识的关系。在哲学的实现中有一种关系与世界相对立，从这种关系中可以得出一个结论：这些个别的自我意识永远具有一个双刃的要求：其中一面针对着世界，另一面针对着哲学本身。因为在对象里作为一个本身被颠倒了的关系的东西，在这些自我意识里就表现为双重的、自相矛盾的要求和行为。这些自我意识把世界从非哲学中解放出来，同时也就是把它们自己从哲学中解放出来，即从作为一定的体系束缚它们的哲学体系中解放出来。③

后黑格尔派的情况分成了两个对立的流派：第一个流派是自由派，它努力保持哲学的概念和原理；而第二个流派则把哲学的非概念的东西，即实在性的环节作为主要的规定。这第二个流派就是实证哲学。马克思说：

> 第一个流派的活动就是批判，也正是哲学自身的向外转向；第二个流派的活动是进行哲学思考的尝试，也就是哲学的转向自身，同时
> 67 这第二个流派认为，缺陷对哲学来说是内在的，而第一个流派却把它看作是世界的缺陷，必须使世界哲学化。两派中的每一派所作的正是对方所要作的事和它自己所不愿作的事。但是第一派在它的内在矛盾中意识到了它的一般原则和目的。在第二派里却出现了颠倒，也可以说是本身的错乱。在内容上，只有自由派，因为它是概念的一派，才能带来真实的进步，而实证哲学只能产生一些这样的要求和倾向，这

---

① *MEGA* I i (1) 64f.；Easton and Guddat，p. 62. 马克思，恩格斯．马克思恩格斯全集：第40卷．北京：人民出版社，1982：258.

② Cieszkowski，*Prolegomena zur Historiosophie*，p. 101.

③ *MEGA* I i (1) 65；Easton and Guddat，p. 62. 马克思，恩格斯．马克思恩格斯全集：第40卷．北京：人民出版社，1982：259.

些要求和倾向的形式同它们的意义是互相矛盾的。①

这两个流派都属于黑格尔学派，不难看出马克思同情自由派。那些“实证派”哲学家是黑格尔学派的核心。他们似乎同马克思在第一个笔记相应一节中所批评的“虔敬的灵魂”是同一类人，这些人，如米希勒和采什科夫斯基，只是竭尽全力地去改进哲学。自由派或者批判派则是受到布鲁诺·鲍威尔影响的青年黑格尔派的一帮人。

马克思在结尾部分对他一直在描述的过程作了总结，他说：“因此，那个起初是哲学与世界的一种颠倒关系和敌对的分裂的东西，后来就成为个别哲学自我意识本身中的一种分裂，而最后便表现为哲学的一种外部分裂和二重化，表现为两个对立的哲学派别。”②

马克思的博士论文和笔记，典型地反映了他撰文时所处的学术氛围。马克思后来以独特的方法阐述的许多论题——特别是关于实践的观点和废除哲学的观点，在这里都第一次出现了。不过这些观点是以马克思和他的同时代的人所共同采用的形式出现的。这几年，马克思不仅专注于写博士论文，而且还参与了一些其他项目，这些项目同样也反映了青年黑格尔派的风气，以及博士俱乐部所讨论的问题。在这里，马克思绝不只是接受他人的思想，马克思的朋友科本在给他的信中说，在马克思离开柏林之前，“我没有自己的思想，也就是说，我自己没有得出什么认识”③。他还谈了自己的看法，认为鲍威尔的文章《基督教国家》中的很多观点是源于马克思的，这篇文章是青年黑格尔派通过对宗教的批判引出政治结论的第一篇 68
论文。马克思博士论文序言中所阐述的精神——哲学与宗教的直接对立——更多地包含了这些政治结论。1840 年初，马克思打算写一篇《宗教哲学》，并想在波恩举办讲座，抨击天主教神学家海尔梅斯，此人曾试图调和宗教与康德哲学。为了实现这个设想，马克思像完成此时自己的其他计划一样，同布鲁诺·鲍威尔进行了详细的讨论。鲍威尔曾和黑格尔有过私交，后来才慢慢转向黑格尔派左翼，直到 1840 年才真正形成了自己的思想④。到 1840 年夏天，马克思就此问题写完了一本书，并将手稿寄给布鲁

① *MEGA* Ⅰ i （1）65；Easton and Guddat，p. 63. 马克思，恩格斯．马克思恩格斯全集：第 40 卷．北京：人民出版社，1982：259 – 260.

② *MEGA* Ⅰ i （1）65f.；Easton and Guddat，p. 63. 马克思，恩格斯．马克思恩格斯全集：第 40 卷．北京：人民出版社，1982：260.

③ *MEGA* Ⅰ i （2）257. 未在中文版《马克思恩格斯全集》中找到对应出处。——译者注

④ 关于这种说法的证据，见：Sens，*Karl Marx. Seine irreligiöse Entwicklung*，pp. 31f.

诺·鲍威尔，同时附上一封致出版商的说明信。然而，这本书并没有被出版，布鲁诺·鲍威尔就那封说明信给马克思写信："也许你可以用这种措辞写信给你的洗衣女工，可是你不能这样写给一个你想从他那里得到赞助的出版商。"① 与此同时，马克思还打算写一部题为《费希尔·瓦普兰斯》的滑稽剧，反击 K. P. 费希尔试图在哲学上证明有神论的《神性的理念》一书②。马克思也专注于逻辑问题，并希望致力于辩证法的研究：他做了大量关于亚里士多德的笔记，并在与鲍威尔的通信中讨论了这个问题。在这种情况下，马克思还想写一篇批评当代哲学家特伦德伦堡的文章，以阐明亚里士多德是辩证地看问题，而特伦德伦堡是只讲形式的。

与此同时，鲍威尔极力劝马克思结束他那"愚蠢的考试"，到波恩去与他一起工作。1841 年 4 月，马克思向耶拿大学哲学系递交了论文，并很快在缺席的情况下被授予了学位。一切事宜均由那里的文学教授沃尔夫办理，他是海因里希·海涅的朋友，也是马克思的一个熟人，可能是他告诉了马克思耶拿大学哲学系的情况③。

69 （6）与布鲁诺·鲍威尔的合作。

马克思的论文一被接受，他就返回特里尔待了一段时间，1841 年 7 月，他就到波恩与布鲁诺·鲍威尔汇合，在那里，他朋友不断加剧的困难，好像危及了他们两人在大学教学的机会。因为鲍威尔正在撰写他的《对观福音书批判》（Kritik der Synoptiker）一书，否认基督的历史性，并将福音书描绘成作者的神话虚构。自同年 3 月以来，两人计划创办一份名为"无神论档案馆"的期刊，以鲍威尔的福音书批判为基础④。当然马克思的无神论也是极具战斗性的。卢格写信给一位朋友："布鲁诺·鲍威尔、卡尔·马克思、克里斯提安森和费尔巴哈正在形成一个新的蒙太涅，并提出了无神论的口号。上帝、宗教、永生都从它们的宝座上跌落下来，人被宣布为上帝。"⑤ 另外，格奥尔格·荣格，一位富有的科隆律师和激进运动的支持者，写信给卢格说："如果马克思、布鲁诺·鲍威尔和费尔巴哈联合创办一

---

① *MEGA* Ⅰ ⅰ（1）244. 未在中文版《马克思恩格斯全集》中找到对应出处。——译者注

② 参见：*MEGA* Ⅰ ⅰ（2）237. 未在中文版《马克思恩格斯全集》中找到对应出处。——译者注

③ 参见：Mende, *Karl Marx Doktordissertation*, p. 6. 关于鲍威尔与马克思间书信往来更全面的描述，参见：Mehring's introduction to Marx, Engels and Lassalle, *Nachlass*, Ⅰ 57 ff.

④ *MEGA* Ⅰ ⅰ（2）152. 未在中文版《马克思恩格斯全集》中找到对应出处。——译者注

⑤ A. Ruge, *Briefwechsel und Tageblätter*, ed. P. Nerrlich (Berlin, 1886) Ⅰ 239.

份神学哲学期刊，上帝最好与他所有的天使一起自怨自艾，因为这三个人肯定会把他赶出天堂……至少对马克思来说，基督教是最不道德的宗教之一。”① 然而，这些计划不了了之，取而代之的是鲍威尔在 11 月出了一本书，名为《对无神论者和反基督者黑格尔的最后审判》，这是一个极为保守的虔诚信徒对黑格尔的攻击。这本匿名发表的小册子是为了在攻击黑格尔的幌子下表明，他是一个真正的无神论的革命者。马克思可能与在写《最后审判》的鲍威尔进行了很好的合作，一些人认为这本小册子是他俩合著的。总之，他们俩都准备再写一部续集，名为《黑格尔对宗教和基督 *70*
教艺术的憎恨以及他对全部国家法律的破坏》。为了写这本书，马克思开始阅读一系列关于艺术和宗教的书。1841 年 12 月，鲍威尔完成了他的那部分，可是他没等马克思完稿就不得不发表了他那部分，因为 1842 年 1 月，巴伦·冯·威斯特华伦男爵患了重病，并于同年 3 月去世了。这些事件好像也妨碍了马克思发表论文的计划。因为他在 1841 年底写的一篇新的序言中曾说：

> 我献给公众的这篇论文，是一篇旧作，它当初本应包括在一篇综述伊壁鸠鲁、斯多葛派和怀疑派哲学的著作里，鉴于我正在从事完全不同性质的政治和哲学方面的研究，目前我不能指望完成这一著作。
>
> 只是现在，伊壁鸠鲁派、斯多葛派和怀疑派体系为人理解的时代才算到来了。他们是**自我意识哲学家**。②

1 月，马克思回到特里尔，一直待到 4 月，但在此期间他曾陪同莫泽斯·赫斯专程前往波恩去听鲍威尔讲课。马克思仍然想出版他与鲍威尔合作的研究成果，1842 年 3 月，他给卢格写信说，“总之，说到本题，我发现，《论基督教的艺术》一文（现已改为《论宗教和艺术，特别是基督教的艺术》）应当彻底改写”③。4 月，马克思写道，他的研究成果“几乎可以写一本书了”④，可是到了 7 月，他不得不放弃这个想法。即使马克思是这样的年轻（当时年仅 23 岁），并且尚未发表任何东西，但他已在同代人

---

① *MEGA* Ⅰ i（2）261f. 未在中文版《马克思恩格斯全集》中找到对应出处。——译者注

② *MEGA* Ⅰ i（2）327. 马克思，恩格斯．马克思恩格斯全集：第 40 卷．北京：人民出版社，1982：286.

③ *MEGA* Ⅰ i（2）271f. 马克思，恩格斯．马克思恩格斯全集：第 27 卷．北京：人民出版社，1972：423.

④ *MEGA* Ⅰ i（2）273f. 未在中文版《马克思恩格斯全集》中找到对应出处。——译者注

中产生了非常强烈的影响。恩格斯转述了他从青年黑格尔派的伙伴那里听来的关于柏林哲学家们的喜剧般的诗：

> 谁跟在他①身后，风暴似地疾行？是面色黝黑的特里尔之子，他有一颗暴烈的心。他不是在走，不是在跑，而是在风驰电掣地飞奔。鹰隼般的眸子，大胆无畏地闪烁，攥紧拳头的双手，愤怒地向上伸，好像要把苍穹扯下埃尘。不知疲倦的力士一味猛冲，好似恶魔缠了身！②

71 在这期间，格奥尔格·荣克谈到马克思时说："马克思博士虽然是一个革命的魔鬼，但他仍然是我所认识的最具有洞察力的人中的一个。"③ 慷慨热情的莫泽斯·赫斯是这样向他的朋友奥尔巴赫描述马克思的：

> 最伟大，也许是当今活着的唯一的真正的哲学家，这位哲学家……很快就会吸引全德国的目光。……马克思博士……他将给予中世纪的宗教和政治以彻底的打击！他既有最深刻的哲学头脑，又有罕见的智慧；如果把卢梭、伏尔泰、霍尔巴赫、莱辛、海涅和黑格尔合为一个人（我说的是结合，不是凑合），那么结果就是一个马克思博士。④

然而，马克思的才能却无法施展：1842 年 3 月底，布鲁诺·鲍威尔被免职，马克思便不得不放弃在大学供职的全部希望。很快，他开始把精力转到从事新闻写作方面，以此为武器日益直接地参与政治斗争。

---

① 指布鲁诺·鲍威尔。——译者注

② *MEGA* I i （2）268f. 未在中文版《马克思恩格斯全集》中找到对应出处。——译者注

③ *MEGA* I i （2）262. 未在中文版《马克思恩格斯全集》中找到对应出处。——译者注

④ M. Hess, *Briefwechsel*, ed. Silberner (Mouton, The Hague, 1959) p. 80.

第四章　新闻工作者马克思

1.《哈雷年鉴》

阿尔诺德·卢格是马克思在新闻事业上的领路人，他是《哈雷年鉴》 72
的编辑，《哈雷年鉴》则是青年黑格尔学派的主要期刊。青年黑格尔派一直都很有新闻头脑，他们希望带有自己学派观点的评论可以在总数上达到两万页①。卢格是北普鲁士人，在哈雷大学学过哲学，是哈雷大学青年会的成员，还因此蹲了 6 年监狱。获释以后卢格就开始在哈雷大学讲授柏拉图的理论思想，而且推崇黑格尔主义。由于他的非正统观点，卢格未能获得哈雷大学的教授职位。于是，他辞去了大学的工作，全力投入到编辑《哈雷年鉴》的工作中去。卢格正适合做这项工作，他经济上独立，虽然没有自己的创见，但他写作很快、文笔很好，并有着广泛的社会关系②。

《哈雷年鉴》于 1838 年创刊，最初主要致力于艺术或文学主题方面的研究，它并不属于激进派（甚至像亨利希·利奥那样的宗教保守分子都参加了进来），但是当利奥公开指控青年黑格尔派宣扬无神论的时候，它便马上开始为施特劳斯辩护，并维护对宗教的批评自由和讨论自由。这些讨论

① 见：F. Schlawe，'Die Junghegelsche Publizistik'，in *Die Welt als Geschichte*（1960）.

② 详见：W. Neher，*Arnod Ruge als politikher und poltischer Schrifsteller*（Heidelberg，1933）.

73 使“科隆事件”① 达到了白热化。虽然《哈雷年鉴》早年的稿件都基本上暗含着“天主教国家”概念下主张建立一个开明的普鲁士国家这一观点，但是到 1840 年，评论时政的文章逐渐取代了以宗教为主题的文章，导致的结果就是 1841 年 7 月《哈雷年鉴》被禁止在普鲁士发行，不得不迁至德累斯顿，并以《德国年鉴》的名称出版②。从 1840 年开始柏林的青年黑格尔派就不断向该刊投稿，到 1841 年中，布鲁诺·鲍威尔已成为《德国年鉴》的固定撰稿人之一，科本也经常为刊物撰稿，因此马克思在很早的时候就由科本介绍结识了卢格。马克思为《德国年鉴》投入了全部的精力，1842 年 2 月，马克思将自己的第一篇文章交给了卢格，同时附上一份作为书评的说明书③。马克思的文章有自己独特的风格，他坚决不妥协的性情、追求纯粹的爱，以及使用归谬法来处理对手论点的手法都使他的文章风格极度相反，这种风格也表现在他以后的著作中。此外，马克思还经常运用格言、递进、重复、对仗、对比、交错配列（特别是后两者）等各种修辞手法。

马克思的第一篇文章针对的是由弗里德里希·威廉四世在 1841 年 12 月颁布的新的书报检查令。在拿破仑占领期间，德国人拥有出版自由的权利，但在 1819 年 10 月却公布了书报检查令——卡尔斯巴德决议的结果之一，原计划有效期是 5 年，而实际施行的时间要长得多。这部检查令的规定很严格，报纸只要涉及宗教或政治就要受到外交部、内政部和文化部的检查。法国七月革命以后这种检查制度渐渐放松了，但是普鲁士的报纸却依旧倾向于只反映政府的意见。随着弗里德里希·威廉三世的去世，德国上下普遍要求对此进行改革：这一切都要变了。新国王和他的父亲正相反，
74 他与资产阶级一样，憎恶组织严密的官僚政治制度；他希望建立一个家长制的社会，在这里，德国人民都是他的家庭成员。因此，他赞成资产阶级所要求的在议会中和出版物上发表自己意见的权利，甚至在检查令中强调“坦率而忠诚的宣传具有的价值和必要性”。但是，资产阶级想要争取的并不是一个幻想中的家长制社会，因此，一场冲突便是不可避免的了。

马克思的文章专门指出了这个皇家文件语义模糊和互相矛盾的特点。

---

① 同上，p. 8。

② 有关 *Haische Jahrbicher* 的发端和办刊方针，请参见 H. Kornetzki，‘Die revolutionar - dialektische Entwicklung in den Hallischen Jahrbüchern’（unpublished PhD. thesis，Munich，1955）；MeLellan，*The Youmng Hegelians and Karl Marx*，pp. 11ff。

③ 参见：‘Letter to Ruge’，*MEGA* Ⅰ ⅰ（2）266f. 马克思，恩格斯．马克思恩格斯全集：第 27 卷．北京：人民出版社，1972：420.

现在的国王命令检查官们在实行 1819 年的检查令时稍微放松一些，不必严苛。但在马克思看来，要么在过去的 22 年里检查官的行为一直是非法的，要么就是把一个制度实际上所犯的错误推到某些人（检察官们）身上，所以这场表面上成功的改良没有实际意义。“**虚伪自由主义**的表现方式通常总是这样的：在被迫让步时，它就牺牲人这个工具，而保全事物的本质——当前的制度。这样就转移了表面看问题的公众的注意力。事物的本质所引起的愤恨变成了对某些人的愤恨。有些人异想天开，认为人一变换，事物本身也就会起变化。”① 这个检查令说：“书报检查不得阻挠人们严肃和谦逊地探讨真理”②。为此，检查令以斯宾诺莎为例来证明企图对真理设置障碍是愚蠢的：真理是它自己和虚伪的试金石。但在国王的检查令中，唯一的真理标准却是检查官的性情。“其次，真理是普遍的，它不属于我一个人，而为大家所有；真理占有我，而不是我占有真理。我只有构成我的精神个体性的**形式**。‘风格就是人。’可是实际情形怎样呢！法律允许我写作，但是我不应当用**自己的**风格去写，而应当用另一种风格去写。我有权利表露自己的精神面貌，但首先应当给它一种**指定的表现方式！**”③ 马克思在这里强调的是：新的检查令没有满足制定任何法律的第一个要求——精确。

马克思还指出：这个检查令实际上增加了旧法律的强制性。马克思之所以得出这样的结论是基于两个原则：宗教是非理性的，它从根本上与国家不相容；基督教不存在“普遍”形式，只存在各个教派。马克思认为，75
国家应建立在“自由理性”的基础上，他还称赞了 1819 年法令中的理性原则：

> 1819 年，唯理论还占统治地位，这种理论把一般的宗教都理解为所谓理性的宗教。这种**唯理论的观点**也就是法令的观点，可是法令太不彻底，它的目的是要保护宗教，但它的观点却是反宗教的。这种把宗教的一般原则同它的具体内容和一定形式分割开来的做法，正是和

---

① ‘Comments on the Latest Prussian Censorship Instruction’, *MEGA* Ⅰ ⅰ (1) 152; Easton and Guddat, p. 69. 马克思，恩格斯．马克思恩格斯全集：第 1 卷．北京：人民出版社，1956：5.

② 马克思，恩格斯．马克思恩格斯全集：第 1 卷．北京：人民出版社，1956：6. ——译者注

③ ‘Comments on the Latest Prussian Censorship Instruction’, *MEGA* Ⅰ ⅰ (1) 154; Easton and Guddat, p. 75. 马克思，恩格斯．马克思恩格斯全集：第 1 卷．北京：人民出版社，1956：7.

> 宗教的一般原则相抵触的，因为每一种宗教都认为，它同其他一切（特殊的和**虚构的**）宗教的区别，正在于它的**特殊本质**，正是由于它有这种**确定性**，它才是**真正的宗教**。①

相较于旧的法令中根本没提到基督教，新法令则明确了禁止攻击基督教，并以此维护基督教国家的原则："凡以**轻佻的、敌对的**方式反对一般的**基督**教或**某一教理**的行为，均不应容忍。"新的法令明确了"反对把宗教信条狂热地转移到政治中去，防止因此而引起的**概念混乱**"②。第一条原则使得所有批评都毫无意义，因为批评家陷入了进退两难的境地：

> 只有那种不彻底的攻击才是轻佻的，——这种攻击只针对现象的个别方面，由于它本身不够深刻和严肃因而不能涉及事物的本质；正是对**个别事物**、而且**仅仅对个别事物的**攻击，才是轻佻的。因此，如果禁止的只是对整个基督教的攻击，那就是说，只有轻佻的攻击才是许可的了。相反地，对宗教的一般原则的攻击，对宗教本质的攻击，以及对个别事物（**如果它是**本质的**表现**）的攻击，都是敌对的。攻击宗教只能采取**轻佻的或者敌对的**方式，第三种方式是不存在的。③

76 第二个原则包含着一种国家观念，这种国家观念也表明一旦承认基督教的不同形式，国家的概念就会完全矛盾：

> 什么叫做把宗教信条狂热地转移到政治中去呢？这就是说，要宣布宗教信条的独特内容是国家的决定因素，也就是说，要使**宗教的特殊本质**成为**国家的准则**。旧的法令有权反对这种概念混乱，因为它允许批评个别的宗教，允许批评宗教的一定内容。但旧法令依据的是你们自己所蔑视的、平凡而肤浅的**唯理论**。而你们这些甚至把国家的个别细小方面都建立在**信仰**和**基督教**上的人，你们这些**基督教国家**的捍

---

① 'Comments on the Latest Prussian Censorship Instruction', *MEGA* Ⅰ i （1） 158; Easton and Guddat, p. 75. 马克思，恩格斯．马克思恩格斯全集：第 1 卷．北京：人民出版社，1956：11－12.

② 'Comments on the Latest Prussian Censorship Instruction', *MEGA* Ⅰ i （1） 158; Easton and Guddat, pp. 76 f. 马克思，恩格斯．马克思恩格斯全集：第 1 卷．北京：人民出版社，1956：12，13.

③ 'Comments on the Latest Prussian Censorship Instruction', *MEGA* Ⅰ i （1） 158f.; Easton and Gnddat, p. 76. 马克思，恩格斯．马克思恩格斯全集：第 1 卷．北京：人民出版社，1956：12－13.

卫者，又怎能使书报检查去防止这种概念混乱呢？①

另外，有一半人肯定会对这样的国家产生敌意：“如果你们的国家成了一个**路德派的基督教国家**，那末对**天主教徒**来说，它就会成为一个并非他们所属、必然会被他们当做异教教会加以排斥的教会，会成为一个内在本质和他们正相抵触的教会。反过来也是一样。”② 最后，马克思对那些期望政教合一的人提出了这样的忠告：

> 你们就是以圆滑委婉的方式承认它是**非基督教国家**。因此，或者你们就根本禁止把宗教拖入政治中去（但你们是不愿意这样做的，因为你们想使之成为国家支柱的并不是自由的理性，而是信仰，对你们来说，宗教也是**现实世界的普遍肯定**）；或者你们就允许把宗教**狂热地**转移到政治中去。让宗教**按照自己的方式**去从事政治吧，可是你们又不愿意这样做。宗教应当支持世俗的政权，但是世俗的政权可不要受宗教支配。你们既然把宗教拖入政治中去，那末**世俗的**政权要规定宗教在政治中应当**如何**行动的种种企图，就是极其明显的、甚至是**反宗教的**强制行为。谁由于宗教的冲动而想和宗教结合在一起，谁就得让它在一切问题上都有决定权。也许你们把宗教理解为**对你们自己的专横和对政府的英明的崇拜**吧？③

在马克思看来，国家需要用超出宗教权限之外的事物来为之辩护，同 77
理，道德自治也需要这样的辩护，而这正是检查制度想用来为自己辩白的理由。“道地的基督教立法者**不能承认道德**是一种本身神圣的独立范畴，因为他们把道德的内在的普遍本质说成是宗教的一种附属物。”④ 但是，马克思继启蒙运动和费尔巴哈之后，认为道德独立于宗教，是自治的，并以公认的伦理准则为基础：

---

① ‘Comments on the Latest Prussian Censorship Instruction’, *MEGA* I i (1) 159; Easton and Guddat, pp. 76f. 马克思，恩格斯．马克思恩格斯全集：第1卷．北京：人民出版社，1956：13.

② ‘Comments on the Latest Prussian Censorship Instruction’, *MEGA* I i (1) 160; Easton and Guddat, p. 77. 马克思，恩格斯．马克思恩格斯全集：第1卷．北京：人民出版社，1956：14.

③ ‘Comments on the Latest Prussian Censorship Instruction’, *MEGA* I i (1) 160; Easton and Guddat, pp. 77 f. 马克思，恩格斯．马克思恩格斯全集：第1卷．北京：人民出版社，1956：14－15.

④ ‘Comments on the Latest Prussian Censorship Instruction’, MEGA I i (1) 161; Easton and Guddat, p. 78. 马克思，恩格斯．马克思恩格斯全集：第1卷．北京：人民出版社，1956：15.

> 道德只承认自己普遍的和理性的宗教，宗教则只承认自己特殊的和现实的道德。因此，根据这一检查令，书报检查应该排斥像康德、费希特和斯宾诺莎这样一些道德领域内的思想巨人，因为他们不信仰宗教，并且要侮辱礼仪、习尚和外表礼貌。所有这些道德家都是从道德和宗教之间的根本矛盾出发的，因为**道德**的基础是人类精神的**自律**，而**宗教**的基础则是人类精神的**他律**。①

马克思把文章的后半部分用在指示中禁止审查意见的段落上，因为它们与政府政策相冲突，只要它们的形式是得体的，倾向是善意的。马克思发现，这段话与传统的法律原则——惩罚行为而非惩罚思想是明显矛盾的："反对**倾向**的法律，即没有规定客观标准的法律，乃是恐怖主义的法律；在罗伯斯比尔时期，国家在万不得已时所制定的法律就是这样的法律，在罗马各王朝时期，国家在腐败不堪的情况下所制定的法律也是这样的法律。凡是不以**行为本身**而以当事人的**思想方式**作为主要标准的法律，无非是**对非法行为的公开认可**。"② 这种法规只会引起争端，它会使国家分裂而不是团结，这种法律也是荒谬的，因为国家是全体人民的国家，所以国家的法律不能偏袒任何人：

> 惩罚思想方式的法律**不是国家**为**它的公民颁布的法律**，而是**一个**
> 78 **党派用来对付另一个党派的法律**。追究倾向的法律取消了公民在法律面前的平等。这不是团结的法律，而是一种破坏团结的法律，一切破坏团结的法律都是反动的；这不是法律，而是**特权**。一些人有权干那另一些人无权干的事情，这并不是因为后者缺乏为此所必需的客观品质（像小孩子不会缔结条约那样），不，不是这样，这仅仅是因为他们的善良意图，他们的思想方式遭到了怀疑而已。即使公民**起来反对国家机构**，反对**政府**，**道德的国家**还是认为他们具有**国家的思想方式**。可是，在**某一个**机关自诩为国家的理性和道德的独占者的社会中，在和人民根本对立因而认为**自己那一套反国家的思想方式**就是普遍而标准的思想方式的政府中，执政党的龌龊的良心却捏造了一套追究倾向的法律，**报复的法律**，来惩罚思想方式，其实这种思想方式只是政府

---

① 'Comments on the Latest Prussian Censorship Instruction', *MEGA* I i (1) 161; Easton and Guddat, p. 78. 马克思，恩格斯．马克思恩格斯全集：第1卷．北京：人民出版社，1956：15.

② 'Comments on the Latest Prussian Censorship Instruction', *MEGA* I i (1) 162; Easton and Guddat, p. 79. 马克思，恩格斯．马克思恩格斯全集：第1卷．北京：人民出版社，1956：16.

> 官员的思想方式。追究原则的法律是以无原则和对国家的不道德而粗鲁的看法为基础的。①

国家的公仆变成了密探，不信任必然会普遍存在，谁还会因为对检查官失去信任而感到惊讶呢？这样一来，法律必然要求检查官们都是全能天才人物，就像中国的官僚们一样。“**所有的客观标准**都已消失了，一切都被归结为**个人**的关系，只有检查官的**机智**才是保证。检查官能破坏什么呢？能破坏机智。而不机智又并不是犯罪的行为。作家的什么东西已遭到了威胁呢？他们的生存。哪一个国家曾经让官员们的机智来决定整个阶级的人的生存呢？”②

马克思的第一篇政治论文是一篇杰出的论战性文章，他在这篇论文中显示出强大的写作天赋，他在这篇文章中采用了博尔纳的风格，博尔纳风格也是后来他一生的写作风格。这篇文章表现出来不妥协的自由精神，其目的在于揭穿检查令的伪自由主义面具。马克思明显是受到了斯宾诺莎的《神学政治论》的影响，《神学政治论》的最后一章有一个根据塔西佗命题而定的标题，马克思就以这句话结束了自己的文章：“当你能够感觉你愿意感觉的东西，能够说出你所感觉到的东西的时候，这是非常幸福的时候。”③ 1841 年下半年，马克思一直在认真阅读斯宾诺莎的书并摘抄了很多段落，都是关于痛苦怎样使人产生错觉，宗教怎样给人以安抚，又是如何 *79*
被用作政治工具的④。这篇论文在检查官看来是不能出版的，因此它没能在卢格的《年鉴》上刊出，但在 1843 年 2 月，这篇论文被刊登在瑞士的《轶文集》上，这是卢格以书的形式出版的，专门刊登被检查官禁止出版的论文集。

2.《莱茵报》

（1）法的历史学派。

1842 年的前几个月，马克思依旧在进行他的艺术和宗教研究。4 月份，

---

① ‘Comments on the Latest Prussian Censorship Instruction’, *MEGA* Ⅰ ⅰ (1) 162 f.; Easton and Guddat, p. 80. 马克思，恩格斯. 马克思恩格斯全集：第 1 卷. 北京：人民出版社，1956：17 – 18.

② ‘Comments on the Latest Prussian Censorship Instruction’, *MEGA* Ⅰ ⅰ (1) 172; Easton and Guddat, p. 91. 马克思，恩格斯. 马克思恩格斯全集：第 1 卷. 北京：人民出版社，1956：29.

③ ‘Those fortunate times are rare in which you can think what you wish and say what you think.’ 马克思，恩格斯. 马克思恩格斯全集：第 1 卷. 北京：人民出版社，1956：31.

④ 详见：Wackenheim, *La Failite de a religion d'aprels Karl Marx*, pp. 104 f.

他答应给卢格四篇文章，第一篇是论宗教的艺术，也就是他为鲍威尔的《末日的宣告》所写但没能出版的第二部分；第二篇是论浪漫主义者；第三篇是论法的历史学派的哲学宣言；第四篇是论实证哲学家——特别是谢林，这篇论文也可以看作他博士论文的延续①。

但是上述计划中的文章只有第三篇出版了。这篇论文写于 1842 年 4 月，写作的起因是卡尔·冯·萨维尼被任命为司法大臣一事，一些人期望这位新任的司法大臣能够把新国王关于浪漫主义和反动思想纳入法律体系，这对于普鲁士的“基督教国家”制度来说无疑是一个间接的打击。法的历史学派在这之前刚发表了一个向本学派创立者古斯塔夫·胡果（1764—1844 年）表示敬意的宣言，胡果坚持纯粹经验主义，不接受在政治和法律制度中有任何理性的内容。黑格尔曾在他的《法哲学原理》一书的导言中攻击了胡果及他的信徒，胡果自称是康德的信徒，而马克思批驳了这一点，并认为胡果与康德这个“法国革命的德国理论家”② 是对立的：

80 当我们承认胡果先生是 18 世纪的产儿的时候，我们甚至是**按照**胡果先生本人的**精神**行事的，这位先生自称为康德的**学生**，并把自己的自然法称做**康德哲学的**爱子。现在我们就从胡果的**宣言**中的这一论点开始谈起。

胡果**曲解**自己的先生**康德**，他认为：因为我们不能认识**真实的事物**，所以在逻辑上我们就应当承认**不真实的事物**（只要它**是存在的**）是**某种确实的事物**。胡果像**怀疑论者**那样去对待事物的**必然本质**，同时又像**霍夫曼**那样去对待事物的**偶然现象**。因而，他根本不想证明，**实证的事物是合乎理性的**；相反地，他却力图证明，**实证的事物是不合乎理性的**。胡果自鸣得意地从各方面搬出证据来，企图证明下面这一事实是显而易见的，即理性的必然性并不能鼓舞各种实证的制度；他把所有制、国家制度、婚姻等都算做这种制度。在胡果看来，这些制度甚至是**和**理性**矛盾**的，它们至多也不过容许在拥护自己或者反对自己的问题上空发**议论**。③

---

① 参见：‘Letter to Ruge’，*MEGA* Ⅰ i （2）274. 马克思，恩格斯．马克思恩格斯全集：第 27 卷．北京：人民出版社，1972：425.

② ‘Philosophical Manifesto of the Historical School of Law’，*MEGA* Ⅰ i （1）254；Easton and Guddat, p. 100. 马克思，恩格斯．马克思恩格斯全集：第 1 卷．北京：人民出版社，1956：100.

③ ‘The Philosophical Manifesto of the HistoricalSchool of Law’，*MEGA* Ⅰ i （1）252；Easton and Guddat, pp. 97 f. 马克思，恩格斯．马克思恩格斯全集：第 1 卷．北京：人民出版社，1956：98.

事实上，胡果其实是一个彻头彻尾的怀疑论者，所以他没有判断是非的标准。马克思主张的是源自斯宾诺莎和康德的理性主义，斯宾诺莎和康德都反对把实证和理性混为一谈，因此马克思反对胡果的这种立场：“胡果**亵渎**对正义的、道德的和政治的人来说是神圣的一切，可是，他破坏这些神圣的事物，只是为了用**历史的圣徒遗物**应得的荣誉去报答它们，他从**理性的观点**指摘它们，以便后来可以**从历史的观点**去颂扬它们”①。总之，历史学派的法只有一个原则——“**专横和暴力的法**”②。

虽然马克思对检查令的长效机制持悲观的态度是正确的，但是检查令却在 1842 年产生了相当大的言论自由的短期影响，这一年也正是青年黑格尔运动的高潮期。这个激进派别的主要阵地是《莱茵报》。这个报纸的副标题是“政治、商业和工业”，它在刚创办时的宗旨是保卫莱茵地区众多中产阶级的利益。最初普鲁士政府认为《莱茵报》有利于自己，把它看作 81
是有可能与《科隆日报》抗衡的报纸。《科隆日报》是一份赞成宗教的绝对权力和反普鲁士的报纸，当时它在莱茵地区处于垄断地位，但是一些人觉得《科隆日报》不能很好地捍卫他们的社会经济利益，于是在 1840 时创办了一份名为《莱茵总汇报》的报纸。当看到《莱茵总汇报》将要破产的时候，格奥尔格·荣格和莫泽斯·赫斯说服了莱茵地区包括康普豪森、梅维森、奥本海姆等人在内的自由派富人成立公司，买下了《莱茵总汇报》(为了避免重新谈判获得特许权)，《莱茵总汇报》以《莱茵报》为名于 1842 年 1 月 1 日重新出版③。

莫泽斯·赫斯在创办报纸的过程中起到了领导作用，因此他希望可以凭此得到编辑的职位，但是提供财政支持的那些人并不喜欢革命，他们只是为了凭借《莱茵报》找到有助于工商业发展的途径，比如扩大关税同盟、加速铁路建设、降低邮电收费标准等。因此，股东们选择了主张贸易保护主义的经济学家弗里德里克·李斯特担任编辑，当李斯特因健康原因

---

① ‘The Philosophical Manifesto of the Historical School of Law’, *MEGA* Ⅰ i (1) 252; Easton and Guddat, p. 98. 马克思，恩格斯．马克思恩格斯全集：第 1 卷．北京：人民出版社，1956：99.

② ‘The Philosophical Manifesto of the Historical School of Law’, *MEGA* Ⅰ i (1) 259; Easton and Guddat, p. 105. 马克思，恩格斯．马克思恩格斯全集：第 1 卷．北京：人民出版社，1956：106.

③ 有关《莱茵报》的情况，请参见：H. König, *Die Rheinische Zeitoung won* 1842 – 43 *in ihrer Einstelaung sur Kulturpoliti des Preussischen Staates* (Munster, 1927); *Rheinische Briefe wnd Alsten zur Geschichte der politischen. Bewequng* 1830 – 1850, ed. Hansen (Essen, 1919). 有关马克思的作用，见：R. Pascal, *Karl Marx: His Apprenticeship to Politics* (London, 1942).

只能婉拒这个职位时，他们又选择了赫夫肯，赫夫肯是《奥格斯堡报》的编辑，也是李斯特的信徒。于是赫斯不得不收敛傲气，担任了主管法国事务的副编辑。雷纳、奥本海姆和荣格被任命为董事，但是由于他们被赫斯转变成了青年黑格尔派激进主义者，特别是荣格，所以他们与赫夫肯之间很快产生了分歧，最后赫夫肯因为拒绝接受柏林青年黑格尔派成员的文章，被迫于 1 月 18 日辞职，并自称“不熟悉新黑格尔主义”①。

鲁滕堡接替了赫夫肯，他是布鲁诺·鲍威尔夫人的兄弟，刚刚由于主
82 张非正统观点被解除了教职。他从前一年 7 月就参加了有关《莱茵报》组织的讨论，卡尔·马克思很支持他。对当局来说，任命鲁滕堡为主编就像这份报纸表现出来的趋势一样令人不安，中央政府提出要禁止这份报纸，但是莱茵省省长害怕这样做会造成不好的影响，只是答应会对其加强监管。在 1 月的时候，鲍威尔就问马克思为什么不给《莱茵报》写稿，3 月荣格也催促了他，于是他放下正在为卢格做的工作，决定针对莱茵议会的辩论写一系列文章。莱茵议会于 1841 年年中在杜塞尔多夫举行，这是一次历时很长的会议。

(2) 出版自由。

在拿破仑失败以后，德国人被准许建立省议会，虽然在卡尔斯巴德决议之后，议案都作了修改，但是在德国南部的议会依然顺利地开展，这主要因为大公们希望可以利用它们来反对反动的中央政府②。他们在普鲁士建立了 8 个省议会，但是议会的活动范围受到极大限制，只能由政府来决定什么时间召开会议、议会任期多久，并且处于政府官员的统一领导之下；因此议会活动都是秘密进行的，而议会享有的权力只是提建议。在 8 个议会的 584 张选票中，贵族占 278 票，各城市代表占 182 票，农民占 124 票，议会必须有 2/3 的多数票才能通过一项决议，而贵族掌握着 1/3 以上的选票，因此得不到贵族的同意，就什么也干不成。在弗里德里希·威廉三世当政期间，17 年间议会只开过 5 次；而在费里德里希·威廉四世执政的 1841 年，威廉四世亲自召集议会，想要为各议会注入活力，同时促使议会与他的政府合作，为此他命令各议会要每两年召开一次会议，公示议会活
83 动，选举常任咨议委员会。改革的美好前景使得公众对政治的兴趣逐渐增长，并且由于 1841 年出版的一个名为《由一个东普鲁士人回答的四个问题》的小册子而不断高涨。小册子的作者是柯尼斯堡的医生约翰·雅科比，

---

① *Rheinische Briefe wund Anten*, ed. Hansen, Ⅰ 315.

② 参见：F. Mehring, Introduction to Marx, Engels and Lasalle, *Nachas*, Ⅰ 171 ff.

柯尼斯堡是康德的故乡，这个城市是东普鲁士自由主义的中心，小册子的主题是人民有要求立宪的权利，这是在 1815 年宪法中就承诺他们的。但是政府并不希望这样的观点产生，所以雅科比就这样因叛国罪受到了审判。

马克思发表文章的直接诱因是 3 月下旬在官方的《普鲁士国家总汇报》上评论议会辩论的文章，这些文章的目的是“启发民众关注政府的真正意图”①。马克思起初想要写一系列有关辩论的文章，共计 5 篇，其中第 1 篇是在 4 月初写的，标题是《关于出版自由和公布等级会议记录的辩论》；另外 4 篇打算讨论科隆事件、林木盗窃法、偷猎法和“在一切方面都至关重要的真正的现实问题，即分割地产的问题”②。但是只有关于出版自由和林木盗窃法的文章最终发表了。

马克思以一种他称为“不庄重的开场白”③ 开始了他的文章，他挖苦嘲笑了官方报纸的“自白书”，并断定：“只有在省议会的记录被当做**‘公开的事实’**加以讨论时，也就是说，只有在它们成为出版的财富时，**公布**记录才能实现。”④ 他深刻感受到，一些发言人并不是以个人身份在发言，而是作为阶级的代表发言的，他首先针对出版自由的反对派说道：“在关于出版的辩论中，**特殊等级**精神表现得无比明确而完美。**出版自由的反对派**更是如此……某个集团的精神、一定等级的个体利益、先天的片面性都表现得极其强烈、凶狠，露出一副狰狞的面孔。”⑤

然后，马克思逐一描述了每个阶级的代表，首先是贵族阶级，他们的
代表争辩时说，德国出版界的功劳都要归于书报检查制度，这一制度体现 84
了当局政府的权威性，因此被证明是正确的。据这位发言人说，英国只是靠历史传统来保证出版物无害，而荷兰和瑞士的出版物是直接对国家生活有害的。马克思批驳了这些论据，并指出出版物仅仅是人民自我精神的表现：

> 辩论人究竟斥责出版自由的哪些东西呢？他斥责的是：**人民的缺**

① 引自 *MEGA* Ⅰ ⅰ（1）p. xlvi. 未在中文版《马克思恩格斯全集》中找到对应出处。——译者注

② ‘Letter to Ruge’, *MEGA* Ⅰ ⅰ（2）278. 未在中文版《马克思恩格斯全集》中找到对应出处。——译者注

③ *MEGA* Ⅰ ⅰ（2）274. 未在中文版《马克思恩格斯全集》中找到对应出处。——译者注

④ 马克思，恩格斯．马克思恩格斯全集：第 1 卷．北京：人民出版社，1956：40——译者注

⑤ ‘Debates on the Freedom of the Press’, *MEGA* Ⅰ ⅰ（1）184ff. 马克思，恩格斯．马克思恩格斯全集：第 1 卷．北京：人民出版社，1956：42.

> **陷同时也是他们的出版物的缺陷**；出版物是历史人民精神的英勇喉舌和它的公开表露。……他曾表明，每个国家的人民都在**各自的**出版物中表现**自己的**精神。难道德国人具有哲学修养的精神就应当丧失满脑袋都是动物学概念的瑞士人（像辩论人自己说过的）所具有的东西吗？①

贵族代表讨论了议会是否应该公开记录的问题。马克思在回答这个问题时反问道：应该是议会属于省呢？还是省属于议会？省是不是都能意识到它的代表性？很显然这些人从来没有任何关于普遍自由的概念：

> 这些老爷们想给自由吹嘘一番，说它不是理性的普遍阳光所赐的自然礼物，而是吉祥的星星所赋予的超自然礼物。既然他们认为自由仅仅是个别人物和个别等级的**个体属性**，他们就不可避免地要得出结论说，普遍理性和普遍自由是**有害的思想**，是**“逻辑地构成的体系”**的幻想。为了拯救特权的特殊自由，他们就斥责人类本性的普遍自由。②

马克思进而还批判了这种政体的封建浪漫主义：

> 由于这些老爷们在现代国家中的**现实**地位远不符合于他们想像中的地位，由于他们生活在**现实世界的彼岸**的世界里，由于他们用**想像**
> 85 **力**来代替智慧和心灵，他们就不满意实践，所以他们就必须乞灵于理论，不过这是**彼岸世界的理论**即**宗教**。然而，他们这种宗教具有浸透着政治倾向的论战性的毒素，并且或多或少是有意识地在为十足世俗而又极其荒诞的贪欲披上圣洁的外衣。
>
> 这样，我们看到这位辩论人用想像的神秘宗教理论来反对实践要求……他用超人的圣灵来反对人能理解的东西……③

马克思在这里使用斯宾诺莎和费尔巴哈的言论，来含蓄地对普鲁士君主政体进行批判，他不再把宗教当成非理性的来批判，而当成是那种信徒无力改变现实的幻想来批判。这里含有一种理论上的回避和一种影射的苗

① ‘Debates on the Freedom of the Press’, *MEGA* Ⅰ i （1）191. 马克思，恩格斯. 马克思恩格斯全集：第1卷. 北京：人民出版社，1956：58.

② ‘Debates on the Freedom of the Press’, *MEGA* Ⅰ i （1）198. 马克思，恩格斯. 马克思恩格斯全集：第1卷. 北京：人民出版社，1956：58.

③ ‘Debates on the Freedom of the Press’, *MEGA* Ⅰ i （1）199. 马克思，恩格斯. 马克思恩格斯全集：第1卷. 北京：人民出版社，1956：59.

头，马克思后来把它发展成为一种完整的意识形态理论。

贵族代表继续争辩说：人是不完美的，会被坏的出版物所腐蚀。马克思回答说：正是基于一切事物都是不完美的，所以不能说自由出版的出版物是坏的，而通过检查的出版物就是好的（因为检查令本身也是不完美的），所以这并不能成为反对出版自由的依据，因为可以确定的是，自由出版物的实质，"是自由所具有的英勇的、理性的、道德的本质"①。而检查制度则恰恰相反。马克思指出，辩论人"应当证明检查制度是出版自由的本质。他不来证明这一点，却去证明自由不是人的本质"②。这个贵族接着企图把他所偏爱的预防性检查制度与预防性出版法加以比较，从而使马克思有机会来描述法律在国家中应该起的作用。"出版法是**真正的法律**，因为它反映自由的肯定存在。它认为自由是出版物的**正常**状态……"③ 马克思进而就法律的性质得出了一般结论："法律不是压制自由的手段，正如重力定律不是阻止运动的手段一样……法律是肯定的、明确的、普遍的规范，在这些规范中自由的存在具有普遍的、理论的、不取决于个别人的任性的性质。法典就是人民自由的圣经。"④ 在这种情况下，谈论什么预防性法律是毫无价值的言论，因为真正的法律不能阻止人的行为，而是"人的行为 86
本身必备的规律，是人的生活的自觉反映"⑤。

马克思没有在市民代表身上多费篇幅。市民代表认为，一个自由出版物一定会有坏的影响，并以法国为例说明，他认为在法国，自由出版物和易动乱的政治形势是相生的。马克思取笑这个发言人的胆怯，认为这种胆怯是资产阶级而非城市市民的，表现了资产阶级是一个希望取得独立，但又惧怕变动、优柔寡断的阶级。

在维护出版自由思想的人中间，有一个发言人主张，出版自由是行业自由的伴随物，马克思对此持有不同的看法。马克思同意行业自由、财产自由、出版自由等等都是"同一类别，即**没有特定名称**的**一般自由**

---

① 'Debates on the Freedom of the Press', *MEGA* Ⅰ i （1）205. 马克思，恩格斯．马克思恩格斯全集：第1卷．北京：人民出版社，1956：66－67.

② 'Debates on the Freedom of the Press', *MEGA* Ⅰ i （1）206. 马克思，恩格斯．马克思恩格斯全集：第1卷．北京：人民出版社，1956：67.

③ 'Debates on the Freedom of the Press', *MEGA* Ⅰ i （1）209. 马克思，恩格斯．马克思恩格斯全集：第1卷．北京：人民出版社，1956：71.

④ 'Debates on the Freedom of the Press', *MEGA* Ⅰ i （1）209f. 马克思，恩格斯．马克思恩格斯全集：第1卷．北京：人民出版社，1956：71.

⑤ 'Debates on the Freedom of the Press', *MEGA* Ⅰ i （1）210. 马克思，恩格斯．马克思恩格斯全集：第1卷．北京：人民出版社，1956：72.

的不同**种**”①。但是出版自由并不需要用行业自由来论证：它的存在本身就是合理的，而不是一个附属物。它也不仅仅是一种职位，任何认为仅从专业角度写作的人都应该受到审查。唯一受到马克思称赞的发言人是农民代表，只有他们具有一定的历史意识。他们声称，人类精神必须自由发展，并且自由地共享其经验。马克思最后的结论是，省议会在反对出版自由时，就是在反对自己。

这篇文章让马克思在他的激进派同伴中得到了很高的声誉。荣格在写给他的信中说：“你那篇关于出版自由的文章好极了”②，卢格也在信中说：“你登在报上的关于出版自由的评论文章真是妙。它是就用这个题目所做文章中最好的。”③ 5 月，马克思接着这篇文章，写了他对省议会的一系列文章的第二篇，是关于省议会一直在辩论的“科隆事件”，但文章没有通过书报检查机关的审核。马克思在写给卢格的关于这篇文章的信中，提到了它的内容：“我在这篇论文中指出了国家的拥护者怎样站在教会的立场上，
87 而教会的拥护者又怎样站在国家的立场上。”④ 马克思还说他希望通过对大主教的伪辩护，收获一些天主教读者。

(3) 与《科隆日报》的辩论。

1842 年 6 月，《莱茵报》的激进声音使得它的主要对手《科隆日报》对它发动了一次攻击，它所针对的是《莱茵报》“通过报纸传播哲学思想和宗教思想”⑤。《莱茵报》上刊登的很多文章都是青年黑格尔派成员写的，反对谢林，赞成卢格的《德国年鉴》是这个报纸的总基调，对所谓的“基督教国家”没有任何褒扬，并且强调哲学和宗教的对立。在当局的眼里，“《莱茵报》像是青年黑格尔派的宣传机构。正如它在政治上拥护法国的理性主义观点一样，在宗教问题上，它公开宣扬《哈雷年鉴》的无神论，坚

---

① ‘Debates on the Freedom of the Press’, *MEGA* Ⅰ i (1) 221. 马克思，恩格斯．马克思恩格斯全集：第 1 卷．北京：人民出版社，1956：85.

② ‘Debates on the Freedom of the Press’, *MEGA* Ⅰ i (2) 275. 未在中文版《马克思恩格斯全集》中找到对应出处。——译者注

③ ‘Debates on the Freedom of the Press’, *MEGA* Ⅰ i (2) 276. 未在中文版《马克思恩格斯全集》中找到对应出处。——译者注

④ ‘Debates on the Freedom of the Press’, *MEGA* Ⅰ i (2) 277. 马克思，恩格斯．马克思恩格斯全集：第 47 卷．2 版．北京：人民出版社，2004：31. 未在中文版《马克思恩格斯全集》中找到对应出处。——译者注

⑤ ‘The Leading Article of the *Köinische Zeitung*’, *MEGA* Ⅰ i (1) 233; Easton and Guddat, p. 111. 马克思，恩格斯．马克思恩格斯全集：第 1 卷．北京：人民出版社，1956：109.

持要用当代哲学代替基督教。”① 在柏林有一个青年黑格尔派激进分子组成的俱乐部，他们自称是“自由人”，最近因一篇发表在《科隆日报》上的文章而引起了公众的注意（《科隆日报》是普鲁士东部的重要报纸）。《科隆日报》的编辑卡尔·海尔梅斯以此为由攻击他的对手，虽然两份报纸以前一直刻意避免提到对方。海尔梅斯反对对方所说的“对基督教进行可恶的攻击”，并且呼吁政府加强书报检查管理：科学研究是一回事，而攻击作为国家根基的宗教则完全是另一回事。马克思的下一篇文章就是对海尔梅斯这篇社论的批判性评论。马克思一开始用他刚刚在读的有关原始宗教的材料来反驳海尔梅斯要包容拜物教的主张②。马克思指出，拜物教只是一种感官欲望的宗教。海尔梅斯宣称：一个民族政治生活的巅峰时期，是与 88
他们的宗教的鼎盛时期相伴的，而且宗教发展的衰落也会带来政治的衰落。马克思确信真实情况与此正好相反：

> 古代国家的宗教随着古代国家的灭亡而消亡，这用不着特别的说明，因为古代国家的“真正宗教”就是崇拜它们自己的“民族”，它们的“国家”。不是古代宗教的毁灭引起古代国家的毁灭，相反地，正是古代国家的毁灭才引起了古代宗教的毁灭。③

接着，海尔梅斯断定，到目前为止科学研究的最好成果就是证实了基督教的神话。马克思回答说，假如那样的话，宗教应该需要由警察来保护，可奇怪的是并没有，更奇怪的是，如果科学研究是为了进一步证实基督教的神话，那么为什么过去的所有哲学无一例外都会受到神学家的指控，斥之为离经叛道。唯一可能的是把一切与教义相矛盾的东西都称为不科学的东西，以维持理性和宗教之间的一致性。但是各个国家的宗教是不同的，而理性则是普遍的。“难道存在着植物和星辰的一般性质而不存在**人类的一般**性质吗？哲学是问：什么是真理？而不是问：什么被看做真理？它所关心的是大家的真理，而不是某几个人的真理；哲学的形而上学的真理不知道政治地理的界限。”④ 马克思还引用了法国宪法和普鲁士民法典来驳斥海尔梅斯所说的所有的欧洲国家都是在基督教基础上建立起来的论点。然后

① *Rheinische Briefe und Akten*, ed. Hansen; Ⅰ339.

② 更多细节参见：*MEGA* Ⅰ i（2）115. 未在中文版《马克思恩格斯全集》中找到对应出处。——译者注

③ ‘The Leading Article of the *Köinische Zeitung*’, *MEGA* Ⅰ i（1）237; Easton and Guddat, pp. 115 f. 马克思，恩格斯．马克思恩格斯全集：第1卷．北京：人民出版社，1956：114.

④ ‘The Leading Article of the *Köinische Zeitung*’, *MEGA* Ⅰ i（1）239; Easton and Guddat, pp. 118f. 马克思，恩格斯．马克思恩格斯全集：第1卷．北京：人民出版社，1956：116.

他又回到总的论题上：哲学是不是也应该在报纸上谈论宗教问题？他通过讨论哲学和世界的关系来回答这个问题，他所用的语言使人回想起他在博士论文中对这同一问题所做的更抽象的论述：

> 因为任何真正的哲学都是自己时代精神的精华，所以必然会出现这样的时代：那时哲学不仅从内部即就其内容来说，而且从外部即就
> 89 其表现来说，都要和自己时代的现实世界接触并相互作用。那时，哲学对于其他的一定体系来说，不再是一定的体系，而正在变成世界的一般哲学，即变成当代世界的哲学。各种外部表现证明哲学已获得了这样的意义：它是文明的活的灵魂，哲学已成为世界的哲学，而世界也成为哲学的世界，——这样的外部表现在所有的时代里都是相同的。……哲学是在它的敌人的叫喊声中进入世界的；然而就是哲学的敌人的内心也受到了哲学的感染，他们要求扑灭思想火焰的求救哀嚎就暴露了这一点。①

争论通常都是发生在宗教问题上：

> 因为，公众（包括哲学的敌人在内）只要动一动自己观念的触须便能够触动哲学的观念领域，而在公众的眼里，和物质需要的体系几乎具有同等价值的唯一的思想领域，就是宗教思想领域。最后，宗教不是反对哲学的一定体系，而是根本反对一切体系的哲学。②

马克思认为最近在报纸上进行的对最新哲学的讨论是极其肤浅的，而且根本不能表达哲学的真谛：

> 哲学谈论宗教问题和哲学问题和你们不一样。你们没有经过研究就谈论这些问题，而哲学是在研究之后才谈论的；你们求助于感觉，哲学则求助于理性；你们是在咒骂，哲学是在教导；你们许诺人们天堂和人间，哲学只许诺真理；你们要求人们信仰你们的信仰，哲学并不要求人们信仰它的结论，而只要求检验疑团；你们在恐吓，哲学在安慰。③

---

① 'The Leading Article of the *Köinische Zeitung*', *MEGA* Ⅰⅰ（1）243；Easton and Guddat, pp. 122 f. 马克思，恩格斯．马克思恩格斯全集：第 1 卷．北京：人民出版社，1956：121.

② 'The Leading Article of the *Köinische Zeitung*', *MEGA* Ⅰⅰ（1）243；Easton and Guddat, p. 123. 马克思，恩格斯．马克思恩格斯全集：第 1 卷．北京：人民出版社，1956：121－122.

③ 'The Leading Article of the *Köinische Zeitung*', *MEGA* Ⅰⅰ（1）244f；Easton and Gnddat, pp. 124f. 马克思，恩格斯．马克思恩格斯全集：第 1 卷．北京：人民出版社，1956：123.

另外，哲学完全有权利评论政治事件，因为作为现世的智慧的哲学“比来世的智慧即宗教更有权关心这个世界的王国——国家”①。事实上，
是基督教在教会和国家之间制造了尖锐的对立；普鲁士国家只不过是一个 90
混血儿，它不像拜占庭一样是具有神权政体的纯粹宗教国家。“基督教国家”这个概念的全部不合理性都能用下面这个两难推论所概括：

> 或者是基督教国家符合于实现理性自由的国家的概念，那时，国家只要成为理性的国家就足够了，不必要成为一个基督教的国家，那时，国家只要从人类关系的理性中产生出来（这是哲学的工作）就可以了。或者是理性自由的国家不能从基督教中产生出来，那时，你们自己就应该承认，这种做法不是基督教的目的；基督教不希望坏的国家，但是，不实现理性自由的国家就是坏的国家。②

马克思用包含了黑格尔及以后的现代哲学所提出的理想国家的构想结束了他的文章：

> 从前的国家法的哲学家是根据本能，例如功名心、善交际，或者甚至是根据理性，但并不是公共的而是个人的理性来看国家的。最新哲学持有更加理想和更加深刻的观点，它是根据整体的思想而构成自己对国家的看法。它认为国家是一个庞大的机构，在这个机构里，必须实现法律的、伦理的、政治的自由，同时，个别公民服从国家的法律也就是服从自己本身理性的即人类理性的自然规律。Sapienti sat〔对聪明人来说已经很够了〕。③

最后，马克思对关于党派冲突的观点表示了欢迎，这是他最喜爱的青年黑格尔派的另一个命题：“没有党派就没有发展，没有区分便没有进步。”④

（4）《莱茵报》和共产主义。

因为发表了这篇文章，政府加强了对《莱茵报》的监管，7 月份的时

---

① ‘The Leading Article of the *Köinische Zeitung*’, *MEGA* Ⅰ ⅰ （1） 246; Easton and Guddat, p. 126. 马克思，恩格斯．马克思恩格斯全集：第 1 卷．北京：人民出版社，1956：124.

② ‘The Leading Article of the *Köinische Zeitung*’, *MEGA* Ⅰ ⅰ （1） 248; Easton and Guddat, p. 128. 马克思，恩格斯．马克思恩格斯全集：第 1 卷．北京：人民出版社，1956：127.

③ ‘The Leading Article of the *Köinische Zeitung*’, *MEGA* Ⅰ ⅰ （1） 249; Easton and Guddat, p. 130. 马克思，恩格斯．马克思恩格斯全集：第 1 卷．北京：人民出版社，1956：129.

④ ‘The Leading Article of the *Köinische Zeitung*’, *MEGA* Ⅰ ⅰ （1） 250; Easton and Guddat, p. 130. 马克思，恩格斯．马克思恩格斯全集：第 1 卷．北京：人民出版社，1956：128.

候，马克思写信给卢格说：“要把《莱茵报》这样的报纸办下去，需要最
91 坚强的毅力。”① 马克思还在这封信里说自己还遇到一些个人问题，所以他只能断断续续地工作，从4月以来他大约最多只工作了4个星期。3月初他因为巴伦·冯·威斯特华伦男爵去世而不得不在特里尔待了6个星期，家庭给他设下的重重障碍，使他陷入极为窘迫的境地②。尽管这样，马克思还是逐渐参与到《莱茵报》的组织事务中，这主要是由于鲁滕堡根本不能胜任这份工作，马克思也因为自己把鲁滕堡介绍进编辑部而感到愧疚。同时，随着马克思和《莱茵报》的关系越来越紧密，他与他以前的柏林伙伴们的分歧也越来越大。这些人延续了旧的博士俱乐部，组成了一个“自由人”俱乐部。“自由人”是一伙青年作家，他们厌恶柏林人的奴性态度，秉持一种新的生活方式，但却只是为了让资产阶级震惊而已。他们把很多时间花在咖啡馆里，甚至在缺钱的时候上街行乞。他们坚决反对既定学说，特别是反对宗教的顽固态度，这渐渐引起了公众的关注。他们的成员中包括麦克斯·施蒂纳，他曾在《莱茵报》上发表了几篇无神论文章，这是他最重要的无政府个人主义著作《唯一者及其所有物》的前奏曲；还有埃德加尔·鲍威尔，他猛烈攻击了自由派的一切政治妥协，而这类攻击最初是由巴枯宁带头的。一篇发表在《科隆日报》上的文章引起了公众对这群无政府主义知识分子的注意，这篇文章称“自由人”的纲领是“现代哲学的基本信念：首先，一切由实证宗教宣扬的被人们信以为真的启示都是虚构的故事；其次，对于那些超自然的东西，唯有人类精神能够正确地告诉我们；最后，这种信念把科学从受限制的领域转入更广阔的生活领域，并在那里得到证实”③。

92 但是马克思反对这些“自由人”的公开解放宣言，在他看来这些宣言只不过是一种表现癖。另外，由于《莱茵报》与青年黑格尔派保持着联系，马克思害怕这会为海尔梅斯提供更多攻击《莱茵报》的机会。马克思当时正在给莱茵地区的一份商业报写稿，他认识到莱茵地区的工业已经相对发达了，柏林几乎没有工业，而“自由人”则在工业匮乏、官僚主义盛行的柏林研究哲学。因此，马克思支持资产阶级为自由主义的改革而抗争，并且反对纯粹的批判主义。再者，正是由于马克思的忠告，《莱茵报》的

---

① ‘Letter Ruge’, *MEGA* Ⅰ ⅰ (2) 277. 马克思，恩格斯．马克思恩格斯全集：第27卷．北京：人民出版社，1972：429.

② ‘Letter Ruge’, *MEGA* Ⅰ ⅰ (2) 277. 马克思，恩格斯．马克思恩格斯全集：第27卷．北京：人民出版社，1972：428.

③ 引自：R. Prutz, *Zehn Jahre* (Leipzig, 1850) Ⅱ 100.

发行者雷纳德才向莱茵地区的总督承诺以后不再把着重点放在宗教问题上①。

“自由人”的态度引出了一个问题，即《莱茵报》的编辑原则应该是什么。因此，在 8 月底，马克思写信给对编辑工作有决定权的奥本海姆，详细说明了他对办报的各种建议，马克思认为编辑工作应该交给自己。他写道：

> 如果您在这个问题上的看法同我一致，就请您把《论中庸》② 一文也寄给我，以便批判。这个问题必须心平气和地进行讨论。首先，关于国家制度的完全是一般理论性的论述，与其说适用于报纸，无宁说适用于纯学术性的刊物。正确的理论必须结合具体情况并根据现存条件加以阐明和发挥。……这种明显地反对目前国家制度基础的示威，会引起书报检查制度的加强，甚至会使报纸遭到查封。……无论如何，我们这样做就会使许多甚至大多数具有自由思想的实际活动家起来反对我们；这些人承担了在宪法范围内逐步争取自由的吃力角色，而我们却坐在抽象概念的安乐椅上指出他们的矛盾。诚然，《论中庸》一文的作者号召进行批判；但是，一，我们大家都知道，政府怎样来回答这样的挑战；二，光是某个人屈服于批判……是不够的；问题在于，他是否选择了适当的场所。只有当问题成了现实国家的问题，成了实 *93*
> 际问题的时候，报纸才开始成为这类问题的合适场所。我认为必须做到的是，不要让撰稿人领导《莱茵报》，而是相反，让《莱茵报》领导撰稿人。上述那一类文章，提供了一个给撰稿人指出明确行动计划的极好机会。单单一个作者是无法象报纸那样掌握全盘的。③

由于这封信，马克思于 10 月中旬，即在他实际管理报纸几个月后，被选为主编。

他的首要任务是回答《奥格斯堡总汇报》对《莱茵报》的共产主义问题的指控。这次的指控可能是受到了当初赫夫肯被攻击的刺激，赫夫肯曾经担任《莱茵报》的编辑，早在 3 月就因《莱茵报》刊登的布鲁诺·鲍威

---

① 参见：*MEGA* Ⅰⅰ（2）281ff. 未在中文版《马克思恩格斯全集》中找到对应出处。——译者注

② 指标题为《论中庸》的一系列文章，这些文章没有署名，刊登在 1842 年 6 月 5 日和 8 月 16 日、18 日、21 日、23 日的《莱茵报》第 156 号、228 号、230 号、233 号和 235 号的附刊上。这些文章的作者是青年黑格尔分子埃德加尔·鲍威尔。——译者注

③ ‘Letter to Oppenheim’, *MEGA* Ⅰⅰ（2）280. 马克思，恩格斯. 马克思恩格斯全集：第 27 卷. 北京：人民出版社，1972：433－434.

尔的一篇文章而被攻击①。这次指控的依据是《莱茵报》在 9 月曾评论过的两篇文章，一篇谈的是住宅分配问题，另一篇谈的是共产主义的政府组织形式问题，并且在 10 月还报道过一次在斯特拉斯堡召开的会议，傅立叶的信徒在这次会议上提出了他们的主张。这几篇文章都是赫斯写的。马克思在回信中批判《奥格斯堡总汇报》有意忽视重要问题，但同时否认《莱茵报》对共产主义抱有同情：

> “莱茵报”甚至**在理论上**都不承认现有形式的共产主义思想的**现实性**，因此，就更不会期望**在实际上**去实现它，甚至都不认为这种实现是可能的事情。“莱茵报”彻底批判了这种思想。然而对于像勒鲁、孔西得朗的著作，特别是对于蒲鲁东的智慧的作品，则决不能根据肤浅的、片刻的想像去批判，只有在不断的、深入的研究之后才能加以批判，——关于这一点，如果奥格斯堡长舌妇希望得到比沙龙空话更多的东西，如果她比沙龙空话能有更多的才能的话，那她也会承认的。②

但是这些设想受到了认真的对待，因为思想是非常有力的：

> 我们对于类似的**理论**著作所以要更加慎重，**还**因为我们不同意奥
> 94 格斯堡报的做法：……我们坚信，真正**危险的**并不是共产主义思想的**实际试验**，而是它的**理论论证**；要知道，如果实际试验会成为**普通性**的，那末，只要它一成为危险的东西，就会得到**大炮**的回答；至于掌握着我们的意识、支配着我们的信仰的那种**思想**（理性把我们的良心牢附在它的身上），则是一种不撕裂自己的心就不能从其中挣脱出来的枷锁；同时也是一种魔鬼，人们只有先服从它才能战胜它③。

这个回答反映出《莱茵报》的总方针，它确认贫困是一个社会问题，而不仅仅是政治问题，但是它并没有把无产阶级看作一个新的阶级，而只看作糟糕的经济组织的牺牲品④。

虽然社会主义和共产主义（在那时的德国，这两个词一般来说是可以互

---

① 参见：*Rheinische Briefe und Akten*, *ed. Hansen*, Ⅰ 323.

② ‘Communism and the *Augsburger Allgemeine Zeitung*’, *MEGA* Ⅰ ⅰ (2) 263; Easton and Guddat, pp. 134 f. 马克思，恩格斯．马克思恩格斯全集：第 1 卷．北京：人民出版社，1956：133 – 134.

③ ‘Communism and the *Augsburger Allgemeine Zeitung*’, *MEGA* Ⅰ ⅰ (2) 263; Easton and Guddat, p. 135. 马克思，恩格斯．马克思恩格斯全集：第 1 卷．北京：人民出版社，1956：134.

④ 参见：König, *Die Rheinische Zeitung*, pp. 72 ff.

换的）作为教条在19世纪30年代早期就已经在德国存在了①，但是到1842年才第一次引起了广泛的关注。一方面是因为莫泽斯·赫斯发挥了自己的影响力，是他让恩格斯和巴枯宁变成了信仰共产主义的人，并且在《莱茵报》上刊登了很多文章，暗中进行共产主义宣传；另一方面是由于洛伦茨·冯·施泰因的一本名为《当代法国的社会主义和共产主义》的书发挥了影响，这本书对巴黎的德国移民工人中法国社会主义的传播进行了调查，这个调查是受普鲁士政府之托搞的，尽管作者一点也不同情社会主义者，但这本书中关于法国社会主义传播的调查在社会上得到了很大的反响②。科隆的舆论氛围也有利于对社会主义思想的接受：莱茵地区的自由主义者（不像曼彻斯特的
自由主义者）是非常关心社会的，他们认为国家对社会负有重大深远的责任。 95
例如，梅维森在访问英国时，对减薪的情况印象深刻。在巴黎逗留期间，他转而信仰圣西门主义。在《莱茵报》编辑部，有一个小组（由莫泽斯·赫斯建立的）定期举行会议、讨论社会问题，这个小组实际上成了报纸的编辑委员会。它的成员中还有荣格，以及后来的共产主义者卡尔·德斯特尔和安内克。它每个月召开一次会议，先是读报，随后进行讨论，这些成员不一定有相同的政治观点，但都要对社会问题感兴趣。马克思在10月搬到科隆以后，也加入了这个小组③。

（5）反林木盗窃法。

虽然小组会议增加了马克思对社会问题的兴趣，但是他还远没有转变成社会主义者，他在向社会主义接近，但没有完全接受它。在他担任编辑后的第一篇重要文章中（计划要写的五篇针对莱茵省议会辩论的系列文章中的第四篇），一个更为严厉的关于林木盗窃问题的法案被提了出来。采集枯木在传统意义上是不受法律限制的，但是因19世纪20年代的耕地危机引起的树木缺乏和不断增长的工业需求，对林木的法律管理变得十分迫切。形势变得难以控制了：在普鲁士，所有的起诉中有关木材的诉讼占到5/6，而莱茵地区比例更高④。因此，当时提出的建议是：

---

① 参见：König, *Die Rheinische Zeitung*, pp. 13f.

② 有关施泰因的书对马克思无产阶级概念的形成有着重要影响的观点，参见：R. Tucker, *Philosophy and Myth in Karl Marx*（Cambridge, 1961）pp. 114ff. 关于这个观点亦见本书108－109页。有关施泰因本人的情况，请参见 K. Mengelberg, 'Lorenz von Stein and his Contribution to Historical Sociology', *Journal of the History of Ideas*, Ⅻ（1961）; J. Weiss, 'Dialectical Idealism and the Work of Lorenz von Stein', *International Review of Soeial History*, Ⅷ（1963）。

③ 参见：J. Hansen, *Gustav von Mevissen.*（Berlin, 1906）Ⅰ264 ff.

④ 参见：H. Stein, 'Karl Marx und der Rheinscher Pauperismus', *Jahorbuch des kölnischen Geschichtsvereins*, XⅣ（1932）131.

护林员作为对被指控的违法行为的唯一仲裁人，而且也只有他能估算损失的情况。但是护林员作为地主的受雇人员，容易被解雇，所以他不能成为公正执法的角色。此外，地主不仅得到了木材赔偿费，而且还把罚金也收入囊中。

马克思是从法律和政治的角度讨论这些问题的，并没有过多注意社会、历史的细节。他说，国家应该捍卫习惯法，防止富人变得贪婪。因为如果
96 没有不公平，有一些东西永远也不能变成某个人的私有财产；另外，“如果对任何侵犯财产的行为都不加区别、不给以较具体的定义而一概当做盗窃，那末，任何私有财产不都是赃物吗？我占有了自己的私有财产，那不就是排斥了其他任何人来占有这一财产吗？那不就是侵犯了他人的所有权吗？”① 马克思在这里使用的是蒲鲁东的语言，但没有使用他的精神，因为他把自己严格地限制在法律基础上。马克思接着说，阶级利益的原则不能构成国家的基础，因为阶级代表着个人利益，从而国家就“成了与理智和公正原则相反的私人财产的工具”。尽管在马克思的后期理论中确实有一些关于国家是阶级统治的工具的因素，但是在这篇文章里，他只是把国家看作一个组织，只关心“最低下的、备受压迫的、无组织的群众的权利”②，当谈到拾木者付给林木占有者罚金时，马克思几次用了“剩余价值”，这个词是他后来的经济著作中的核心概念③。最后，马克思指出：任何特殊利益的代表都“把某种物质对象和屈从于它的某种意识加以不道德、不合理和冷酷无情的抽象”④。这是对拜物教概念的简要概括：人们的社会关系成了“偶象”——死物对活人保持着一种秘密支配；支配和占有的自然关系被颠倒了，人由木材所决定，因为木材是一种商品，商品纯粹是社会政治关系的物化表现。马克思坚持认为，这种人性的丧失是《普鲁士国家报》向立法者鼓吹的那一套理论的直接后果：“这一理论认为讨论林木法的时候应该考虑的只是树木和林木，而且总的来说，**不应该从政治上**，也就是说，不应该同整个国家理性和国家伦理联系起来来解决每

① ‘Debate on Thefts of Timber’, *MEGA* Ⅰ ⅰ (1) 269 f. 马克思，恩格斯. 马克思恩格斯全集：第1卷. 北京：人民出版社，1956：139.

② ‘Debate on Thefts of Timber’, *MEGA* Ⅰ ⅰ (1) 272. 马克思，恩格斯. 马克思恩格斯全集：第1卷. 北京：人民出版社，1956：142.

③ ‘Debate on Thefts of Timber’, *MEGA* Ⅰ ⅰ (1) 293 f. 马克思，恩格斯. 马克思恩格斯全集：第1卷. 北京：人民出版社，1956：166.

④ ‘Debate on Thefts of Timber’, *MEGA* Ⅰ ⅰ (1) 304. 马克思，恩格斯. 马克思恩格斯全集：第1卷. 北京：人民出版社，1956：180.

一个实际任务。”① 马克思文章的结尾是把一位独立观察家的观点同古巴野
人的观念做比较，这位独立观察家认为莱茵人崇拜木材，而古巴野人认为 97
黄金是西班牙人的崇拜物②。

这篇文章说明了马克思对政治经济现实产生了越来越浓厚的兴趣。正如他自己后来所写的：“1842 年到 1843 年，我作为‘莱茵报’的主编，第一次不得不就所谓物质利益问题发表意见……莱茵省议会关于林木盗窃………的讨论……第一次推动我去研究经济问题”。③ 恩格斯后来也说：“我曾不止一次地听到马克思说，正是他对林木盗窃法和摩塞尔河地区农民处境的研究，推动他由纯政治转向研究经济关系，并从而走向社会主义。”④

《莱茵报》的发行量是很小的，只有 885 份（仅为《科隆日报》的 1/10），在马克思任主编后的 1 个月中，发行量增加了 1 倍多。报纸办得越来越成功，加上它对莱茵省议会的批判，使得当局非常头疼，省长在 11 月写给内务大臣的信中说：他要起诉写关于木材盗窃文章的作者。10 月份时，由于《莱茵报》公布了政府在秘密计划修改离婚法的草案，就已经使得双方关系非常紧张了，这一草案是弗里德里希·威廉四世将法律基督教化的第一项措施。《莱茵报》随后又发表了三篇批判性的文章，其中第三篇（发表在 12 月中旬）是马克思写的。他同意这样的说法：现行的法律太
注重个人了，没有考虑到子女以及家庭婚姻的“道德实质”。法律依然 98
“仅仅想到两个个人，而忘记了**家庭**”⑤。但是他不赞同这个新提议，因为它不是把婚姻看作一种合乎伦理的制度，而是看作一种宗教制度，因而婚姻的世俗本质被忽略了。

---

① ‘Debate on Thefts of Timber’, *MEGA* Ⅰ i （1）304. 更多信息，参见 K. Löwith, ‘Man’s Self-alienation in the Early Writings of Marx’, *Social Research* （1954）pp. 211 ff. , 重印于 Löwith, *Nature*, *History and Existentialism* pp. 85 ff。马克思，恩格斯．马克思恩格斯全集：第 1 卷．北京：人民出版社，1956：180.

② “关于林木盗窃法的辩论”，同上。“崇拜物”这个概念在马克思的早期著作中非常普遍，在《资本论》中又再次出现，特别是在关于商品拜物教的第一部分。关于这两处上下文的对比，请看 Ruth - Eva Schulz, ‘Geschichte und teleologisches System bei Karl Marx’, *in Wesen und Wirklichkeit des Menschen*: *Festschrift für H. Plessner* （Göttingen, 1957）。

③ K. Marx, ‘Preface to a Critique of Political Economy’, in Marx - Engels, *Selected Works*, Ⅰ 361 f. 马克思，恩格斯．马克思恩格斯全集：第 1 卷．北京：人民出版社，1956：717 - 718.

④ Letter to R. Fischer, 5 Nov 1895, 引自 Stein, op. cit. , p. 145. 马克思，恩格斯．马克思恩格斯全集：第 39 卷．北京：人民出版社，1974：446.

⑤ ‘On a Proposed Divorce Law’, *MEGA* Ⅰ i （1）317; Easton and Guddat, p. 139. 马克思，恩格斯．马克思恩格斯全集：第 1 卷．北京：人民出版社，1956：183.

到 11 月底，马克思和过去的柏林伙伴彻底决裂了。由于卢格和诗人海尔维格到柏林去，他们希望邀请“自由人”合作，共同建立一所新的大学，这使危机达到了顶点。卢格总是有点儿清教徒的味道，他和海尔维格的想法受到思想过分放肆的柏林人的反对。据卢格说，布鲁诺·鲍威尔“声称让我接受最荒唐的东西，即必须从理论上禁止国家和宗教以及财产和家庭，而不必费神去弄明白它们将被什么取代，最根本的是要摧毁一切”①。11 月 25 日，马克思发表了一篇从柏林寄来的通信，以此向每一个人表明了自己的立场，这篇通信的基本观点取自海尔维格写给《莱茵报》的一封信②。因此决裂是必然的了，马克思在几天后写给卢格的一封信里证明他的行动是正确的：

> 您知道，书报检查机关每天都在无情地破坏我们，报纸常常几乎不能出版。因此，“自由人”的大批文章都作废了。不过我自己淘汰的文章也不比书报检查官淘汰的少，因为梅因一伙人寄给我们的是一大堆毫无意义却自命能扭转乾坤的废料；所有这些文章都写得极其草率，只是点缀上一点无神论和共产主义（其实这些先生对共产主义从未研究过）。……我声明说，在偶然写写的剧评之类的东西里偷运一些共产主义和社会主义的原理即新的世界观，我认为是不适当的，甚至是不道德的。我要求他们，如果真要讨论共产主义，那就要用另一种完全不同的方式，更切实地加以讨论。我还要求他们更多地联系着对政治状况的批判来批判宗教，而不是联系着对宗教的批判来批判政治状况，因为这样做才更符合报纸的基本任务和读者的水平。要知道，宗教本身是没有内容的，它的根源不是在天上，而是在人
> 99 间，随着以宗教为**理论**的被歪曲了的现实的消灭，宗教也将自行消灭。③

（6）摩塞尔葡萄酒酿造者的贫困和《莱茵报》的查封。

1843 年 1 月，马克思发表了一篇研究贫困问题的文章，这是他为《莱茵报》写的最后一篇重要稿件。摩塞尔的酒农在关税同盟建立以后受到了巨大的竞争压力，《莱茵报》在 1842 年 11 月刊登了一篇关于民众举行的大规模反抗和他们的贫穷问题的报道，这是《莱茵报》的一个记者写的，莱

---

① Ruge, *Briefioechsel*, ed. Nerrlich, Ⅰ 290.

② 重印于 *Rheinische Briefe und Akten*, ed. Hansen, Ⅰ 382 ff。

③ ‘Letter to Ruge’, *MEGA* Ⅰ i （2） 285f. 马克思，恩格斯．马克思恩格斯全集：第 27 卷．北京：人民出版社，1972：434－436.

茵省省长冯·沙培尔立刻对它的真实性提出质疑。由于这个记者的回答不能叫人信服满意，马克思准备亲自证实这篇报道。他计划了一系列五篇文章，实际上只写了三篇，两篇在《莱茵报》被查封以前发表了。这两篇文章包含了很多详细情况，以此来证明记者的论断是正确的；马克思认为，这两篇发表了的文章在很大程度上使该报很快被查封。摩塞尔河谷的情况应归因于客观上已确定的关系：

> 在研究**国家**生活现象时，很容易走入歧途，即忽视**各种关系的客观本性**，而用当事人的**意志**来解释一切。但是存在着这样**一些关系**，这些关系决定私人和个别政权代表者的行动，而且就像呼吸一样地不以他们为转移。只要我们一开始就站在这种客观立场上，我们就不会忽此忽彼地去寻找善意或恶意，而会在初看起来似乎只有人在活动的地方看到客观关系的作用。①

为了改善这些关系，马克思坚持认为，公开而坦率的辩论是必须的："为了解决这些困难，治人者和治于人者都需要有**第三个**因素，这个因素应该是**政治的**因素，而不是官方的因素，这样，它才不会以官僚的前提为出发点；这个因素应该是**市民的**因素，但是同时它不直接和私人利益以及有 100
关私人利益的需求纠缠在一起。这个具有**公民的头脑**和**市民的胸怀**的补充因素就是**自由报刊**。"②

马克思肯定已经感觉到《莱茵报》的日子不多。12 月 24 日，是书报检查放宽后一周年的日子，自由派最重要的报纸之一《莱比锡总汇报》发表了一封海尔维格写的信——抗议普鲁士查封了一份他希望从苏黎世去编辑的报纸。作为回应，海尔维格从普鲁士被驱逐出境，《莱比锡总汇报》也被查封了；1843 年 1 月 3 日，萨克森政府在弗里德里希·威廉四世的压力下查封了《德国年鉴》；1 月 21 日，国王主持召开的内阁会议决定查封《莱茵报》。马克思在给卢格的信中写道：

> 报纸的查封是一些特殊情况一起促成的；报纸的畅销；**我的**《摩塞尔记者的辩护》（这篇文章把一些高官厚禄的国家要人狠狠地干了一顿）；我们坚决拒绝说出给我们送来婚姻法草案的人的名字；议会的

① 'On the Distress of the Moselle Wine - Farmers', *MEGA* Ⅰ i (1) 360; Easton and Guddat, pp. 144 f. 马克思，恩格斯. 马克思恩格斯全集：第 1 卷. 北京：人民出版社，1956：216.

② On the Distress of the Moselle Wine - Farmers', *MEGA* Ⅰ i (1) 373; Easton and Guddat, pp. 145 f. 马克思，恩格斯. 马克思恩格斯全集：第 1 卷. 北京：人民出版社，1956：230-231.

> 召开（我们的鼓动可能对它产生影响）；最后，我们对查封《莱比锡总汇报》和《德国年鉴》所进行的批评。①

《莱茵报》的最后一期定在 3 月 31 日，由于审查制度实在是太过严苛，使得马克思在 3 月 17 日提出辞职。

在最后几个月中，马克思无疑是支撑报纸的主要力量。在 12 月底，报纸的发行量增至 3 500 份。检查官圣保罗在 3 月 18 日记道："今天风向变了。昨天全报社的精神领袖、灵魂人物辞职了……我非常高兴，而且今天我用在检查上的时间仅仅是平时的 1/4。"② 马克思的观点当然得到了强烈的支持，因为圣保罗写道："马克思会为他的观点去死，他确信他的观点是
101 真理。"③ 在从事新闻工作的那 1 年里，马克思的观点还不足以形成一种系统的思想，这主要是因为他的思想仍在转变中，但在某种程度上也因为一个好的辩论家实质上应是一个折中主义者。例如，有人坚持说，马克思此时此刻的所作所为实际上已经摆脱了黑格尔主义的影响④。虽然马克思的很多论证表现和方法确实类似于斯宾诺莎和康德，但马克思却总说他自己是黑格尔的信徒⑤。下面这段文字，是马克思所写的一篇评论普鲁士等级委员会的短文的结尾，发表在 1842 年 12 月的《莱茵报》上，它是极具黑格尔主义色彩的：

> 在真正的国家中是没有任何地产、工业和物质领域作为这一类粗陋的物质成分同国家协议的；在这种国家中只有**精神力量**；自然力只有在自己的国家复活中，在自己的政治再生中，才能获得在国家中的发言权。国家用一些精神的线索贯穿整个自然，并在每一点上都必然表现出，占主导地位的不是物质，而是形式，不是没有国家的自然，而是国家的自然，不是**没有自由的对象**，而是**自由的人**。⑥

---

① 'Letter to Ruge', *MEGA* I i (2) 293. 马克思，恩格斯．马克思恩格斯全集：第 27 卷．北京：人民出版社，1972：438－439.

② *Rheinische Briefe und Akten*, ed. Hansen, I 496.

③ *MEGA* I i (2) 151. 未在中文版《马克思恩格斯全集》中找到对应出处。——译者注

④ 特别参见：M. Rubel, *Karl Marx. Essai de biographie intelectuelle* (Paris, 1957) pp. 34ff. 有关这些文章强调费尔巴哈影响的情况，请见：W. Schuffenhauer, *Feuerbach und der junge Marx* (Berlin, 1965) pp. 27 ff.

⑤ 参见上面引用的文章，p. 90。

⑥ 'On the Estates Committees in Prussia', *MEGA* I i (1) 335. 马克思，恩格斯．马克思恩格斯全集：第 40 卷．北京：人民出版社，1982：344－345.

查封《莱茵报》的决定对于马克思来说是一种解脱，他说："政府把自由还给我了。"① 虽然他仍然在写作，但是他确信自己的未来是在国外。"在德国，我不可能再干什么事情。在这里，人们自己作贱自己。"② 他已经决定了要移居国外，剩下的只是时间和地点问题。

① 'Letter to Ruge', *MEGA* Ⅰ ⅰ（2）294. 马克思，恩格斯．马克思恩格斯全集：第27卷．北京：人民出版社，1972：440.

② 'Letter to Ruge', *MEGA* Ⅰ ⅰ（2）294. 马克思，恩格斯．马克思恩格斯全集：第27卷．北京：人民出版社，1972：440.

第五章　马克思与黑格尔法哲学批判

1.《德法年鉴》的创办

102 普鲁士政府决定查封自由报刊，这导致青年黑格尔运动走向彻底分裂。在布鲁诺·鲍威尔的领导下，柏林的青年黑格尔分子愈加远离政治行动。他们预想的是，越是压制他们的思想，就越会激发自由派资产阶级的强烈反抗，这正是他们的影响力所在。而当这种预想未能如愿时，他们便更倾向将自身局限于纯粹的思想批判之中，彻底放弃直接施加政治影响的希望。对此，以卢格为核心的另一派的反应则不尽相同：他们试图以一种更为实际的方式继续这场政治斗争。由于他们还在筹划创办一份刊物，他们的首个想法便是将苏黎世的尤利乌斯·弗吕贝尔的出版社作为立足之地。弗吕贝尔是苏黎世的一位矿物学教授，他为了出版海尔维格的诗作，于 1841 年底创办了这家出版社。他还出版了一本由海尔维格负责编辑的评论性刊物。该刊物似乎曾在短期内成为《德国年鉴》的续章。但由于海尔维格在 1843 年 3 月从苏黎世流放到外地，因而留下了一个明显的空缺有待填补。苏黎世连同巴黎原本都是德国移民（包括工人和知识分子）的活动中心，所以这里也分外吸引着卢格。从 1842 年底开始，弗吕贝尔把全部的时间都花在编辑一份每周出版两期的报纸上；而且赫斯、恩格斯和巴枯宁都曾为该报撰稿，因而他的报纸呈现出一种愈加鲜明的民主基调。卢格的思想历程与之类似：他在《德国年鉴》上发表的最后一篇文章以《自由主义的自省》
103 为题。该文主张民主的人道主义而驳斥自由主义，并声称这种民主的人道主义可通过法德知识分子的联盟而得以实现。

由此，创办一份将《德国年鉴》的理论与《莱茵报》的实践主张相结合的评论性刊物成为一件很自然的事。卢格极其崇拜马克思，1843 年 1 月，他在写给他兄弟路德维希·卢格的信中说道，“马克思具有非凡的智慧。他非常担心自己的将来，尤其是迫近的将来。因此，《年鉴》靠他的帮扶而得以继存是件再自然不过的事了。”①马克思的境况着实令人担忧。他订婚已经 7 年了，希望能早日完婚；可他没有工作，他的家人又拒绝给予他任何帮助。他于 1843 年 3 月写信给卢格：

> 我们一订好合同，我就去克罗伊茨纳赫结婚……我可以丝毫不带浪漫色彩地对您说，我正在十分热烈地而且十分严肃地恋爱。我订婚已经七年多，我的未婚妻为了我而进行了极其激烈的、几乎损害了她的健康的斗争，一方面是反抗她的虔诚主义的贵族亲属，这些人把“天上的君主”和“柏林的君主”同样看成是崇拜的对象，一方面是反抗我自己的家族，那里盘踞着几个牧师和我的其他对手。因此，多年来我和我的未婚妻经历了许多不必要的严重冲突，这些冲突比许多年龄大两倍而且经常谈论自己的“生活经验”（我们的中庸派爱用的字眼）的人所经历的还要多。②

就在 6 月时，马克思父亲的一位朋友为他争取到一份在普鲁士国家机关的工作机会，他立马便回绝了③。而马克思乐于接受的是卢格和海尔维格争相提出的两份邀请：前者正筹划创办一份新版的《德国年鉴》，后者则希望马克思担任海尔维格在办刊物的合作编辑。

马克思决定接受卢格的邀请。1843 年 3 月，他前去荷兰探望他母亲的 104
亲戚，在从荷兰发出的信中，他表达了这层意思：他希望德国爆发一场革命。马克思相信，德国的落后状况必然会引发一场革命。他写道：“满载愚人的船只或许会有一段时间顺风而行，但是它在向着命运驶去，这正是因为愚人们不相信这一点。这命运就是我们所面临的革命。”④然而，卢格是悲观的。他看不到任何政治革命的希望。德国人的“永恒的顺从”令革命

① Ruge, *Briefwechsel*, ed. Nerrlich, Ⅰ295.

② ‘Letter to Ruge’, *MEGA* Ⅰ ⅰ （2） 307. 马克思，恩格斯．马克思恩格斯全集：第 47 卷．2 版．北京：人民出版社，2004：52.

③ 参见：*Archio für die Geschichte des Soxialismus und der Arbeiterbewegung*, x （1924） 64.

④ ‘Letter to Ruge’, *MEGA* Ⅰ ⅰ （1） 557；Easton and Guddat, p. 204. 马克思，恩格斯．马克思恩格斯全集：第 47 卷．2 版．北京：人民出版社，2004：55.

发生的希望近乎渺茫："我们的民族没有将来，我们召唤前途有什么用处呢？"① 马克思坚决反对仅仅沿袭《德国年鉴》的思路。"即使《德国年鉴》重新获准出版，我们至多也只能搞一个已停刊的杂志的很拙劣的翻版，而现在这样做是不够的。"② 于是，他们决定将法德联合的思想付诸实践，这一思想在前两年的某个时候已经由青年黑格尔派中的多数人提出过。由于法国思想的影响，激进派有着非常国际化的视野；与之相对的是自由派，19 世纪 40 年代的危机迫使他们成为狭隘的民族主义者。马克思热情高涨，他说："《德法年鉴》，这才是原则，是能够产生后果的事件，是能够唤起热情的事业。"③弗吕贝尔赞成出版一份具有此种品质的评论刊物，并且开始着手准备。同年 5 月，马克思和弗吕贝尔共赴德累斯顿拜访卢格。他们三人决定将斯特拉斯堡作为出版地。可是，弗吕贝尔在苏黎世当局那里遇到了麻烦。他所出版的魏特琳和布鲁诺·鲍威尔的著作被查扣了，而他本人也被判入狱两个月。这就意味着《德法年鉴》最早也不可能在年底前面世了。

与此同时，马克思在克罗伊茨纳赫安顿下来，燕妮·冯·威斯特华伦和她母亲也住在那里。他放下他的研究而投身于广泛的历史阅读中④。6 月，他与燕妮完婚，并在克罗伊茨纳赫一直待到 8 月。在 5 月写给卢格的
105 信中（后来发表于《德法年鉴》），他详尽分析了德国的庸人政权，认为德国政权将被彻底推翻："让死人去埋葬和痛哭自己的尸体吧。而最先朝气蓬勃地投入新生活的人，是令人羡慕的。但愿这是我们的命运。"⑤ 马克思已经开始设想革命的可能性就在于"思想家"与"受难者"的联盟中：

> 工商业的制度，占有人和剥削人的制度正在比人口的繁殖不知快多少倍地引起现今社会内部的分裂，这种分裂，旧制度是无法医治的，因为它根本就不医治，不创造，而只是存在和享受罢了。受难的人在思维着，思维着的人又横遭压迫，但是这些人的存在必然会使那饱食

---

① Letter to Marx', *MEGA* I i (1) 560.

② 'Letter to Ruge', *MEGA* I i (2) 307. 马克思，恩格斯. 马克思恩格斯全集：第 47 卷. 2 版. 北京：人民出版社，2004：52.

③ 'Letter to Ruge', *MEGA* I i (2) 307. 马克思，恩格斯. 马克思恩格斯全集：第 47 卷. 2 版. 北京：人民出版社，2004：52.

④ 参见 K. Marx, 'Preface to Critique of Political Economy', in Marx – Engels, *Selected Works*: I 362. 马克思，恩格斯. 马克思恩格斯全集：第 31 卷. 2 版. 北京：人民出版社，1998：411.

⑤ 'Letter to Ruge', *MEGA* I i (1) 561; Easton and Guddat, p. 205. 马克思，恩格斯. 马克思恩格斯全集：第 47 卷. 2 版. 北京：人民出版社，2004：56.

> 终日、无所用心的庸俗动物世界坐卧不安。
>
> 我们必须彻底揭露旧世界，并积极建立新世界。事件的进程给思维着的人思索的时间越长，给受难的人团结起来的时间越多，那么在现今社会里孕育着的成果就会越完美地产生。①

显然，《德法年鉴》将是一份政治性的刊物。因此，是时候探讨黑格尔的政治观，尤其是他的法哲学了。当普鲁士政府无法发展成为黑格尔所说的“理性国家”这一事实变得非常明显时，所有的黑格尔信徒迟早都得这么去做。马克思抱有这种想法至少 1 年了。1842 年 3 月，他写信给卢格：“我为《德国年鉴》写的另一篇文章是在**内部的国家制度**问题上对黑格尔自然法的批判。这篇文章的主要内容是同**立宪君主制**这个彻头彻尾自相矛盾和自我毁灭的混合物作斗争。”②他接着说，这篇文章写完了，只是还想重改一遍。6 个月后，他还谈及要在《莱茵报》上发表这篇文章③。其实， *106*
马克思对黑格尔政治学的批判是他在克罗伊茨纳赫花了 6 个月精心写的④，这比他前一年纯粹用逻辑 - 政治方法所写的要丰富得多。多年以后，在《〈政治经济学批判〉序言》中，马克思写道：

> 为了解决使我苦恼的疑问，我写的第一部著作是对黑格尔法哲学的批判性的分析……我的研究得出这样一个结果：法的关系正像国家的形式一样，既不能从它们本身来理解，也不能从所谓人类精神的一般发展来理解，相反，它们根源于物质的生活关系，这种物质的生活

---

① ‘Letter to Ruge’, *MEGA* Ⅰ i （1） 265 f.； Easton and Guddat, pp. 210f . 马克思，恩格斯 . 马克思恩格斯全集：第 47 卷 . 2 版 . 北京：人民出版社，2004：62 - 63.

② ‘Letter to Ruge’, *MEGA* Ⅰ i （2） 269. 马克思，恩格斯 . 马克思恩格斯全集：第 47 卷 . 2 版 . 北京：人民出版社，2004：23.

③ ‘Letter to Ruge’, *MEGA* Ⅰ i （2） 280. 马克思，恩格斯 . 马克思恩格斯全集：第 47 卷 . 2 版 . 北京：人民出版社，2004：34.

④ 根据 D. 梁赞诺夫［参见 *MEGA*：Ⅰ i （1） pp. lxxxiv f. 导言部分］的说法，他在对比了马克思笔记中的相似段落之后，判断该手稿可能于 1843 年七八月份完成。该日期的判定也遭到了多方质疑，如 E. Lewalter，‘Zur Systematik der Marxschen Staats - und Gesellschaftslehre’，*Archiv für Sozialwissenschaft und Soziapolitik* LXVIII 645ff. 和 S. Landshut，*Karl Marx*，*Die Frühschriften*（Stuttgart，1953） p. 20。其依据有二：其一，马克思在 1842 年 3 月写给卢格的信中，已间接提及其黑格尔自然哲学批判近乎完成；其二，由于忙于家事，马克思在 1843 年夏天并没有长期专注的写作时间。这一点不太容易被人接受，因为婚姻可以妨碍工作，但往往也能敦促工作的完成。至于前者，在同一封信里，马克思还提到了另外几篇文章（卢格从未收到过），说它们“差不多快完成了”。不过，在这一点上，马克思总是“言胜于行”。他在《〈政治经济学批判〉序言》中的论述及其内在依据都毫无疑问地指向了 1843 年。最有可能的是，先前撰写的内容都被用在后来的文章中了。

> 关系的总和，黑格尔按照18世纪的英国人和法国人的先例，概括为“市民社会”，而对市民社会的解剖应该到政治经济学中去寻求。①

尽管这段叙述过于简化，但马克思在《莱茵报》的经历以及海涅和社会主义者们（包括赫斯）对自由派政治的抛弃，都促使他在对黑格尔的批判中极为注重社会－经济因素。

107 2. 费尔巴哈的影响

还有一个因素也使得马克思接受了一种新观点：费尔巴哈的《关于哲学改造的临时纲要》。这些纲要都发表在《轶文集》上。该文集的文章最初是为《德国年鉴》而作，但都因被查封而未能发表。它由卢格在瑞士完成编辑，并于1843年2月出版，是青年黑格尔派分化之前的最后一次集体合作。这本书的出版也是青年黑格尔派运动的分水岭，自此它便不再是神学的运动，不过还尚未转化为政治的。费尔巴哈将《关于哲学改造的临时纲要》视为其所著的《基督教本质》的延续。他希望把他曾用以解决宗教问题的方法再次运用到思辨哲学上：神学还没有被完全摧毁，它在黑格尔哲学中还存有最后一道理性的堡垒，那是一种和所有神学一样的极其神秘的东西。因为黑格尔的辩证法是以无限为起点和终点的，所以有限的人只是超人类精神演化中的一个阶段：“神学的本质是超验的、外化的人的本质；黑格尔逻辑的本质是超验的思维，是人类思想的外化。”② 但哲学不应当从上帝或绝对观念出发，甚至不应从作为绝对观念的谓语出发。哲学必须从有限的、特殊的、现实的事物开始，并且承认感觉的首要性。由于这种方法率先由法国人提出，因而真正的哲学家必须具有“高卢－日耳曼血统”。黑格尔的哲学是神学最后的避难所，因此必须被废止。而这种做法源自这样一种认识：“思想与存在的真正关系是：存在是主语，思想是谓语。思想源于存在，而存在并不源自思想。”③

马克思在第一时间读到了费尔巴哈的《关于哲学改造的临时纲要》，

---

① K. Marx, ‘Preface to Critique of Political Economy’, *Selected Works*, Ⅰ362. 马克思，恩格斯．马克思恩格斯全集：第31卷．2版．北京：人民出版社，1998：412.

② L. Feuerbach, *Anthropologischer Materialismaus. Ausgewihlte Schriften* (Frankfurt, 1967) Ⅰ84.

③ L. Feuerbach, *Anthropologischer Materialismaus. Ausgewihlte Schriften* (Frankfurt, 1967) Ⅰ95.

并给曾向他寄送这本书的卢格写了一封热情洋溢的信。他在信中说道：“费尔巴哈的警句只有一点不能使我满意，这就是：他强调自然过多而强调政治太少。然而这是现代哲学能够借以成为真理的惟一联盟。结果可能会像 108
16 世纪那样，除了醉心于自然的人以外，还有醉心于国家的人。”① 对马克思来说，前方的道路将由政治铺就，但这种政治质疑当前盛行的国家与社会间关系的概念。借助费尔巴哈的《关于哲学改造的临时纲要》，马克思完成了对黑格尔辩证法的特殊颠覆。马克思早在写博士论文的时候就读过费尔巴哈的作品，但他的巨著《基督教的本质》给马克思留下的印象并不像卢格的那样深刻。诚然，在 1842 年 1 月，马克思写了一篇短文，题为《路德是施特劳斯和费尔巴哈之间的仲裁者》②，在这篇文章中，他引用了路德的一段话用以支持费尔巴哈对于人道主义的洞见，同时反对施特劳斯的先验观。在文章结尾，马克思给思辨神学家和哲学家们这样的建议：“假如你们愿意明白事物存在的真相，即明白**真理**，你们就应该从先前的思辨哲学的概念和偏见中解放出来。你们只有**通过火流**才能走向**真理**和**自由**，其他的路是没有的。费尔巴哈，这才是我们时代的**涤罪所**。”③ 但直到 1843 年，费尔巴哈的人道主义才成为《德法年鉴》一帮人达成共识的观点④。

就 1843 年的马克思而言（与他同时代的大多数激进、民主的人亦是如此），费尔巴哈是哲学家。马克思于 1843 年夏天撰写的黑格尔政治哲学批判的每一页，都显示出费尔巴哈方法对他的影响。对马克思来说，黑格尔的方法涉及一种系统的“神秘化”。这个词取自费尔巴哈的《关于哲学改造的临时纲要》，意思是通过使这种性质成为一种想象实体的纯粹散发，从 109
而剥夺了某物自身的独立性。马克思的批判弥补了费尔巴哈所缺乏的社会和历史维度，但有一点是两者方法的核心：宣称黑格尔颠倒了主语和谓语的正确关系。马克思说：“重要的是黑格尔在任何地方都把观念当作主体，而把本来意义上的现实的主体，例如，‘政治信念’变成谓语。而发展却

---

① ‘Letter to Ruge’, *MEGA* Ⅰi （2） 308. 马克思，恩格斯．马克思恩格斯全集：第 47 卷．2 版．北京：人民出版社，2004：53.

② 最近有人声称这篇文章的作者是费尔巴哈，而不是马克思。参见：H. – M. Sass, ‘Feuerbach statt Marx’, in *International Review of Social History* Ⅻ （1967） 108 ff. 然而，这个论点并不令人信服。

③ ‘Luther as Arbiter between Strauss and Feuerbach’, *MEGA* Ⅰi （1） 175；Easton and Guddat, p. 95. 马克思，恩格斯．马克思恩格斯全集：第 1 卷．北京：人民出版社，1956：33 –34.

④ 参见：McLellan, *The Young Hegelians and Karl Marx*, pp. 85ff.

总是在谓语方面完成的。”① 后面又补充道：

> 如果黑格尔从作为国家基础的各现实的主体出发，那么他就没有必要以神秘的方式把国家变成主体。……黑格尔使各谓语、各客体变成独立的东西，但是，他这样做的时候，把它们同它们的现实的独立性、同它们的主体割裂开来了。然后现实的主体作为结果出现，其实正应当从现实的主体出发，考察它的客体化。②

马克思的基本观点是通过现实的政治制度来证明黑格尔关于观念与现实关系论述的谬误之处。黑格尔试图通过证明现实是观念的展开是理性的，来调和观念和现实的关系。而马克思则相反，他强调世俗世界中观念与现实之间的对立，并将黑格尔的整个事业归类为思辨性的事业，在他看来，黑格尔的思辨建立在与经验现实断裂的主观观念之上③。兰克关于法国复辟的一篇文章中有一段关于马克思的注释，非常清楚地显示了马克思对黑格尔的批判和他的历史分析是相互渗透的：

> 在**路易十八**时代，宪法是国王的恩赐（钦赐宪章）；在**路易·菲**
> 110 **力浦**时代，国王是宪法的恩赐（钦赐王权）。一般说来，我们可以发现，主语变为谓语，谓语变为主语……总是促成新的一次革命……因此，当黑格尔把国家观念的因素变成主语，而把国家存在的旧形式变成谓语时——可是，在历史真实中，情况恰恰相反：国家观念总是国家存在的【旧】形式的谓语——他实际上只是道出了时代的共同精神，道出了时代的**政治神学**。④

这部手稿是马克思在费尔巴哈哲学和历史分析启发下写的众多以“批判”命名的作品中的首部作品（包括《资本论》及其之前的作品）。批判一词在青年黑格尔派中非常流行，它所代表的方法——反思和研究他人的

---

① ‘Critique of Hegel’s Philosophy of the State’, *MEGA* Ⅰ ⅰ （1） 410; Easton and Guddat, p. 159. 马克思，恩格斯．马克思恩格斯全集：第3卷.2版．北京：人民出版社，2002：14.

② ‘Critique of Hegel’s Philosophy of the State’, *MEGA* Ⅰ ⅰ （1） 426. 马克思，恩格斯．马克思恩格斯全集：第3卷.2版．北京：人民出版社，2002：31-32.

③ 关于马克思手稿的评价参见 L. Dupré, *The Philosophical Foundations of Marxism* （New York, 1966） pp. 87ff.; S. Avineri, ‘The Hegelian Origins of Marx’s Political Thought’, *Review of Metaphgsics* （Sep 1967）; H. Lefebvre, *The Sociology of Marx* （London, 1968） pp. 123ff.; J. Hyppolite, ‘La Conception hégélienne de l’État et sa critique par Karl Marx’, *Etudes sur Marx et Hégel*, 2nd ed. （Paris, 1965）; J. Barion, *Hegel und die marxistische Staatslehre* （Bonn, 1963）。

④ *MEGA* Ⅰ ⅰ （2） 130. 马克思，恩格斯．马克思恩格斯全集：第40卷．北京：人民出版社，1982：368.

思想——与马克思志趣相投，他更喜欢站在其他思想家及其观点的对立面来提升自己的思想。

3. 马克思和黑格尔论国家

在马克思阐述黑格尔哲学思想的手稿中，《法哲学》是其对黑格尔文本进行逐段评论的典范。评论针对《法哲学》这部书最后关于国家的部分展开。马克思原稿的前几页遗失了，它在一开始提及了黑格尔的这样一段论述：具体的自由在于私人利益体系（家庭和市民社会）和普遍利益体系（国家）的同一性，黑格尔把普遍利益说成是“外在必然性”和“内在目的”。马克思认为这是“无法解决的二律背反”。在接下来的一段内容中，他说：“这一节集法哲学和黑格尔整个哲学的神秘主义之大成。”① 在这一段中，黑格尔说：

> 现实的理念，精神，把自身分为自己概念的两个理想性的领域：家
> 庭和市民社会，即分为自己的*有限性*，以便从这两个领域的理想性中形 111
> 成*自为的无限的*现实的精神，——现实的观念从而把自己的这种现实性
> 的材料，把作为**群体**的各个人，分配于这两个领域，这样，对于单个人
> 来说，这种分配是通过情况、任意和本身使命的亲自选择**为中介的**。②

马克思认为这段话的奇怪之处有两点：首先，国家被说成构成它自己的元素的前身。但这一说法必然涉及真实关系的反转：

> 观念变成了主体，而家庭和市民社会对国家的**现实的**关系被理解为观念的**内在想象**活动。家庭和市民社会都是国家的前提，它们才是真正活动着的；而在思辨的思维中这一切却是颠倒的。可是如果观念变成了主体，那么现实的主体，市民社会、家庭、“情况、任意等等”，在这里就变成观念的**非现实的**、另有含义的客观因素。③

---

① ‘Critique of Hegel’s Philosophy of the State’, *MEGA* Ⅰ i （1） 408; Easton and Guddat, p. 157. 马克思，恩格斯．马克思恩格斯全集：第3卷．2版．北京：人民出版社，2002：12.

② ‘Critique of Hegel’s Philosophy of the State’, *MEGA* Ⅰ i （1） 405; Easton and Guddat, p. 154. 马克思，恩格斯．马克思恩格斯全集：第3卷．2版．北京：人民出版社，2002：9.

③ ‘Critique of Hegel’s Philosophy of the State’, *MEGA* Ⅰ i （1） 406; Easton and Guddat, p. 155. 马克思，恩格斯．马克思恩格斯全集：第3卷．2版．北京：人民出版社，2002：10.

因此，黑格尔调和普遍与特殊的一整个计划是失败的：国家的真正组成部分——家庭和市民社会——处处服从于国家精神，而国家精神的神秘力量将其部分本质注入了社会其他领域。

4. 君主制和民主制

在概括性的介绍之后，马克思紧接着谈到了君主制、行政权和立法权。根据黑格尔的观点，这是构成国家的三大部分。他批判黑格尔的奇怪论断，认为它们都旨在表明“国家的人格化及其自身的确定性”体现在君主身上。对马克思而言，这种人格化的主权只会导致专断。马克思说，黑格尔确实承认人民的主权与君主的主权是对立的，但问题应该是：君主的主权
112 难道不是一种幻觉吗？如果要谈君主的主权和人民的主权，那么就要意识到这不是同一种主权而是两种完全对立的主权概念。就像在上帝主宰一切还是人主宰一切间进行选择一样，两者间具有排他性。

然后，马克思通过将其与君主制进行对比来阐述其民主概念，其本质区别在于，君主制是单方面的，必然会歪曲国家中全体成员所扮演的角色：

> 在民主制中，任何一个环节都不具有与它本身的意义不同的意义。每一个环节实际上都只是整体人民的环节。在君主制中，则是部分决定整体的性质。在这里，国家的整个制度构成必须适应一个固定不动的点。民主制是国家制度的类。君主制则只是国家制度的种，并且是坏的种。民主制是内容和形式，君主制**似乎**只是形式，然而它伪造内容。①

君主制的弊病在于，它将人民视为政治制度的附属品，而在民主制中，制度是人民的自我表达。甚至于君主立宪制也是不够的，因为这里的制度对人民生活的影响是局部的，政治制度与国家并不相符。

为了解释民主制与其他政体形式的关系，马克思援引宗教作为类比：

> 正如同不是宗教创造人，而是人创造宗教一样，不是国家制度创造人民，而是人民创造国家制度。在某种意义上，民主制对其他一切国家形式的关系，同基督教对其他一切宗教的关系是一样的。基督教

① ‘Critique of Hegel’s Philosophy of the State’, *MEGA* Ⅰ i （1） 434; Easton and Guddat, p. 173. 马克思，恩格斯. 马克思恩格斯全集：第3卷. 2版. 北京：人民出版社，2002：39.

> 是卓越超绝的宗教，**宗教的本质**，作为**特殊**宗教的神化的人。民主制也是一样，它是**一切国家制度的本质**，作为**特殊**国家制度的社会化的人。①

黑格尔将其政治哲学描述为普遍性与特殊性的调和。但对马克思来说，
只有民主制才能将形式原则（政治制度）和物质原则（日常生活）进行统 113
合。在其他政体形式中，一个人不得不过着两种截然不同的生活，一种是政治生活，一种是非政治生活：“在一切不同于民主制的国家中，**国家、法律、国家制度**是统治的东西，却并没有真正在统治，就是说，并没有物质地贯穿于其他非政治领域的内容。在民主制中，国家制度、法律、国家本身，就国家是政治制度来说，都只是人民的自我规定和人民的特定内容。”②

为了表明“一切国家形式都通过民主来寻求自身的真理”，马克思进行了与黑格尔《历史哲学》极为相似的历史分析，尽管其分析更倾向于经验主义。在古希腊－罗马世界的古国中，人们的生活不可避免地是政治实体和社会实体的结合：政治领域和私人领域之间没有区别，且完全被政治所渗透。相比之下，在中世纪，社会经济关系则被认为是最基本的，其政治因素是后天形成的。正是因为“每个私人领域都有政治特性”，“人民的生活和国家的生活是同一的”。贸易、财产和社会都是直接政治化的。然而，虽然人是国家的真正原则，但人仍然是不自由的。因此，中世纪的特征是“**不自由的民主制**”③。

真正的政治国家的建立是现代的发明：“**国家本身**的抽象只是现代才有，因为私人生活的抽象也只是现代才有。**政治国家**的抽象是现代的产物。”④ 由于现代政治国家仅仅是一种抽象形式，因而对市民生活几乎不产生影响。这表现在：尽管普鲁士和北美的政治制度具有明显差异，但它们
的财产和法律关系实际上是相同的。因此，现代的问题体现在它结束了私 114
人领域与政治国家的分离。

① ‘Critique of Hegel's Philosophy of the State’, *MEGA* Ⅰ ⅰ（1）434f; Easton and Guddat, pp. 173f. 马克思，恩格斯．马克思恩格斯全集：第3卷．2版．北京：人民出版社，2002：40.

② ‘Critique of Hegel's Philosophy of the State’, *MEGA* Ⅰ ⅰ（1）435f; Easton and Guddat, p. 175. 马克思，恩格斯．马克思恩格斯全集：第3卷．2版．北京：人民出版社，2002：41.

③ ‘Critique of Hegel's Philosophy of the State’, *MEGA* Ⅰ ⅰ（1）436f; Easton and Guddat, p. 176. 马克思，恩格斯．马克思恩格斯全集：第3卷．2版．北京：人民出版社，2002：42.

④ Ibid. 马克思，恩格斯．马克思恩格斯全集：第3卷．2版．北京：人民出版社，2002：42.

> **政治制度**到目前为止一直是**宗教领域**，是人民生活的**宗教**，是同人民生活现实性的**尘世存在**相对立的人民生活普遍性的天国。政治领域是国家中惟一的国家领域，是这样一种惟一的领域，它的内容同它的形式一样，是类的内容，是真正的普遍东西，但因为这个领域同其他领域相对立，所以它的内容也成了形式的和特殊的。现代意义上的**政治生活**就是人民生活的**经院哲学**。**君主制**是这种异化的完备表现。**共和制**则是这种异化在它自己领域内的否定。①

解决这个问题的办法是实现“真正的民主制”。

马克思没有过多阐述他的民主制观念。然而，在他粗略而又明显的过渡思想中，以下四个特征是显而易见的：

首先，他的思想是人本主义的：人是政治过程的唯一主体。“国家制度不仅**自在地**，不仅就其本质来说，而且就其**存在**、就其现实性来说，也在不断地被引回到自己的现实的基础、**现实的人**、**现实的人民**”②。“在民主制中，不是人为法律而存在，而是法律为人而存在；在这里法律是**人的存在**，而在其他国家形式中，人是**法定的存在**。民主制的基本特点就是这样。”③

其次，这必然涉及人类的自由，而这在黑格尔那里是不存在的。因为黑格尔把本应是主语的人降级为谓语。只有通过角色互换，人成为以社会为谓语的自由主体时，自由才会真正到来。“在民主制中则是人民的国家制度……国家制度在这里表现出它的本来面目，即人的自由产物。”④

115 再次，在某种意义上，马克思的观念是社会主义的。他显然像黑格尔一样，认为目标是实现一种本质，而不是实现一种理念。马克思预见了人的“类本质”的实现⑤。因此，民主制是“作为**特殊**国家制度的社会化的人”⑥。

---

① ‘Critique of Hegel's Philosophy of the State’, *MEGA* I i (1) 436; Easton and Guddat, p. 176. 马克思，恩格斯. 马克思恩格斯全集：第3卷. 2版. 北京：人民出版社，2002：42.

② ‘Critique of Hegel's Philosophy of the State’, *MEGA* I i (1) 434; Easton and Guddat, p. 173. 马克思，恩格斯. 马克思恩格斯全集：第3卷. 2版. 北京：人民出版社，2002：39－40.

③ ‘Critique of Hegel's Philosophy of the State’, *MEGA* I i (1) 435; Easton and Guddat, p. 174. 马克思，恩格斯. 马克思恩格斯全集：第3卷. 2版. 北京：人民出版社，2002：40.

④ ‘Critique of Hegel's Philosophy of the State’, *MEGA* I i (1) 434; Easton and Guddat, p. 173. 马克思，恩格斯. 马克思恩格斯全集：第3卷. 2版. 北京：人民出版社，2002：39－40.

⑤ 这一术语在费尔巴哈所著的《基督教的本质》开头一经使用便流行开来，他在书中给人下的定义为：人与其他动物相比，人能意识到自己是物种的一员。

⑥ ‘Critique of Hegel's Philosophy of the State’, *MEGA* I i (1) 435; Easton and Guddat, p. 174. 马克思，恩格斯. 马克思恩格斯全集：第3卷. 2版. 北京：人民出版社，2002：40.

最后，共和制不适用于这种新的社会形式，因为它涉及国家的消亡。因此，把马克思描述为雅各宾民主主义者是不准确的。在谈到法国社会主义著作时，马克思说："现代的法国人对这一点是这样了解的：在真正的民主制中**政治国家就消失了**。这可以说是正确的，因为在民主制中，政治国家作为政治国家，作为国家制度，已经不再被认为是一个整体了。"①

马克思在上文中提到给卢格的信中②也阐述了他的民主制理想。君主制的原则，尤其是普鲁士君主制，是对人的蔑视、轻视，是不人道的。弗里德里希·威廉四世的浪漫主义的影响是，德国现在唯一可能的改变是"过渡到民主制的人类世界"③。与此同时，马克思对于实现这一转变的方法的观点仍然是非常理想化的："必须重新唤醒这些人心中的人的自信心，即自由。这种自信心已经和希腊人一同离开了世界，并同基督教一起消失在天国的苍茫云雾之中。只有这种自信心才能使社会重新成为一个人们为了达到自己的崇高目的而结成的共同体，成为一个民主的国家。"④

5. 官僚制

对黑格尔关于世袭君主制的辩护进行评述之后，马克思接着谈到了行政权。他有几段关于官僚制的有趣评述，这意味着他第一次尝试在社会学 116
意义上给国家权力下定义⑤。黑格尔曾说，国家通过同业公会和官僚机构来调解市民社会的各种矛盾。前者将个人利益结合在一起，对国家施加压力；后者在国家利益和私人利益之间进行调解。黑格尔所说的官僚主义，指的是通过竞争从中产阶级中选拔出高级公务员。他们被赋予了协调共同利益和维护国家统一的任务。他们的决定不受君主和下层组织的压力的阻止。"市民社会"是马克思从黑格尔那里继承而来并在 1843 年高频使用的

① 'Critique of Hegel's Philosophy of the State', *MEGA* Ⅰ i（1）435；Easton and Guddat, p. 174f. 马克思，恩格斯．马克思恩格斯全集：第 3 卷．2 版．北京：人民出版社，2002：41.

② 参见上文，p. 105。

③ 'Letter to Ruge', *MEGA* Ⅰ i（1）564；Easton and Guddat, p. 208. 马克思，恩格斯．马克思恩格斯全集：第 47 卷．2 版．北京：人民出版社，2004：60.

④ 'Letter to Ruge', *MEGA* Ⅰ i（1）561；Easton and Guddat, p. 206. 马克思，恩格斯．马克思恩格斯全集：第 47 卷．2 版．北京：人民出版社，2004：57.

⑤ 在此之后，马克思提及官僚制的著作参见：Avineri, *The Social and Political Thought of Karl Marx*, pp. 48 ff.；K. Axelos, *Marx, penseur de la technigue*（Paris, 1961）pp 97 ff.；I. Fetscher, 'Marxismus und Bürokratie', *International Review of Social History*, v（1960）.

概念：在黑格尔的政治三位一体中，市民社会是第二位的，介于家庭和国家之间。在市民社会中，人与人之间的关系不再像在家庭中那样以爱为基础，而是以利益为准绳。这是一个类似于曼德维尔的《蜜蜂的寓言》中所描述的社会：

私域浸透邪恶，
公域却似天国；
诸神恩降福祉；
恶德成就美德。

黑格尔在阅读了英国经济学家亚当·斯密和李嘉图的著作后，形成了自己的观点，并在《法哲学》一书的第 30 至 40 段进行了详尽的论述①。同业公会和官僚机构存在的目的就是调解市民社会中不一致的目标并使之协调一致。

马克思在一开始就谴责黑格尔这种试图进行调解的尝试，他认为这种调解充其量只是掩盖了历史上注定的对立。黑格尔很好地解释了中世纪等
117 级的消亡、工业的发展以及全面经济战争的过程。但在试图建立一个正式的统一国家的过程中，他只制造了进一步的异化：在君主制中已经被异化了的人类，在当下日益增长的行政权力和官僚政治中更加被异化了。黑格尔所提供的只是对官僚政治的经验描述，一部分符合实际情况，一部分则是假象。事实上，黑格尔的大部分评论都可逐字逐句地与普鲁士民法典相对照。官僚政治远没有实现协调各方的使命，反而使国家与市民社会相分离。马克思驳斥了黑格尔关于官僚政治是一个公正且“普遍的”阶级的主张。他推翻了黑格尔的辩证法，并断言，虽然官僚政治的职能在原则上是普遍的，但在实践中却把它变成了他们自己的私人事务。当然，在过去，官僚政治站在君主一边，反对同业公会和分离主义：“在‘官僚政治’成为一项新原则的地方，在普遍的国家利益开始成为自为地‘独立的’因而也是‘现实的’利益的地方，官僚政治就反对同业公会，就像任何结果总是反对自己的前提的存在一样。”② 然而一旦赢得胜利，官僚政治就需要不断地维持分离的表象，以证明其存在的合理性。因为：

在社会中创立了同业公会的那种精神，在国家中创立了官僚政治。

---

① 黑格尔在这方面的论述在某种程度上是先于马克思的，参见：R. Heiss, ‘Hegel und Marx’, in *Symposion*, *Jahrbuch für Philosophie*, Ⅰ (1948).

② ‘Critique of Hegel's Philosophy of the State’, *MEGA* Ⅰ i (1) 455; Easton and Guddat, p. 184. 马克思，恩格斯. 马克思恩格斯全集：第 3 卷. 2 版. 北京：人民出版社，2002：58.

> 因此，同业公会精神遭到攻击，官僚政治精神也就遭到攻击；如果官僚政治过去曾经为了开拓自己生存的地盘而反对过同业公会的存在，那么，它为了拯救同业公会精神，亦即拯救它自己的精神，现在就力图强行维持同业公会的存在。①

因此，官僚政治在国家、国家的意识、意志和权力内部为自己划定了一个特殊的、封闭的领域。在与同业公会的斗争中，官僚政治必然会取得胜利，因为每一个同业公会都需要通过它与其他同业公会展开斗争，而官 118
僚政治则是自给自足的：简言之，“同业公会是市民社会企图成为国家的尝试，而官僚政治则是那种确实使自己变成市民社会的国家。”② 因此，官僚政治的产生是为了解决问题，而它的存续又会产生新的问题，官僚政治本身变成了目的，但整个过程却一无所获。正是这一过程，揭示了官僚政治的所有特征：形式主义、等级制度、神秘性，以及将自己的目标与国家的目标相勾连。

马克思在一篇文章中总结了这些特点，其论述既精辟又深刻，值得详尽引述：

> 官僚政治认为它自己是国家的最终目的。既然官僚政治把自己的“形式的”目的变成了自己的内容，它就处处同“实在的”目的相冲突。因此，它不得不把形式的东西充作内容，而把内容充作形式的东西。国家的目的变成行政办事机构的目的，或者行政办事机构的目的变成国家的目的。官僚政治是一个谁也跳不出的圈子。它的等级制是**知识的等级制**。上层指望下层了解详情细节，下层则指望上层了解普遍的东西。结果彼此都失算。
>
> 官僚政治是同实在的国家并列的虚构的国家，它是国家的唯灵论。因此，每一件事都具有双重意义，实在的意义和官僚政治的意义，正如同知识（还有意志）也是双重意义的——实在的和官僚政治的。但是，对实在的本质，是根据它的官僚政治本质，根据它那彼岸的唯灵论本质来看待的。官僚政治掌握了国家，掌握了社会的唯灵论实质：这是它的**私有财产**。

---

① ‘Critique of Hegel’s Philosophy of the State’, *MEGA* Ⅰ i （1） 455; Easton and Guddat, p. 184. 马克思，恩格斯．马克思恩格斯全集：第 3 卷．2 版．北京：人民出版社，2002：58－59.

② ‘Critique of Hegel’s Philosophy of the State’, *MEGA* Ⅰ i （1） 456; Easton and Guddat, p. 185. 马克思，恩格斯．马克思恩格斯全集：第 3 卷．2 版．北京：人民出版社，2002：59.

> 官僚政治的普遍精神是**秘密**，是奥秘；保守这种秘密在官僚政治内
> 部靠等级制，对于外界则靠它那种封闭的同业公会性质。因此，公开的
> 国家精神及国家信念，对官僚政治来说就等于**泄露**它的奥秘。因此，**权**
> **威**是它的知识原则，而神化权威则是它的**信念**。但是，在官僚政治内部，
> **唯灵论**变成了**粗陋的唯物主义**，变成了消极服从的唯物主义，变成了信
> 119 仰权威的唯物主义，变成某种例行公事、成规、成见和传统的**机械论**
> 的唯物主义。就单个的官僚来说，国家的目的变成了他的私人目的，
> 变成了**追逐高位、谋求发迹**。首先，这个官僚把现实的生活看作**物质**
> **的**生活，因为**这种生活的精神**在官僚政治中**自有其独立的存在**。①

在这里，马克思对黑格尔的根本性批判与前述几段内容是一致的：人类作为一个整体的属性已经转移到一个特定的个人或阶级身上，从而反映出现代政治生活的虚幻的普遍性。马克思用“神学的”一词来形容官僚政治的精神，并经常以宗教来类比描述这种二元性。他说，“官僚是国家的耶稣会教士和国家神学家。官僚政治是僧侣共和国。”② 进而，他又指出，这种考试“无非是**官僚政治对知识的洗礼**，是官方对世俗知识**变体**为神圣知识的确认”③。必须进行考试这一事实本身就谴责了这种政治：“每个人都有获得**另一**领域的权利的可能性，这只是证明**他本来的**领域不具备这种权利的现实性罢了。在真正的国家中，问题不在于每个市民是否有献身于作为特殊等级的普遍等级的可能性，而在于这一等级是否有能力成为真正普遍的等级，即成为一切市民的等级。”④

6. 各等级的政治功能

在结束黑格尔关于行政权力的讨论之后，马克思继而转向立法权的话

① ‘Critique of Hegel’s Philosophy of the State’, *MEGA* Ⅰ i （1） 456f; Easton and Guddat, p. 185ff. 马克思，恩格斯．马克思恩格斯全集：第3卷．2版．北京：人民出版社，2002：60－61.

② ‘Critique of Hegel’s Philosophy of the State’, *MEGA* Ⅰ i （1） 456; Easton and Guddat, p. 185. 马克思，恩格斯．马克思恩格斯全集：第3卷．2版．北京：人民出版社，2002：59－60.

③ ‘Critique of Hegel’s Philosophy of the State’, *MEGA* Ⅰ i （1） 461. 马克思，恩格斯．马克思恩格斯全集：第3卷．2版．北京：人民出版社，2002：65.

④ Ibid. 460; Easton and Guddat, p. 190. 马克思，恩格斯．马克思恩格斯全集：第3卷．2版．北京：人民出版社，2002：65.

题。这里他反对黑格尔将等级的功能作为政府和政府之间中介的观点，以 120
及各等级构成了国家和市民社会的综合体的观点。他认为，各等级无法实现这一综合，原因有二：其一，各等级仅参与立法，因此并不积极参与政府活动本身；其二，它们以国家和市民社会的分离为前提。“各等级应该怎样着手把这两种互相矛盾的信念结合在自身中，黑格尔并没有说明。**各等级**在国家中是国家和市民社会之间的**设定的矛盾**。同时，它们也是**解决**这个矛盾**所需要的**。”①

因此，黑格尔对这个问题的解答只是表面上的：“**等级要素**是**市民社会的政治幻想**。”② 马克思接着说，黑格尔的优点在于他能够认识到政治现实的本质，并准确地描述它。“黑格尔应该受到责难的地方，不在于他按现代国家本质现存的样子描述了它，而在于他用现存的东西冒充**国家本质**。合乎理性的是现实的，这一点正好通过**不合乎理性的现实性的矛盾**得到证明，这种不合乎理性的现实性处处都同它关于自己的说明相反，而它关于自己的说明又同它的实际情况相反。”③ 其中一个最明显的例子就是黑格尔的论点，即市民社会（私人利益领域）和国家之间不可能存在对立。代议制的优势清楚地体现在：“它是**现代国家状况的公开的、未被歪曲的、前后一贯的**表现。它是一个**未加掩饰的矛盾**。”④ 这种社会分化导致社会成员内部也发生了分化：

> 市民社会和国家是彼此分离的。因此，国家公民也是同作为市民社会成员的市民彼此分离的。这样，他就不得不与自己**在本质上分离**。作为一个**现实的市民**，他处于一个双重组织中……要成为**现实的国家公民**，要获得政治意义和政治效能，就应该走出自己的市民现实性的范围，摆脱这种现实性，离开这整个组织而进入自己的个体性，因为他那纯粹的、明显的**个体性**本身是他为自己的国家公民身份找到的惟
> 一的存在，因为，国家作为政府，它的存在是在他之外形成的；而他 121
> 在市民社会中的存在则是在国家之外形成的。……市民社会和政治国

① ‘Critique of Hegel’s Philosophy of the State’, *MEGA* Ⅰ i （1） 481. 马克思，恩格斯．马克思恩格斯全集：第3卷．2版．北京：人民出版社，2002：85.

② Ibid. 474. 马克思，恩格斯．马克思恩格斯全集：第3卷．2版．北京：人民出版社，2002：79.

③ Ibid. 476. 马克思，恩格斯．马克思恩格斯全集：第3卷．2版．北京：人民出版社，2002：80－81.

④ Ibid. 492. 马克思，恩格斯．马克思恩格斯全集：第3卷．2版．北京：人民出版社，2002：95.

> 家的分离必然表现为**政治**市民即国家公民脱离市民社会，脱离自己固有的、真正的、经验的现实性。①

随后，马克思围绕各等级展开了历史分析，这一分析基于他在 1843 年夏天广泛阅读的历史类书籍。除了深入研究马基雅弗利、孟德斯鸠和卢梭的政治理论，马克思还研究了法国、英国、美国甚至瑞典的历史，并绘制了一份长达 80 页的自公元 600 年至 1589 年的历史年表。这些阅读使得马克思得出这样的结论：尽管在中世纪，社会各等级本身也拥有立法权，但这种权力在 16、17 世纪遭到了由中央集权的官僚政治支持的绝对君主制的摧残。虽然这种政治权力一开始并没有被完全压制，各等级继续独立存在，但法国大革命完成了这一转型，它将市民社会的政治差异归结为不受政治影响的纯粹的社会差异。

> 历史的发展使**政治**等级变成**社会**等级，以致正如基督徒在天国是平等的，而在尘世则不平等一样，人民的单个成员在他们的政治世界的天国是**平等的**，而在**社会**的尘世存在中却不平等。从**政治等级**到**市民等级**的真正转变过程是在**君主专制政体**中发生的。②

因此，除了德国以外的其他国家，等级已不再具有任何政治意义，黑格尔认为等级能够充分代表市民社会的想法是陈旧的，这表明了德国的落后。黑格尔的观念框架建立在法国大革命思想基础之上，但他给出的结论却仍然是中世纪的：这意味着相较于德国哲学，德国的政治局势
122 发展有多么滞后。事实上，中世纪意义上的唯一的等级就是官僚机构本身。由于社会流动性大大增加，各等级已不再因需求和劳动来区分。“在这里，惟一还有的普遍的、**表面的和形式的**差别只是**城市**和**乡村**的差别。但是，在社会本身内部，这种差别则发展成各种以**任意**为原则的流动的不固定的集团。**金钱**和**教育**是这里的主要标准。”③ 马克思在这里突然停止了针对这一问题的论述，他指出，这一问题将保留到后面批判黑格尔市民社会概念的章节（这部分内容未能完成）中再进行讨论。然而，他接下来说的这句话预示着他思想中关于未来无产阶级重要性的萌芽。

---

① Ibid. 494f. 马克思，恩格斯．马克思恩格斯全集：第 3 卷．2 版．北京：人民出版社，2002：96－97.

② Ibid. 497. 马克思，恩格斯．马克思恩格斯全集：第 3 卷．2 版．北京：人民出版社，2002：100.

③ ‘Critique of Hegel’s Philosophy of the State’, *MEGA* Ⅰ ⅰ（1）497. 马克思，恩格斯．马克思恩格斯全集：第 3 卷．2 版．北京：人民出版社，2002：100.

他认为，当代市民社会的特征正是“**丧失财产的**人们和**直接**劳动的即具体劳动的**等级**，与其说是市民社会中的一个等级，还不如说是市民社会各集团赖以安身和活动的基础”①。马克思将其对黑格尔的反驳理由概括如下：“既然市民等级本身是政治等级，那就不需要这种中介；既然需要这种中介，那市民等级就不是政治等级……黑格尔希望有中世纪的等级制度，然而要具有现代意义的立法权；他希望有现代的立法权，然而要具有中世纪等级制度的外壳。这是最坏的一种混合主义。”②

马克思接着讨论了黑格尔的观点，即某一特殊的等级——地主——特别适合行使立法权。黑格尔认为，不可转让的地产制和长子继承制意味着拥有土地的贵族必定牢固地植根于家庭，而家庭是实质性伦理生活的基础。此外，他们的土地所有权不仅使他们独立于国家和市民社会，而且使他们拥有从事政治活动的时间。马克思反驳了黑格尔的论断。土地所有者等级拥有这种不受国家支配的独立性的事实，意味着其他等级不享有这种独立性；因此，由于这种独立性和随意性是私有制的特征，土地更是私有财产。在黑格尔看来，政治制度就是私有财产制。长子继承制不过是对土地所有权内在本质的揭示，其不可分割性切断了土地所有者的社会联系，确保了 123
他们与市民社会的隔绝；土地没有在子女之间平均分配的事实是违反家庭的社会性质的。因此，这种以家庭为基础的等级会不断地与家庭的基本原则产生矛盾。这也不是黑格尔描述中唯一的矛盾：在他的《法哲学》有关私法的章节中，黑格尔将私有财产定义为可根据所有者的意愿进行转让和处置的财产。与长子继承制僵化死板的不可转让性相比，即使是市民社会的恶习也至少表现为人类的恶习。此外，在长子继承制中，有一些人天生就是立法者。具有讽刺意味的是，这些人是对与生俱来的人权观念的最为嗤之以鼻的地主贵族。但这仅仅是黑格尔在政治唯心主义和粗俗唯物主义之间不断摇摆的典型表现。在这里，马克思再一次发现了黑格尔本质上的反人道主义倾向，他试图用费尔巴哈的方法来扭转这种倾向。“固定不变的东西是**世传地产**，是**地产**。它在我们所研究的问题中是永恒的东西，即**实体**。长子继承权享有者、占有者实际上是**偶性**。……主体是物，谓语却是

① Ibid. 497. 马克思，恩格斯．马克思恩格斯全集：第3卷．2版．北京：人民出版社，2002：100－101.

② Ibid. 514f. 马克思，恩格斯．马克思恩格斯全集：第3卷．2版．北京：人民出版社，2002：119.

人。意志成了财产的财产。”①

黑格尔接着讨论了与农民等级形成对比的等级的另一部分，“市民社会的流动性”，他们的规模之大和职业特性使得他们必须经由议员代表来参政。黑格尔认为国家的所有成员都有权参与对普遍关注的问题的审议和决定。这在马克思看来，是一种肤浅的观点，因为它停留在关于什么是国家成员的抽象定义上。这是没有任何合理形式的民主元素②。马克思的回答明显倾向于卢梭的观点：

> 如果指的是真正合乎理性的国家，那么可以这样回答：“不是**全体**
> **人员都应当单个地**参与国家的普遍事务的讨论和决定”，因为“单个
> 人”是作为“全体人员”，即在社会的范围内并作为社会成员参与**普**
> 124 **遍事务**的讨论和决定。不是全体人员单个地参与，而是单个人作为全
> 体人员参与。③

一以贯之的是，黑格尔的问题的提出皆源于国家与市民社会的分离：

> 市民社会希望**整个地**即尽可能**整体地**参与**立法权**，现实的市民社会希望自己代替立法权的**虚构的**市民社会，这不外是市民社会力图赋予自己以政治存在，或者使**政治存在**成为它的现实存在。**市民社会**力图使自己变为**政治**社会，或者市民社会力图使**政治**社会变为**现实**社会，这是表明市民社会力图尽可能**普遍地**参与**立法权**。④

马克思看到了两种可能性：如果国家和市民社会继续分离，那么任何人都不能以个人身份参与立法，除非通过议员。“这正是它们分离的**表现**，而且正是它们的纯粹二元性统一的**表现**。”⑤ 其次，如果市民社会成为政治社会，那么立法权作为权力代表的意义就消失了，因为它依赖于一种神学意义上的国家与市民社会的分离。因此，人民应该追求的不是立法权，而是行政权。马克思以一段话结束了他的讨论，这段话清楚地说明了他在

---

① ‘Critique of Hegel's Philosophy of the State’, *MEGA* Ⅰ ⅰ（1）527. 马克思，恩格斯. 马克思恩格斯全集：第 3 卷 . 2 版 . 北京：人民出版社，2002：132.

② ‘Critique of Hegel's Philosophy of the State’, *MEGA* Ⅰ ⅰ（1）538；Easton and Guddat, p. 196. 未在中文版《马克思恩格斯全集》中找到对应出处。——译者注

③ ‘Critique of Hegel's Philosophy of the State’, *MEGA* Ⅰ ⅰ（1）539；Easton and Guddat, p. 197. 马克思，恩格斯 . 马克思恩格斯全集：第 3 卷 . 2 版 . 北京：人民出版社，2002：145.

④ ‘Critique of Hegel's Philosophy of the State’, *MEGA* Ⅰ ⅰ（1）541；Easton and Guddat, p. 199. 马克思，恩格斯 . 马克思恩格斯全集：第 3 卷 . 2 版 . 北京：人民出版社，2002：147.

⑤ ‘Critique of Hege's Philosophy of the State’, *MEGA* Ⅰ ⅰ（1）542；Easton and Guddat, p. 200. 马克思，恩格斯 . 马克思恩格斯全集：第 3 卷 . 2 版 . 北京：人民出版社，2002：148.

1843年夏天是如何设想未来的政治发展的：

> 这一本质要求所提出的是，任何社会需要、法律等等都应当**从政治上**来研讨，即从**整个国家的观点**、从该问题的**社会**意义来研讨。在具有政治抽象特征的国家中，这种要求有所变化：在其现实的内容之外被赋予一种反对其他力量（内容）的**形式**变化。这并不是法国人所创造的抽象，而是必然的结果，因为现实国家只作为上述**政治的国家形式主义**而存在。……这里并不涉及：市民社会应该通过议员行使立法权，还是全体人员都应该单个地行使立法权。这里涉及的倒是：**扩大选举**并尽可能**普及选举**，即扩大并尽可能普及**选举** 125
> **权**和**被选举权**。无论在法国或在英国，这都是围绕着政治**改革**进行的争论的焦点……**选举**是**现实的市民社会**对**立法权的市民社会**、对**代表要素**的**现实关系**。换句话说，**选举**是市民社会对政治国家的**非间接的、直接的**、不是**单纯想像的而是实际存在的**关系。……通过**不受限制的选举**和**被选举**，市民社会才第一次**真正**上升到自身的抽象，上升到作为自己真正普遍的本质的存在的**政治**存在。但是，这种抽象之完成同时也就是抽象之扬弃。市民社会把自己的**政治存在**实际设定为自己的**真正**存在，同时也就把不同于自己的政治存在的市民存在设定为**非本质的**存在；而被分离者中有一方脱落了，它的另一方，即对方，也随着脱落。因此，**选举改革**就是在**抽象的政治国家**的范围内要求这个国家**解体**，但同时也要求**市民社会解体**。①

因此，马克思在这里得出了与他在讨论“真正的民主”时相同的结论。民主意味着普遍选举权，而普选将导致国家的解体。从这篇手稿中可以清楚地看出，马克思采纳了费尔巴哈的基本人道主义思想，并在此基础上，将费尔巴哈的主谓颠倒之法用在了黑格尔辩证法中。马克思认为，很明显，未来任何发展方向都将涉及人的社会性的恢复，而这种社会性自法国大革命以来就已经丧失，它强调政治国家中的所有公民的平等地位，从而强化了资产阶级社会的个人主义。他明确表示，私有财产不应继续作为社会组织的基础，但他并没有明确说明是否主张废除私有财产，也没有明确说明各等级在社会演进中所承担的不同功能。这并不奇怪，因为马克思的手稿只是对黑格尔著作的初步考察。这部手稿并未完成，且部分阐述要

---

① ‘Critique of Hegel’s Philosophy of the State’, *MEGA* I i (1) 534f.; Easton and Guddat, pp. 201f. 马克思，恩格斯．马克思恩格斯全集：第3卷．2版．北京：人民出版社，2002：149－150.

么非马克思本人执笔，要么手稿已经遗失。它成形于马克思及其共事者思
126 想发展历程中的一个非常短暂的时期①。关于青年黑格尔派的不同态度和
概念上的模糊性，可通过柏林激进派领袖尤利乌斯·瓦尔德克信中的一段
话，得到有效的证明：

> 我常常对这些人说，大体而言我们都是真正的……共产主义者和无神论者。唯一的区别是，有些人认为不可能立即实现我们的这一目标，因而他们试图寻求一些可实现的东西；而另一些人，像鲍威尔、布尔等等，却认为这是虚设的，他们坚信我们必须在理论上证明一种剧变的必然性，或者说是一次理论建设，并在随后的实践中付诸实施。我认为：只要权力偏向于反动的一方，就只会弊大于利；但这就是他们的主张，因为很不幸他们都是悲观主义者。②

马克思本人非常清楚激进派成员在思想上的混乱，并在完成对黑格尔的批判后不久，又写信给卢格：“虽然对于‘从何处来’这个问题没有什么疑问，但是对于‘往何处去’这个问题却很模糊。不仅在各种改革家中普遍出现混乱，而且他们每一个人都不得不承认他对未来应该怎样则没有正确的看法。”③

7. 德国革命的可能性

马克思在1843年9月给卢格致信，信中内容后来在《德法年鉴》上发
表。这封信能够清晰地表明离开德国前的马克思的思想和政治立场，以及
他对所谓的“意识改革”的重视程度。他写道，未来走向可能不太清楚，
127 但“新思潮的优点又恰恰在于我们不想教条地预期未来，而只是想通过批

---

① 相关论据可在马克思的手稿中寻得。例如，在“如果出发点是自我意识、现实的精神”这句话中，马克思随后划掉了“自我意识”一词，这个词不免让人联想到鲍威尔的理想主义。具体参见‘Critique of Hegel’s Philosophy of the State’, *MEGA* Ⅰ i （1）418. 马克思，恩格斯. 马克思恩格斯全集：第3卷. 2版. 北京：人民出版社，2002：22.

② 转引自：G. Mayer, ‘Die Anfänge des politischen Radikalismus im vormärzlichen Preussen’, *Zeitschrift für Politik*, Ⅵ（1913）.

③ ‘Letter to Ruge’, *MEGA* Ⅰ i （1）573；Easton and Guddat, p. 212. 马克思，恩格斯. 马克思恩格斯全集：第47卷. 2版. 北京：人民出版社，2004：64.

判旧世界发现新世界”①。很明显，所有的教条主义都是不可接受的，其中包括各种共产主义制度：

> 例如**共产主义**就尤其是一种教条的抽象概念，不过我指的不是某种想像的和可能存在的共产主义，而是如卡贝、德萨米和魏特林等人所讲授的那种实际存在的共产主义。这种共产主义本身只不过是受自己的对立面即私有制度影响的人道主义原则的特殊表现。所以，私有制的消灭和共产主义绝不是一回事；除了这种共产主义外，同时还出现了另一些如傅立叶、蒲鲁东等人的社会主义学说，这不是偶然的，而是必然的，因为这种共产主义本身只不过是社会主义原则的一种特殊的片面的实现。
>
> 然而整个社会主义的原则又只是涉及真正的人的本质的**现实性**的这一个方面。②

在德国，对人性的认识首先取决于对宗教和政治的批判，因为在德国，宗教和政治是人们关注的焦点；现成的制度体系毫无用处，必须以当代观念为出发点进行批判。马克思断言：“理性向来就存在，只不过它不是永远以理性的形式出现而已。”③ 理性目标早已存在于任何形式的实践或理论意识之中，等待着批判者去揭示它们。马克思正是用这些术语来佐证他之前对黑格尔的漫长考察：社会真理可以在政治国家的矛盾本质中显现出来。

> 正如**宗教**是人类的理论斗争的目录一样，**政治国家**是人类的实际斗争的目录。可见政治国家在自己的形式范围内**从共和制国家的角度**反映了一切社会斗争、社会需求、社会真理。所以，把最特殊的政治问题，例如等级制度和代议制度之间的区别作为批判的对象，毫不意味着降低**原则高度**。因为这个问题只是用**政治的**方式来表明人的统治 128
> 同私有制的统治之间的区别。这就是说，批评家不但能够而且必须探讨这些政治问题（在那些极端的社会主义者看来这些问题是不值得注意的）。当批评家阐明代议制度比等级制度优越时，他**实际上**就**接触到**

① Ibid., p. 212. 马克思，恩格斯．马克思恩格斯全集：第47卷．2版．北京：人民出版社，2004：64.

② ‘Letter to Ruge’, *MEGA* Ⅰⅰ（1）573；Easton and Guddat, pp. 212f. 马克思，恩格斯．马克思恩格斯全集：第47卷．2版．北京：人民出版社，2004：64－65.

③ ‘Letter to Ruge’, *MEGA* Ⅰⅰ（1）574；Easton and Guddat, p. 213. 马克思，恩格斯．马克思恩格斯全集：第1卷．北京：人民出版社，1956：417.

了一大批人的**利益**。①

一旦这种利益被唤起，进步的逻辑就如同马克思在对黑格尔的批判中所指出的那样，会导致国家的解体："批评家把代议制度从政治形式提升为普遍形式，并指出这种制度的真正的基本意义，也就迫使这些人越出自身的范围，因为他们的胜利同时就是他们的失败。"②

因此，马克思并不反对从实际的政治斗争出发来解释发生这种斗争的原因。问题的关键在于，通过灌输对宗教和政治问题的纯粹人类层面的认识，来揭开宗教和政治问题的神秘面纱。马克思在信的结尾写道：

> 因此，我们的口号必须是：意识改革不是靠教条，而是靠分析连自己都不清楚的神秘的意识，不管这种意识是以宗教的形式还是以政治的形式出现。那时就可以看出，世界早就在幻想一种只要它意识到便能真正掌握的东西了。那时就可以看出，问题不在于将过去和未来断然隔开，而在于**实现**过去的思想。最后还会看到，人类不是在开始一项**新的**工作，而是在自觉地完成自己原来的工作。
>
> 这样，我们就能用**一**句话表明我们杂志的倾向：对当代的斗争和愿望作出当代的自我阐明（批判的哲学）。这是一项既为了世界，也为了我们的工作。它只能是联合起来的力量的事业。问题在于**忏悔**，而不是别的。人类要使自己的罪过得到宽恕，就只有说明这些罪过的真相。③

① 'Letter to Ruge', *MEGA* I i (1) 574; Easton and Guddat, pp. 213f. 马克思，恩格斯. 马克思恩格斯全集：第47卷. 2版. 北京：人民出版社，2004：65-66.

② Ibid., p. 214. 马克思，恩格斯. 马克思恩格斯全集：第47卷. 2版. 北京：人民出版社，2004：66.

③ 'Letter to Ruge', *MEGA* I i (1) 575; Easton and Guddat, pp. 214f. 马克思，恩格斯. 马克思恩格斯全集：第47卷. 2版. 北京：人民出版社，2004：66-67.

第六章　马克思与《德法年鉴》

马克思在克罗伊茨纳赫从事研究工作时，创办《德法年鉴》的计划也 129
在持续推进中。卢格和弗吕贝尔致力于让德国人也参与到年鉴编写工作中，但遭到了自由派撰稿人的反对。在柏林青年黑格尔派中，只有布鲁诺·鲍威尔同意加入，可即便是他也最终没有做出什么贡献。所以合作者就仅限于那些已经对弗吕贝尔的苏黎世出版物感兴趣的人：赫斯、恩格斯、巴枯宁和海尔维格。这些人的观点各异：赫斯和巴枯宁自称为温和的无政府共产主义者，弗吕贝尔、海尔维格和卢格则隐晦地称自己为民主主义者，并强调全民教育的重要性。青年黑格尔派受法国的影响越来越大，在他们的政治意识中，“民主”这一术语开始取代较为模糊的“激进主义”。但是卢格一伙人只不过是希望进一步推动费尔巴哈哲学在政治斗争中的应用。马克思曾在 1843 年 10 月①建议费尔巴哈为刊物撰写一篇批判谢林的文章，他说道：

> 谢林的这种真诚的青春思想，在他那里只是一场异想天开的青春梦，而在您那里则成了真理、现实、男子汉的郑重。因此谢林是您的**预期的模拟像**，而这种模拟像一旦面对现实就会变得模糊不清。因此，我认为您是自然和历史的陛下所召来的、谢林的必然和天然的对手。您同他的斗争是哲学的想像同哲学的斗争。②

然而，费尔巴哈拒绝为刊物撰稿，在他看来，理论还有待进一步完善，所 130
以从理论研究向实践过渡的时机尚未成熟；马克思和卢格则非常急于采取行动。

① 在《马克思恩格斯全集》中，致路德维希·费尔巴哈的信写于 10 月，故此处将英文原著中的 5 月改为 10 月。——译者注

② ‘Letter to Feuerbach’, *MEGA* Ⅰ i（2）316f. 马克思，恩格斯．马克思恩格斯全集：第 47 卷．2 版．北京：人民出版社，2004：69.

相较而言，刊物的筹办工作进展更为顺利。为了给刊物提供资金支持，卢格试图在德国筹集资金，但在该计划彻底失败之后，他几乎自行承担了全部的出版费用。斯特拉斯堡曾是他们非常向往的地方，但并未被选中作为出版地。弗吕贝尔提议卢格与他一同前往巴黎和布鲁塞尔，去看看哪个地点更适于出版刊物。7 月底，卢格开始西行，他在克罗伊茨纳赫短暂停留了一段时间，与马克思会面，之后又在科隆与赫斯、弗吕贝尔会合，三人一同前往布鲁塞尔。事实上，布鲁塞尔这座城市也不令人满意，尽管那里的新闻出版环境非常自由，但城市太小，且缺乏浓厚的政治氛围。因此，赫斯和卢格又在 8 月底前往巴黎。

《德法年鉴》所有的撰稿人都认为巴黎是一个安全且令人奋进的地方。卢格写道：

> 我们打算去法国——这是一个新世界的入口。希望它能实现我们的梦想！在旅程的终点，我们将发现辽阔的巴黎谷地，这里是新欧洲的摇篮，亦是世界历史形成并不断更新的巨大实验室。在巴黎，我们将引领胜利，也会经受失败。即便是我们的哲学，这个我们领先于当今时代的领域，也只有在巴黎被公之于众并经受法兰西精神的浸润之后才能够取得胜利。①

这些期望不无道理，因为巴黎本就是无可争辩的社会主义思想的中心。1789 年和 1830 年的革命使巴黎成为政治思想的聚集地。路易-菲力浦所谓的“资产阶级君主制”已接近尾声，变得愈发保守；审查制度在 1835 年变得愈加严格，自 1840 年起，反自由主义的基佐统治了政府。但政府承诺虽然是半隐秘的，但依然十分活跃，令人眼花缭乱的党派、沙龙和报纸都在
131 宣扬某种形式的社会主义②。在赫斯的带领下，卢格一到巴黎就与社会广泛接触。赫斯在巴黎担任《莱茵报》的记者时就熟悉这里的政治形势。在他的叙述中，沙龙之旅就是接二连三的误解的真实写照③。每个政党都认

---

① A. Ruge, *Zwei Jalre in Paris* (Leipzig, 1846) Ⅰ 4 ff.

② 关于盛行一时的政治团体与出版物的详细介绍，可参见：P. Kagi, *Genesis des historischen Materialismus* (Vienna, 1965) pp. 157 ff.

③ 见前文关于卢格著作的论述。一位巴黎知识分子对赫斯的印象或许能代表德国哲学家对赫斯的总体印象。赫斯在转变受过高等教育的人的思想方面富有成效：但由于他所讲的内容是不够直截了当的概念，因而对那些受教育水平低的人来说十分晦涩难懂。到目前为止，所有德国的哲学家皆是如此。他意识到了这一点，并声称他将改进……雅各宾派在实践上相当浮夸，而青年德国哲学学派在理论上的浮夸有过之而无不及。总的来说，这些话术才是真正的阻碍……除却这些缺点，赫斯还是非常优秀的。引自：J. C. Bluntschli, *Die Kommunisten in der Schweix* (Zürich, 1843) pp. 83 f.

为其他党派是一个世纪以前的老古董。令法国人感到惊奇的是，卢格似乎对共产主义知之甚少；还有一点让他们觉得十分诧异，即卢格信奉无神论和唯物主义，而这些都是1789年法国大革命之前的思想口号。卢格无法理解为何法国人如此依赖宗教，而在德国，哲学花费了大量的时间和精力才使自己从宗教中独立出来。拉梅内斯、勃朗、拉马丁、勒鲁、卡贝、孔西得朗都拒绝参与《德法年鉴》的相关工作，尽管竭尽全力，《德法年鉴》仍没有争取到一篇来自法国人的供稿。到11月，卢格甚至开始对一些德国的撰稿人感到担忧：海尔维格正在度蜜月，巴枯宁在被苏黎世驱逐后过着漂泊的生活。而这些空缺被海涅和费迪南·贝尔奈斯填补，前者在旅居巴黎的3年时间里对社会主义思想愈发同情，并同意撰写些诗歌；后者在成为《曼海姆晚报》的编辑之后又被巴伐利亚州驱逐出境。马克思与已怀有身孕的燕妮于10月11日到达巴黎。他们住在瓦诺街38号，塞纳河左岸靠近荣军院的地方，与他们同住的还有海尔维格、德国正义者同盟的工人领袖毛勒以及卢格。卢格曾将这座房子比作公社生活的实验场。

1.《论犹太人问题》 *132*

很难说清在巴黎的停留对马克思产生了多么迅速的影响。他在1844年2月出版的《德法年鉴》上发表了两篇文章，第一篇是《论犹太人问题》，其中大部分是他在抵达巴黎之前就写好的，还有《黑格尔法哲学批判》的几段摘要，以及他七八月在克罗伊茨纳赫着手阅读的法国、美国资料的摘录。其结论是通过摒弃黑格尔的“客观精神”概念，以社会解放代替政治解放，“客观精神”在这里成为社会而非国家的化身。从解放犹太人的问题出发，他的文章进一步衍生出现代政治中国家和市民社会的分离问题，并对此进行了详尽论述。自1816年起，普鲁士犹太人享有的权利就远比不上基督徒了；近来，自由主义者强烈支持犹太人的平等要求。

鲍威尔和马克思的做法都源于他们对自由派希望的幻灭，1842年至1843年，在政府的高压之下，自由派没有做任何事来帮助激进派。鲍威尔在两篇文章中批评了自由派的主张。第一篇于1842年11月发表在《德国年鉴》上，之后在1843年又以单行本小册子的形式出版。文章宣称犹太人解放运动的反对者要多于支持者：他们唯一的缺点是不像批评犹太教那样批评基督教国家。双方都没有意识到的是，为了能生活在同一屋檐下，犹太人和基督徒都不得不放弃那些使之产生隔阂的东西。无论是基督徒还是犹太人，这样做都无法享有人权：所以不仅仅是犹太人，所有人都需要解放。在专制国家中，民权是不可想象的。市民和政治的等级以及特权被废除之日，就是宗教的偏见和区隔消失之时。

对于这些问题，马克思已经思考过一段时日了。1842 年 8 月，他让一位朋友将海尔梅斯所有反对犹太主义的文章都寄给他，以便他能够公开回
133 应①。在他刚入住克罗伊茨纳赫时，那里的犹太人团体主席要求马克思向莱茵省议会提交一份支持犹太人的请愿书。马克思同意了，他致信给卢格：“不管我多么讨厌犹太人的信仰，但鲍威尔的观点在我看来还是太抽象。”②马克思这一连带性的批评，在其将离开克罗伊茨纳赫之时已酝酿为全面的批判。鲍威尔被指责只对“基督教国家”进行批评，而不对这一类国家本身进行批评，因此他未能探明政治解放与人类解放之间的关系，而这种政治解放就是承认政治权利。为了证明单靠无神论的宣传来实现纯粹的政治解放是不够的，马克思指出，由于不同国家实现政教分离的程度不同，各个国家的犹太人问题也相应表现为不同的形式。在信奉基督教的德国，这是一个纯粹的神学问题，因为犹太人发现其宗教是与国家对立的。在实施立宪制的法国，连同它未完成的政治解放和国教（一国的主要宗教），犹太人问题是一个披着神学外衣的政治问题。然而在北美的自由州，这却成为一个纯粹的世俗问题，因此任何批判都必须是政治批判，由此鲍威尔的解决方案也就不再具有意义了。马克思引用了几位权威人士的话来说明北美宗教实践活动的程度，并接着说道：

> 既然我们看到，甚至在政治解放已经完成了的国家，宗教不仅仅**存在**，而且是**生气勃勃的、富有生命力**的存在，那么这就证明，宗教的定在和国家的完成是不矛盾的。但是，因为宗教的定在是一种缺陷的定在，那么这种缺陷的根源就只能到国家自身的**本质**中去寻找。在我们看来，宗教已经不是世俗局限性的**原因**，而只是它的**现象**。因此，我们用自由公民的世俗约束来说明他们的宗教约束。我们并不宣称：他们必须消除他们的宗教局限性，才能消除他们的世俗限制。我们宣称：他们一旦消除了世俗限制，就能消除他们的宗教局限性。我们不把世俗问题化为**神学**问题。我们要把神学问题化为世俗问题。相当长

① 参见‘Letter to Oppenheim’，*MEGA* Ⅰ i（2）279. 马克思，恩格斯．马克思恩格斯全集：第 3 卷．2 版．北京：人民出版社，2002：34.

② ‘Letter to Ruge’，*MEGA* Ⅰ i（2）308. 马克思，恩格斯．马克思恩格斯全集：第 47 卷．2 版．北京：人民出版社，2002：54.

> 的时期以来，人们一直用迷信来说明历史，而我们现在是用历史来说 134
> 明迷信。在我们看来，**政治解放对宗教的关系**问题已经成了**政治解放对人的解放的关系**问题。我们**撇开**政治国家在宗教上的软弱无能，批判政治国家的**世俗**结构，这样也就批判了它在宗教上的软弱无能。①

因此，从宗教中进行政治解放并不能使人从宗教观念中获得自由，因为政治解放不等同于人类解放。例如，在已经世俗化的国家，其市民可能仍未能摆脱宗教的束缚。鲍威尔没有意识到的是，他所提倡的政治解放体现了一种异化，这恰好与他批判的宗教异化类似。人的解放是以国家为中介的，因此这种解放依然是抽象的、间接的、不彻底的。“人即使已经通过国家的中介作用宣布自己是无神论者，就是说，他宣布国家是无神论者，这时他总还是受到宗教的约束，这正是因为他仅仅以间接的方法，因为他仅仅通过中介承认自己。宗教正是以间接的方法承认人。通过一个**中介者**。国家是人以及人的自由之间的中介者。”②

接下来，马克思详尽探究了抽象的政治国家和市民社会之间的关系。他首先将“从宗教中解放”和“从私有制中解放”进行了比较。国家废除私有制，只是就宪法规定选举不受财产限制而言的，但这并不是真正的废除私有制，而恰恰是以私有制为先决条件的。国家“只有以这些差别为前提，它才存在，只有同自己的这些要素处于对立的状态，它才感到自己是**政治国家**，才会实现自己的**普遍性**”③。也就是与私有制、教育程度、职业等相对立。

其结果是人的存在被深深地分裂了。虽然人的社会存在能够在抽象的国家范畴内实现，但他生活的物质条件却没有改变：

> 完成了的政治国家，按其本质来说，是人的同自己物质生活**相对** 135
> **立**的**类生活**④。这种利己生活的一切前提继续存在于国家范围**以外**，存在于**市民社会**之中，然而是作为市民社会的特性存在的。在政治国

① ‘On the Jewish Question’, *MEGA* I i (1) 581f.; Easton and Guddat, p. 222. 马克思，恩格斯．马克思恩格斯全集：第3卷．2版．北京：人民出版社，2002：169－170. 关于马克思世俗化和政治思想的考察，参见：E. Weil ‘Sekularisation des politischen Denkens’, *Marxismusstudien* (1962) 144 ff.

② ‘On the Jewish Question’, *MEGA* I i (1) 583; Easton and Guddat, p. 224. 马克思，恩格斯．马克思恩格斯全集：第3卷．2版．北京：人民出版社，2002：171.

③ ‘On the Jewish Question’, *MEGA* I i (1) 584; Easton and Guddat, p. 225. 马克思，恩格斯．马克思恩格斯全集：第3卷．2版．北京：人民出版社，2002：172.

④ 参见上述注释，pp. 115。

> 家真正形成的地方，人不仅在思想中，在意识中，而且在**现实**中，在**生活**中，都过着双重的生活——天国的生活和尘世的生活。前一种是**政治共同体**中的生活，在这个共同体中，人把自己看作**社会存在物**；后一种是**市民社会**中的生活，在这个社会中，人作为**私人**进行活动，把他人看作工具，把自己也降为工具，并成为异己力量的玩物。政治国家对市民社会的关系，正像天国对尘世的关系一样，也是唯灵论的。……在这里，即在人把自己并把别人看作是现实的个人的地方，人是一种**不真实的**现象。相反，在国家中，即在人被看作是类存在物的地方，人是想像的主权中虚构的成员；在这里，他被剥夺了自己现实的个人生活，却充满了非现实的普遍性。①

为了描述这种双重人格，马克思借用了卢梭的术语“资产阶级”和“市民”这两个概念（实际上，他在 1842 年 5 月发表于《莱茵报》的一篇有关新闻出版自由的文章中就已经使用过这两个概念了）。回到宗教的问题上来，马克思指出，在市民社会，正是由于二者的分裂，宗教才会如此盛行。宗教无非是这种分裂的结果。它在政治解放和这种裂隙的缝补之处找到了最牢固的基础；宗教的形式不再是各类政治组织的机能。宗教不再像在德国那样成为一种国家精神，而是变成了市民社会的精神，一种利己主义和分裂主义的精神——马克思还指出了北美的诸多宗教派别。诚然，法国大革命的国家试图通过废除宗教和私有财产，来巩固其作为市民社会对立面的地位，并试图将自己确立为人类真正的类生活。但是，这种状况是与国家本身的前提条件直接对立的，只能通过暴力来维持，因此注定要走向终结②。

136 这一分析促使马克思发表了一篇关于信奉基督教的日耳曼国家的短文，指向的正是他为《莱茵报》撰稿时的诸多批评对象。他说，这个国家远未实现基督教的政治目标。在该国，基督教只是一个背叛其原则的政治工具，因为真正的基督教国家是“**无神论**国家、**民主制**国家，即把宗教归为市民社会的其他要素的国家，才是这样的国家。那种仍旧持神学家观点、仍旧正式声明自己信奉基督教、仍旧不敢宣布自己**成为国家**的国家，在其作为国家这一**现实性**中，还没有做到以**世俗的**、**人的**形式来反映**人的**基础，而

---

① ‘On the Jewish Question’, *MEGA* Ⅰ ⅰ (1) 584; Easton and Guddat, pp. 225f. 马克思，恩格斯．马克思恩格斯全集：第 3 卷．2 版．北京：人民出版社，2002：172－173.

② 这一分析源自黑格尔对法国大革命的观点，关于黑格尔的观点，见 Plamenatz, *Man and Society*, Ⅱ 168f。

基督教是这种基础的过分的表现”①。德国是一种异化的政体：它的关系是一种信仰的等级关系，在其中，宗教精神没有被世俗化。事实上，在这种情况下，它也不可能被世俗化，因为它仅仅是一个衍生品，宗教的世俗化取决于政治世俗化。这就是发生在民主国家的情况：“这种国家的基础不是基督教，而是基督教的**人的基础**。宗教仍然是这种国家的成员的理想的、非世俗的意识，因为宗教是在这种国家中实现的**人的发展阶段**的理想形式。”②

然而，政治民主是不容诋毁的。因为它是发展过程中的重要步骤，“**在**迄今为止的世界制度**内**，它是人的解放的最后形式”③。政治民主可以被称为基督教，因为它以人为原则，将人视为至高无上的君主。但不幸的是这意味着：

> 这是具有无教养的非社会表现形式的人，是具有偶然存在形式的人……丧失了自身的人，外化了的人，是受非人的关系和自然力控制的人，一句话，人还不是**现实**的类存在物。基督教的幻象、幻梦和基本要求，即人的主权——不过人是作为一种不同于现实人的、异己的存在物——在民主制中，却是感性的现实性、现代性、世俗准则。④

在论证了宗教与市民权利不仅相容之后，马克思对鲍威尔拒绝承认犹 137
太人的人权（人的权利）的主张提出异议。鲍威尔曾说，犹太人和基督徒都无法主张普世人权，因为他们特殊的、排外的宗教必然与任何这类主张相矛盾。马克思以法国和美国的宪法为例，驳斥了鲍威尔的观点。首先，马克思论述了市民权利与人权的区别。市民权利是具有政治秩序的，它体现了人对国家活动的普遍参与，而且如前所述，它绝非以废除宗教为前提。这种权利包含着人的社会本质（尽管是以一种完全抽象的形式），但这种本质将带来人类的解放。但一般来说，人权却不是这样，它是资产阶级社

① ‘On the Jewish Question’, *MEGA* Ⅰ ⅰ (1) 587; Easton and Guddat, p. 228. 马克思，恩格斯. 马克思恩格斯全集：第3卷. 2版. 北京：人民出版社，2002：175.

② ‘On the Jewish Question’, *MEGA* Ⅰ ⅰ (1) 590; Easton and Guddat, p. 231. 马克思，恩格斯. 马克思恩格斯全集：第3卷. 2版. 北京：人民出版社，2002：179.

③ ‘On the Jewish Question’, *MEGA* Ⅰ ⅰ (1) 587; Easton and Guddat, p. 227. 马克思，恩格斯. 马克思恩格斯全集：第3卷. 2版. 北京：人民出版社，2002：174.

④ ‘On the Jewish Question’, *MEGA* Ⅰ ⅰ (1) 590; Easton and Guddat, p. 231. 马克思，恩格斯. 马克思恩格斯全集：第3卷. 2版. 北京：人民出版社，2002：179.

会分化的表现，不具备任何社会性①。正如1791年和1793年的法国宪法，以及新罕布什尔和宾夕法尼亚宪法所证明的那样，人权并没有否定信奉宗教的权利；恰恰相反，他们公开承认这种权利，马克思作了章节引证来证明这一点。

马克思接着问道：为什么这些权利被称为人权？因为这些权利是被视作市民社会成员的人权。为什么市民社会成员和人是等同的呢？因为人权是利己主义的，是同社会相对立的。这就是所有谈到的这些宪法权利的实际情况，甚至包括最激进的宪法，无一不是把“人”隶属于“市民”。他们所推崇的所有人权都具有相同的特质。例如，根据马克思的观点，自由是“做任何不损害他人的事情的权利”，“自由这一人权不是建立在人与人相结合的基础上，而是相反，建立在人与人相分隔的基础上。这一权利就是这种分隔的**权利，是狭隘的**、局限于自身的个人的权利”②。私有财产这一人权是指任意地、与他人无关地、不受社会影响地享用和处理自己财产
138 的权利，是“自私自利的权利。……这种自由使每个人不是把他人看作自己自由的**实现**，而是看作自己自由的**限制**”③。平等无非是享有上述自由的平等权利，安全则是这种利己主义的保障。马克思总结道：

> 可见，任何一种所谓的人权都没有超出利己的人，没有超出作为市民社会成员的人，即没有超出作为退居于自身，退居于自己的私人利益和自己的私人任意，与共同体分隔开来的个体的人。在这些权利中，人绝对不是类存在物，相反，类生活本身，即社会，显现为诸个体的外部框架，显现为他们原有的独立性的限制。把他们连接起来的惟一纽带是自然的必然性，是需要和私人利益，是对他们的财产和他们的利己的人身的保护。④

马克思继续说道，令人费解的是，这些利己主义的权利在法国大革命中则被人称为最强有力的权利，这些人曾决意建立一个政治共同体，试图

① 引自马克思《神圣家族》中的几段话，他在其中详细讨论了犹太人问题的多方面内容；另见 E. Bloch, ‘Man and Citizen according to Marx’, in *Socialist Humanism*, ed. E. Fromm (London, 1967) pp. 200f。

② ‘On the Jewish Question’, *MEGA* Ⅰ ⅰ (1) 594; Easton and Guddat, p. 235. 马克思，恩格斯．马克思恩格斯全集：第3卷．2版．北京：人民出版社，2002：183.

③ ‘On the Jewish Question’, *MEGA* Ⅰ ⅰ (1) 594; Easton and Guddat, p. 236. 马克思，恩格斯．马克思恩格斯全集：第3卷．2版．北京：人民出版社，2002：184.

④ ‘On the Jewish Question’, *MEGA* Ⅰ ⅰ (1) 595; Easton and Guddat, pp. 236 f. 马克思，恩格斯．马克思恩格斯全集：第3卷．2版．北京：人民出版社，2002：184－185.

唤醒人们的爱国主义精神以抵御外来侵略。因为在他们的理论中，公民的权利和政治共同体仅仅是保护天赋人权的一种手段。当然，革命者的实践常常和他们的理论自相矛盾，国家权力也被用以干涉并剥夺人们的自由，但问题依然存在。一个易于接受的结论是：所谓政治解放就是旧市民社会（封建社会）的解体，其所有要素都具有直接的政治特性（马克思在《黑格尔法哲学批判》中对此进行了详尽的论述）。这种同一性随着封建主义的消亡而被破坏，“于是，政治革命**消灭了市民社会的政治性质**。它把市民社会分割为简单的组成部分：一方面是**个体**，另一方面是构成这些个体的生活内容和市民地位的**物质要素**和**精神要素**。它把似乎是被分散、分解、溶化在封建社会各个死巷里的政治精神激发出来”①。但是，从封建社会向市民社会的转变并没有带来人的解放：“因此，人没有摆脱宗教，他取得了信仰宗教的自由。他没有摆脱财产。他取得了占有财产的自由。他没有摆 *139*
脱行业的利己主义，他取得了行业的自由。”② 马克思并没有详细阐述他所主张的用来代替政治解放的人类解放。他将政治解放定义为“一方面把人归结为市民社会的成员，归结为**利己的**、**独立的**个体，另一方面把人归结为**公民**，归结为法人”。他断言：“只有当现实的个人把抽象的公民复归于自身，并且作为个人，在自己的经验生活、自己的个体劳动、自己的个体关系中间，成为**类存在物**的时候，只有当人认识到自身‘固有的力量’是**社会**力量，并把这种力量组织起来因而不再把社会力量以**政治**力量的形式同自身分离的时候，只有到了那个时候，人的解放才能完成。”③

这篇评论文章的第二部分是关于鲍威尔《现代犹太人和基督徒获得自由的能力》一文，这篇文章发表在海尔维格的《来自瑞士的二十一张》上。根据鲍威尔的理论，犹太人比基督徒更远离解放，因为基督徒只需要摒弃自己的宗教，而犹太人还不得不摒弃其宗教的完成形式，也就是基督教。基督徒获得解放只需迈出一步，犹太人则需要两步。马克思再次质疑鲍威尔对这一问题的理论阐述，并进一步提出了他在文章中的第一部分已经触及的一个论题：宗教是这个肮脏和利己世界的精神袜装。对马克思来说，犹太人解放的问题成为一个为了废除犹太教必须克服哪些特定社会因

① ‘On the Jewish Question’, *MEGA* Ⅰ i (1) 597; Easton and Guddat, p. 239. 马克思，恩格斯．马克思恩格斯全集：第3卷．2版．北京：人民出版社，2002：187.

② ‘On the Jewish Question’, *MEGA* Ⅰ i (1) 598; Easton and Guddat, p. 240. 马克思，恩格斯．马克思恩格斯全集：第3卷．2版．北京：人民出版社，2002：188.

③ ‘On the Jewish Question’, *MEGA* Ⅰ i (1) 599; Easton and Guddat, p. 241. 马克思，恩格斯．马克思恩格斯全集：第3卷．2版．北京：人民出版社，2002：189.

素的问题。他把犹太教的世俗基础定义为实际需要和自我利益，把犹太人的世俗崇拜定义为物物交换，把他们的世俗上帝定义为金钱。结论是：

140 如果有一种社会组织消除了做生意的前提，从而消除做生意的可能性，那么这种社会组织也就会使犹太人不可能存在。他的宗教意识就会像淡淡的烟雾一样，在社会这一现实的、生命所需的空气中自行消失。另一方面，如果犹太人承认自己这个**实际**本质毫无价值，并为消除它而工作，那么他就会从自己以前的发展中解脱出来，直接为**人的解放**工作，并转而反对人的自我异化的**最高实际**表现。①

然而，犹太人已经用犹太人的方式解放了自己。这一点之所以是可能的，在于基督教世界已经充斥着实用的犹太精神。其理论上的政治权利丧失对犹太人来说无足轻重，因为他们实际上掌握着巨大的金钱势力。“犹太人的实际政治权力同他的政治权利之间的矛盾，就是政治同金钱势力之间的矛盾。虽然在观念上，政治凌驾于金钱势力之上，其实前者是后者的奴隶。”②

市民社会的基础是实际需要，而这种实际需要的上帝是金钱，是犹太人的世俗上帝：

金钱是以色列人的妒忌之神；在他面前，一切神都要退位。金钱贬低了人所崇奉的一切神，并把一切神都变成商品。金钱是一切事物的普遍的、独立自在的**价值**。因此它剥夺了整个世界——人的世界和自然界——固有的价值。金钱是人的劳动和人的存在的同人相异化的本质；这种异己的本质统治了人，而人则向它顶礼膜拜。③

犹太教不可能以宗教的形式继续发展，但它在实践中却成功地将自己的精神注入了市民社会和基督教世界的心脏：

犹太精神随着市民社会的完成而达到自己的顶点；但是市民社会只有在**基督教**世界才能完成。基督教把**一切**民族的、自然的、伦理的、理论的关系变成对人来说是**外在的**东西，因此只有在基督教的统治下，

① ‘On the Jewish Question’, *MEGA* Ⅰ i (1) 601; Easton and Guddat, p. 243. 马克思，恩格斯．马克思恩格斯全集：第3卷．2版．北京：人民出版社，2002：192.

② ‘On the Jewish Qucstion’, *MEGA* Ⅰ i (1) 602f; Easton and Guddat, p. 245. 马克思，恩格斯．马克思恩格斯全集：第3卷．2版．北京：人民出版社，2002：194.

③ ‘On the Jewish Question’, *MEGA* Ⅰ i (1) 603; Easton and Guddat, pp. 245f. 马克思，恩格斯．马克思恩格斯全集：第3卷．2版．北京：人民出版社，2002：194.

> 市民社会才能完全从国家生活分离出来，扯断人的一切类联系，代之以利己主义和自私自利的需要，使人的世界分解为原子式的相互敌对的个人的世界。①

因此，起源于犹太教的基督教，现在又重新融入犹太教。马克思的结论概述了异化劳动的概念，随后他又详细阐述："一个受宗教束缚的人，只有使自己的本质成为**异己的**幻想的本质，才能把这种本质对象化，同样，141
在利己的需要的统治下，人只有使自己的产品和自己的活动处于异己本质的支配之下，使其具有异己本质——金钱——的作用，才能实际进行活动，才能实际生产出物品。"②

这篇文章的许多论题，尤其是关于金钱和犹太教与基督教关系的论题，都直接取自赫斯的一篇题为《论金钱的本质》的文章③。赫斯将这篇评论交由《德法年鉴》发表，但还未来得及发表就夭折了。正如马克思对鲍威尔第二篇文章的批评是他首次在经济领域运用费尔巴哈的异化观点一样，在这里，赫斯的影响也是非常重要的。赫斯曾使恩格斯和巴枯宁转向共产主义，但他对马克思的影响则是一个更为缓慢的过程。1842 年至 1843 年，赫斯正积极转变自己信仰的时候，马克思还不是共产主义者，而当马克思在巴黎真正成为一个共产主义者时，赫斯只是诸多能够提供新参考观点的其中一位。无论如何，在这个特殊的节点，马克思似乎从赫斯那里学到了很多东西④。

这篇文章让人感觉马克思似乎是一个反犹太主义者⑤。这是不正确的。在《神圣家族》中提及的论述犹太人问题的几段话中，马克思倾向于站在犹太人的一边，而不是站在鲍威尔这一边。马克思在那篇文章中也明确地指出，他判断一个国家在政治上成熟与否，要看犹太人在该国的解放程度，并认为市民社会不赋予犹太人平等的权利是不合逻辑的⑥。同样重要的是，

---

① 'On the Jewish Question', *MEGA* Ⅰ ⅰ (1) 604f. ; Easton and Guddat, p. 247. 马克思，恩格斯．马克思恩格斯全集：第 3 卷．2 版．北京：人民出版社，2002：196.

② 'On the Jewish Question', *MEGA* Ⅰ ⅰ (1) 605. ; Easton and Guddat, p. 248. 马克思，恩格斯．马克思恩格斯全集：第 3 卷．2 版．北京：人民出版社，2002：197.

③ 详见：McLellan, *The Young Hegelians and Karl Marx*, pp. 153 ff.

④ 关于赫斯和马克思的关系，参见：Kägi, *Genesis des historischen Materialismaus*, pp. 145 ff. ; McLellan, *The Young Hegelians and Karl Marx*, pp. 137 ff. 关于强调赫斯与马克思两人"末世说"因素的观点，参见：E. Thier, *Das Menschenbild des jmgen Marx* (Göttingen, 1957) pp. 41 f.

⑤ 可参见 D. 鲁内斯所编辑的文章：A world without Jews (New York, 1959).

⑥ 参见：S. Avineri, 'Marx and Jewish Emancipation', *Journal of the History of Ideas*, xxv (1964).

142 “Judentum”这个德语中的“犹太教”一词也进而派生出“贸易”的含义，马克思在其文章中也将这层含义置于最重要的位置。对马克思而言，犹太教几乎没有什么宗教意义，更缺少种族的内容，毫不夸张地说，马克思评论的后半部分展现出的是对鲍威尔的一贯嘲弄。

2.《〈黑格尔法哲学批判〉导言》

马克思在《德法年鉴》上发表的第二篇文章视角明显不同。在犹太人问题上，马克思是在费尔巴哈哲学的框架内对鲍威尔进行了批判，而《〈黑格尔法哲学批判〉导言》一文中则包含更为冷静的历史分析。这篇文章以导言的形式对《黑格尔法哲学批判》进行再写，而在那本书里他就已经详尽阐述了关于“犹太问题”的几个观点。作为一篇导言，这篇文章具有概括性，其中论点的顺序安排能反映马克思自身思想发展的不同阶段：宗教阶段、哲学阶段、政治阶段、革命阶段。最终浓缩为一篇宣言，其深度和魄力让人联想到1848年发表的《共产党宣言》。这篇文章的主要内容都已经包含在《黑格尔法哲学批判》中，不过其中有一个相当新的观点，强调无产阶级是未来社会的解放者。虽然文章是在巴黎写的，但整篇文章都在分析德国和德国革命的可能性。根据马克思1843年9月写给卢格的书信，文章从宗教开始，进而论述政治，这是德国最迫切的两个议题。

马克思在文章伊始就提及了从施特劳斯到费尔巴哈整个青年黑格尔学派的全部作品。他写道：“就德国来说，**对宗教的批判**基本上已经结束；而对宗教的批判是其他一切批判的前提。”① 就此推断，对于马克思来说，把
143 宗教的批判作为“一切批判的前提”② 有两个原因：在德国，宗教是普鲁士的主要支柱之一，在讨论任何政治变革之前必须先摧毁它；更广泛地说，他认为宗教是最极端的异化形式，是任何世俗化进程的起点，这一观点为他批评其他形式的异化提供了一个框架。下面几句话是对费尔巴哈（和黑

① ‘Introduction to a Critique of Hegel’s Philosophy of Law’, *MEGA* Ⅰ ⅰ (1) 607; Easton and Guddat, p. 249. 马克思，恩格斯．马克思恩格斯全集：第3卷.2版．北京：人民出版社，2002：199.

② ‘Introduction to a Critique of Hegel’s Philosophy of Law’, *MEGA* Ⅰ ⅰ (1) 607; Easton and Guddat, p. 249. 马克思，恩格斯．马克思恩格斯全集：第3卷.2版．北京：人民出版社，2002：199.

格尔）宗教观点的总结：

> 谬误在**天国**为神祇所作的雄辩一经驳倒，它在**人间的**存在就声誉扫地了。一个人，如果想在天国这一幻想的现实性中寻找超人，而找到的只是他自身的**反映**，他就再也不想在他正在寻找和应当寻找自己的真正现实性的地方，只去寻找他自身的**映象**，只去寻找非人了。①

但是马克思接着表明了他与费尔巴哈的不同之处。这不仅仅是一个将宗教因素还原成其他更基本的因素的问题。宗教对人和世界的错误意识之所以如此存在，是因为人和世界被彻底地玷污了："反宗教的批判的根据是：**人创造了宗教**，而不是宗教创造人。就是说，宗教是还没有获得自身或已经再度丧失自身的人的自我意识和自我感觉。但是，**人**不是抽象的蛰居于世界之外的存在物。人就是**人的世界**，就是国家，社会。这个国家、这个社会产生了宗教，一种**颠倒的世界意识**，因为它们就是**颠倒的世界**。"② 宗教是一个物质匮乏的世界通向理想主义的必经之路，马克思在这里是这样描述的："宗教是这个世界的总理论，是它的包罗万象的纲要，它的具有通俗形式的逻辑，它的唯灵论的荣誉问题，它的狂热，它的道德约束，它的庄严补充，它借以求得慰藉和辩护的总根据。"③ 马克思用了一系列精妙绝伦的隐喻来说明，宗教既是一种深刻 144
的社会问题的症状，但同时也是一种对这种社会问题的抗议。然而，宗教阻碍了对社会弊病的治理，因为它同时也倾向于证明这些弊病的合理性。

> 因此，反宗教的斗争间接地就是反对以宗教为精神**抚慰**的**那个世界**的斗争。**宗教里**的苦难既是现实的苦难的**表现**，又是对这种现实的苦难的**抗议**。宗教是被压迫生灵的叹息，是无情世界的心境，正像它是无精神活力的制度的精神一样。宗教是人民的**鸦片**……因

① 'Introduction to a Critique of Hegel's Philosophy of Law', *MEGA* Ⅰi (1) 607; Easton and Guddat, pp. 249 f. 马克思，恩格斯．马克思恩格斯全集：第3卷．2版．北京：人民出版社，2002：199.

② 'Introduction to a Critique of Hegel's Philosophy of Law', *MEGA* Ⅰi (1) 607; Easton and Guddat, p. 250. 马克思，恩格斯．马克思恩格斯全集：第3卷．2版．北京：人民出版社，2002：199.

③ 'Introduction to a Critique of Hegel's Philosophy of Law', *MEGA* Ⅰi (1) 607; Easton and Guddat, p. 250. 马克思，恩格斯．马克思恩格斯全集：第3卷．2版．北京：人民出版社，2002：199.

> 此，对宗教的批判就是**对苦难尘世——**宗教是它的**神圣光环——的批判的胚芽**。①

马克思没有过多地谈论宗教问题（恩格斯谈及此点较多），这是他所有著作中对此论述最为详细的一段。他说宗教是异化的人的幻想，这成为他早期思想的代表。在后来的表述中，阶级意识形态的因素占据主导地位。彼时马克思认为宗教既重要又不重要。之所以重要，是因为它是一种纯粹的精神补偿，无法促进物质层面的改善。之所以不重要，是因为他认为他的同事们，尤其是费尔巴哈，已经充分揭露出宗教的本质。它只是一种从属的现象，取决于社会经济情况，不值得单独去批判。

有人试图将马克思主义定性为一种宗教，尽管在他们自己的术语中似乎是合理的，但这就像是声称马克思并非真正的无神论者一样，都在使问题变得混乱。这是那些强调马克思主义和犹太－基督教救赎史②之间具有相似性的作家惯用的表达，但也有人说，马克思继承了已经被谢林和黑格尔世俗化为美学和哲学启示的传统③。诚然，马克思当时考虑的是被教条主义的、精神至上的路德教所主导的当代德国宗教，但他写的是一般意义上的宗教，他的批判是绝对的。与许多早期社会主义者（魏特林、圣西门、
145 傅立叶）不同，马克思不容许任何妥协。他坚持无神论与人道主义密不可分，即便考虑到他提出这个问题的方式，这一点也是不可否认的。当然，为了使马克思成为一个信徒而改变“无神论”的含义是可以的，但这会使太多的区别变得模糊，使问题变得毫无意义④。

之后，马克思从对过去成果的总结转向了当前批判的进展的描述：

> 这种批判撕碎锁链上那些虚构的花朵，不是要人依旧戴上没有幻想没有慰藉的锁链，而是要人扔掉它，采摘新鲜的花朵。对宗教的批判使人不抱幻想，使人能够作为不抱幻想而具有理智的人来思考，来行动，来建立自己的现实；使他能够围绕着自身和自己现实的太阳转动。宗教只是虚幻的太阳，当人没有围绕自身转动的时候，它总是围

---

① ‘Introduction to a Critique of Hegel’s Philosophy of Law’, *MEGA* Ⅰ i （1）607; Easton and Guddat, p. 250. 马克思，恩格斯．马克思恩格斯全集：第 3 卷．北京：人民出版社，2002：199－200.

② 参见：Tucker, *Philosophgy and Myth in Karl Mars.*

③ 参见：Popitz, *Der entfremdete Mensch.*

④ 关于这一议题全面论述有两本书：*Marxisme et religions*（Paris，1962）；*Socialismes et sociologie religieuse*（Paris，1965）．

绕着人转动。①

其结论是，批判必须转向更深层次的异化，即政治的异化：

> 因此，**真理的彼岸世界**消逝以后，**历史的任务**就是确立**此岸世界的真理**。人的自我异化的**神圣形象**被揭穿以后，揭露具有**非神圣形象**的自我异化，就成了为历史服务的**哲学的**迫切**任务**。于是对天国的批判变成对尘世的批判，**对宗教的批判**变成**对法的批判**，**对神学的批判**变成**对政治的批判**。②

马克思的文章主体由两部分组成：一是分析当代德国政治与德国哲学的对立关系，二是分析这种对立关系产生革命的可能性。马克思一开始就指出，即使是对德国现状的必要否定也是一种时代的倒退，德国仍然会落后法国50年。马克思继续说道：

> 不错，德国历史自夸有过一个运动，在历史的长空中，没有一个国
> 家曾经是这个运动的先行者，将来也不会是这个运动的模仿者。我们没 *146*
> 有同现代各国一起经历革命，却同它们一起经历复辟。我们经历了复辟，首先是因为其他国家敢于进行革命，其次是因为其他国家受到反革命的危害；在第一种情形下，是因为我们的统治者们害怕了，在第二种情形下，是因为我们的统治者们并没有害怕。我们，在我们的那些牧羊人带领下，总是只有一次与自由为伍，那就是**在自由被埋葬的那一天**。③

按照马克思的说法，这个长期不发达的状态在两种思想流派中都有对应的体现，他简要地描述了这两种思想流派。一个是**历史法学派**，它“以昨天的卑鄙行为来说明今天的卑鄙行为是合法的”④。马克思早在两年前就

---

① ‘Introduction to a Critique of Hegel’s Philosophy of Law’, *MEGA* Ⅰ ⅰ (1) 608; Easton and Guddat, pp. 250 f. 马克思，恩格斯．马克思恩格斯全集：第3卷．2版．北京：人民出版社，2002：200.

② ‘Introduction to a Critique of Hegel’s Philosophy of Law’, *MEGA* Ⅰ ⅰ (1) 608; Easton and Guddat, p. 251. 马克思，恩格斯．马克思恩格斯全集：第3卷．2版．北京：人民出版社，2002：200.

③ ‘Introduction to a Critique of Hegel’s Philosophy of Law’, *MEGA* Ⅰ ⅰ (1) 608f; Easton and Guddat, p. 251. 马克思，恩格斯．马克思恩格斯全集：第3卷．2版．北京：人民出版社，2002：201.

④ ‘Introduction to a Critique of Hegel’s Philosophy of Law’, *MEGA* Ⅰ ⅰ (1) 609; Easton and Guddat, p. 251. 马克思，恩格斯．马克思恩格斯全集：第3卷．2版．北京：人民出版社，2002：201.

在《莱茵报》上对其进行了详细的批判①。另一派由“那些具有德意志狂血统并有自由思想的人，却到我们史前的条顿原始森林去寻找我们的自由历史”②。但是，人们所需要的并不是一种仅能在森林中找到的自由，而是一种由马克思在给卢格的信中所提到的“**要对现存的一切进行无情的批判**”③ 所创造的自由。马克思将这种批判应用于德国，详细地说明了他的意图。他写道，尽管这种抨击可以给已经病入膏肓的德国以最后一击，摧毁已经被驳斥的事物，但那里的情况确实不值得任何批判。“批判已经不再是**目的本身**，而只是一种**手段**。它的主要情感是**愤怒**，它的主要工作是**揭露**。”④ 然后，马克思用两段简短的文字阐述了他在过去两年里频繁对德国社会进行的批判。“这是指描述各个社会领域相互施加的无形压力，描述普遍无所事事的沉闷情绪，描述既表现为自大又表现为自卑的狭隘性，而且
147 要在政府制度的范围内加以描述，政府制度是靠维护一切卑劣事物为生的，它本身无非是**以政府的形式表现出来的卑劣事物**。”⑤ 这种批评的目的与他最初批评宗教时的目的是一样的：“问题在于不让德国人有一时片刻去自欺欺人和俯首听命。应当让受现实压迫的人意识到压迫，从而使现实的压迫更加沉重；应当公开耻辱，从而使耻辱更加耻辱……为了激起人民的**勇气**，必须使他们对自己**大吃一惊**。这样才能实现德国人民的不可抗拒的要求，而各国人民的要求本身则是能使这些要求得到满足的决定性原因。”⑥

马克思继续说道，这种批判也可以为那些仍背负着过去回忆的沉重负担的现代国家带来益处。然而，尽管对他们来说旧制度的垮台可以被称为

---

① 参见：*MEGA* Ⅰ ⅰ (1) 251 ff.; Easton and Guddat, pp. 96 ff. 马克思，恩格斯. 马克思恩格斯全集：第1卷.2版. 北京：人民出版社，1995：295.

② ‘Introduction to a Critique of Hegel’s Philosophy of Law’, *MEGA* Ⅰ ⅰ (1) 609; Easton and Guddat, p. 252. 马克思，恩格斯. 马克思恩格斯全集：第3卷.2版. 北京：人民出版社，2002：201.

③ ‘Letter to Ruge’, *MEGA* Ⅰ ⅰ (1) 573; Easton and Guddat, p. 212. 马克思，恩格斯. 马克思恩格斯全集：第47卷.2版. 北京：人民出版社，2004：64.

④ ‘Introduction to a Critique of Hegel’s Philosophy of Law’, *MEGA* Ⅰ ⅰ (1) 609; Easton and Guddat, p. 252. 马克思，恩格斯. 马克思恩格斯全集：第3卷.2版. 北京：人民出版社，2002：202.

⑤ ‘Introduction to a Critique of Hegel’s Philosophy of Law’, *MEGA* Ⅰ ⅰ (1) 609 f.; Easton and Guddat, p. 252. 马克思，恩格斯. 马克思恩格斯全集：第3卷.2版. 北京：人民出版社，2002：202.

⑥ ‘Introduction to a Critique of Hegel’s Philosophy of Law’, *MEGA* Ⅰ ⅰ (1) 610; Easton and Guddat, p. 253. 马克思，恩格斯. 马克思恩格斯全集：第3卷.2版. 北京：人民出版社，2002：203.

悲剧，但“现代的旧制度不过是**真正主角**已经死去的那种世界制度的**丑角**”①。在诸如圣西门和蒲鲁东这些考虑到工业发展的政治含义的法国社会主义者的影响下，马克思举例说明了在德国境况之下讨论“真正的人的问题”是多么不可能。“工业以至于整个财富领域对政治领域的关系，是现代主要问题之一。这个问题开始是以何种形式引起德国人的关注的呢？以**保护关税、贸易限制制度、国民经济学**的形式。”② 谈到他所批判的贸易保护主义经济学的主要代表弗里德里希·李斯特的观点时，马克思继续说道：

> 在法国和英国，问题是**政治经济学**或**社会对财富的统治**；在德国，问题却是**国民经济学**或**私有财产对国民的统治**。因此，在法国和英国
> 是要消灭已经发展到终极的垄断；在德国却要把垄断发展到终极。那 148
> 里，正涉及解决问题；这里，才涉及到冲突。这个例子充分说明了**德国式**的现代问题，说明我们的历史就像一个不谙操练的新兵一样，到现在为止还认为自己的任务只是补习操练陈旧的历史。③

但有一个领域，德国实际上是领先于其他国家的，即德国的哲学，这给了她进行彻底革命的机会。这一观点得到《德法年鉴》所有撰稿人的认同，也因此，这群人在法国人看来像是传教士。自1835年海涅在《宗教的历史与德国哲学》中提出这一观点以来，它一直在青年黑格尔派运动中流行。海涅认为德国哲学与法国政治是相似的，并预言德国将爆发一场彻底的革命。为了成为时代问题的核心，德国哲学必须经受批判。因为德国的哲学只是政治的哲学，是与现存制度并存的东西。这一分析的结果是：

> 因此，德国人民必须把自己这种梦想的历史一并归入自己的现存制度，不仅批判这种现存制度，而且同时还要批判这种制度的抽象继续。他们的未来既不能**局限于**对他们现实的国家和法的制度的直接否定，也不能**局限于**他们观念上的国家和法的制度的直接实现，因为他们观念上的制度就具有对他们现实的制度的直接否定，而他们观念上

① ‘Introduction to a Critique of Hegel’s Philosophy of Law’, *MEGA* Ⅰ i (1) 611; Easton and Guddat, p. 254. 马克思，恩格斯．马克思恩格斯全集：第3卷．2版．北京：人民出版社，2002：203.

② ‘Introduction to a Critique of Hegel’s Philosophy of Law’, *MEGA* Ⅰ i (1) 611; Easton and Guddat, p. 254. 马克思，恩格斯．马克思恩格斯全集：第3卷．2版．北京：人民出版社，2002：204.

③ ‘Introduction to a Critique of Hegel’s Philosophy of Law’, *MEGA* Ⅰ i (1) 611 f.; Easton and Guddat, pp. 254 f. 马克思，恩格斯．马克思恩格斯全集：第3卷．2版．北京：人民出版社，2002：204－205.

> 的制度的直接实现，他们在观察邻近各国的生活的时候几乎就**经历过了**。①

马克思接着表明了自己的观点，并将矛头指向两种不同的态度，他认为这两种态度都是不适当的。第一种在某些地方让人联想起费尔巴哈的观点，马克思称之为“**实践**政治派”。这一派：

> 要求**对哲学的否定**是正当的。该派的错误不在于提出了这个要求，
> 而在于停留于这个要求——没有认真实现它，也不可能实现它。该派
> 以为，只要背对着哲学，并且扭过头去对哲学嘟囔几句陈腐的气话，
> 对哲学的否定就实现了。……你们要求人们必须从**现实的生活胚芽**出
> 149 发，可是你们忘记了德国人民现实的生活胚芽一向都只是在他们的**脑**
> **壳**里萌生的。一句话，**你们不使哲学成为现实，就不能够消灭哲学**。②

第二种态度具有理论政治派（马克思指布鲁诺·鲍威尔和他的追随者）的特征，也犯了同样的错误，但是与之不同的是：

> 该派认为目前的斗争**只是哲学同德国世界的批判性斗争**，它没有想到**迄今为止的哲学**本身就属于这个世界，而且是这个世界的**补充**，虽然只是观念的**补充**。……该派的根本缺陷可以归结如下：**它以为，不消灭哲学，就能够使哲学成为现实**。③

由于拒绝与现实进行任何调解，鲍威尔的哲学是非辩证的，注定是徒劳的。马克思所提出的是他谴责的这两种观点的综合：现实的中介，可以在实现哲学的同时废除“作为哲学”的哲学④。这类似于马克思后来提出的“实践与理论相结合”的观点，并由此引出了一个新议题。这个议题是哲学的世俗化，至少在他写论文时就已经存在于他的脑海中了。从希茨柯

① ‘Introduction to a Critique of Hegel's Philosophy of Law’, *MEGA* Ⅰ ⅰ (1) 612 f.; Easton and Guddat, pp. 255 f. 马克思，恩格斯．马克思恩格斯全集：第3卷．2版．北京：人民出版社，2002：205－206.

② ‘Introduction to a Critique of Hegel's Philosophy of Law’, *MEGA* Ⅰ ⅰ (1) 613; Easton and Guddat, p. 256. 马克思，恩格斯．马克思恩格斯全集：第3卷．2版．北京：人民出版社，2002：206.

③ ‘Introduction to a Critique of Hegel's Philosophy of Law’, *MEGA* Ⅰ ⅰ (1) 613; Easton and Guddat, p. 256. 马克思，恩格斯．马克思恩格斯全集：第3卷．2版．北京：人民出版社，2002：206.

④ 马克思用的“废除”（abolish）一词就是黑格尔所用的术语 *aufheben*，其含义参见上文，pp. 18f。

夫斯基 1838 年的《实践》到赫斯 1843 年的《行为哲学》①，该议题是黑格尔的信徒试图拨开师门体系的迷雾，去把握政治事件的核心课题。正是通过这一路径，马克思看到了解决德国问题唯一可能的方法。

接着，在文章的第二部分，马克思探讨了革命的可能性。这场革命不仅能消除德国的落后，而且能使德国成为首个获得解放的国家，而这种解放将不仅局限于政治层面。因此，马克思提出这样的问题："试问：德国能不能实现有原则高度的实践，即实现一个不但能把德国提高到现代各国的**正式水准**，而且提高到这些国家最近的将来要达到的**人的高度**的**革命** 150
呢？"② 通过初步的解答，马克思重申了他以前的结论：

> 批判的武器当然不能代替武器的批判，物质力量只能用物质力量来摧毁；但是理论一经掌握群众，也会变成物质力量。理论只要说服人，就能掌握群众；而理论只要彻底，就能说服人。所谓彻底，就是抓住事物的根本。但是，人的根本就是人本身。德国理论的彻底性从而其实践能力的明证就是：德国理论是从坚决**积极**废除宗教出发的。对宗教的批判最后归结为**人是人的最高本质**这样一个学说，从而也归结为这样的**绝对命令：必须推翻**那些使人成为被侮辱、被奴役、被遗弃和被蔑视的东西的**一切关系**。③

路德的理论革命——宗教改革表明了"批判的武器"对德国的重要性。当然，这种革命是不完全的，路德只是把人的宗教意识内化了；他"破除了对权威的信仰，是因为他恢复了信仰的权威"④。但是尽管新教没有找到真正的解决办法，但它至少正确地提出了问题。德国的现状与宗教改革之前极为相似，唯一的区别是哲学取代了神学，其结果将是人类的解放代替仅发生在宗教领域内的解放。

在文章的最后几页，马克思从他对德国历史舞台的悲观评价中得出

---

① 参见 M. Hess 的文章于 *Philosophische und sozialistische Aufsätze*, ed. Cornu and Mönke, pp. 220 ff，转载于 M. Hess。

② ‘Introduction to a Critique of Hegel's Philosophy of Law’, MEGA Ⅰ ⅰ (1) 614; Easton and Guddat, p. 257. 马克思，恩格斯．马克思恩格斯全集：第 3 卷 .2 版．北京：人民出版社，2002：207.

③ ‘Introduction to a Critique of Hegel's Philosophy of Law’, *MEGA* Ⅰ ⅰ (1) 614 f.; Easton and Guddat, pp. 257 f. 马克思，恩格斯．马克思恩格斯全集：第 3 卷 .2 版．北京：人民出版社，2002：207－208.

④ ‘Introduction to a Critique of Hegel's Philosophy of Law’, *MEGA* Ⅰ ⅰ (1) 615; Easton and Guddat, p. 258. 马克思，恩格斯．马克思恩格斯全集：第 3 卷 .2 版．北京：人民出版社，2002：208.

了一个乐观的结论：德国的革命与法国不同，不可能是片面的，但一定是激进彻底的。只有无产阶级和哲学联合起来，才能将这场革命进行到底。

马克思着手研究德国实现彻底革命的障碍。“革命需要**被动**因素，需要
151 **物质**基础。理论在一个国家实现的程度，总是决定于理论满足这个国家的需要的程度。”① 问题在于德国的实践需要是否能补充理论需要。“光是思想力求成为现实是不够的，现实本身应当力求趋向思想。”② 但是，德国政治发展的现实情况实际上比法国等国家落后许多步，而且不清楚它如何才能不仅超越自己的局限性，还超越现代各国面临的局限性。“彻底的革命只能是彻底需要的革命，而这些彻底需要所应有的前提和基础，看来恰好都不具备。”③

但德国在政治上如此贫乏，这预示着等待她的将是怎样的未来。巨大的裂痕正在扩大，一方面是现代政治国家与其对应物德国哲学的结合，另一方面，德国国内的政治局势造成了一种需要激进革命的事态。德国政府“不得不把**现代政治领域**——它的长处我们不具备——的**文明缺陷**同旧制度的**野蛮缺陷**——这些缺陷我们却充分享受——结合在一起。因此，德国就得越来越多地分担那些超出它的现状之上的国家制度的某些方面，即使不是合理的方面”④。这种趋势肯定导致“正像在罗马的万神庙可以看到一切民族的**神**一样，在德意志神圣罗马帝国可以看到一切国家形式的**罪恶**”⑤。该趋势由于弗里德里希·威廉四世的性格而进一步加剧，他优柔寡断的天性使他犯下许多违背德行的罪行。其结果是“**德国这个形成一种特殊领域**

---

① ‘Introduction to a Critique of Hegel's Philosophy of Law’, *MEGA* Ⅰ i (1) 615 f.; Easton and Guddat, p. 259. 马克思，恩格斯．马克思恩格斯全集：第3卷．2版．北京：人民出版社，2002：209.

② ‘Introduction to a Critique of Hegel's Philosophy of Law’, *MEGA* Ⅰ i (1) 616; Easton and Guddat, p. 259. 马克思，恩格斯．马克思恩格斯全集：第3卷．2版．北京：人民出版社，2002：209.

③ ‘Introduction to a Critique of Hegel's Philosophy of Law’, *MEGA* Ⅰ i (1) 616; Easton and Guddat, p. 259. 马克思，恩格斯．马克思恩格斯全集：第3卷．2版．北京：人民出版社，2002：209.

④ ‘Introduction to a Critique of Hegel's Philosophy of Law’, *MEGA* Ⅰ i (1) 616; Easton and Guddat, p. 259. 马克思，恩格斯．马克思恩格斯全集：第3卷．2版．北京：人民出版社，2002：209－210.

⑤ ‘Introduction to a Critique of Hegel's Philosophy of Law’, *MEGA* Ⅰ i (1) 617; Easton and Guddat, p. 260. 马克思，恩格斯．马克思恩格斯全集：第3卷．2版．北京：人民出版社，2002：210.

的当代政治的缺陷，如果不摧毁当代政治的普遍障碍，就不可能摧毁德国特有的障碍”①。

对于德国来说，通过彻底的革命实现全人类的解放并不是乌托邦式的 152
空想，而是一场纯政治的革命，一场“毫不触犯大厦支柱的革命，才是乌托邦式的梦想”②。马克思接着概述了纯政治革命的性质，显然他是以法国革命为典型来描述的。这种革命的基础是“**市民社会的一部分**解放自己，取得**普遍**统治，就是一定的阶级从自己的**特殊地位**出发，从事社会的普遍解放。只有在这样的前提下，即整个社会都处于这个阶级的地位，也就是说，例如既有钱又有文化知识，或者可以随意获得它们，这个阶级才能解放整个社会”③。任何一个阶级要想在社会中占据这种“特殊地位”，都必须“在自身和群众中激起瞬间的狂热。在这瞬间，这个阶级与整个社会亲如兄弟，汇合起来，与整个社会混为一体并且被看作和被认为是社会的**总代表**；在这瞬间，这个阶级的要求和权利真正成了社会本身的权利和要求，它真正是社会的头脑和社会的心脏”④。而一个阶级要能够取得这种解放的地位，就必须有阶级的两极分化：“一定的等级就必定成为引起普遍不满的等级，成为普遍障碍的体现；一种特殊的社会领域就必定被看作是整个社会中**昭彰的罪恶**，因此，从这个领域解放出来就表现为普遍的自我解放。要使**一个**等级真正成为解放者等级，另一个等级就必定相反地成为公开的奴役者等级。”⑤ 根据马克思的观点，这是1789年以前法国的情况，当时“法国贵族和法国僧侣的消极普遍意义决定了同他们最接近却又截然对立的

① ‘Introduction to a Critique of Hegel’s Philosophy of Law’, *MEGA* Ⅰ ⅰ (1) 617; Easton and Guddat, p. 260. 马克思，恩格斯．马克思恩格斯全集：第3卷．2版．北京：人民出版社，2002：210.

② ‘Introduction to a Critique of Hegel’s Philosophy of Law’, *MEGA* Ⅰ ⅰ (1) 617; Easton and Guddat, p. 260. 马克思，恩格斯．马克思恩格斯全集：第3卷．2版．北京：人民出版社，2002：210.

③ ‘Introduction to a Critique of Hegel’s Philosophy of Law’, *MEGA* Ⅰ ⅰ (1) 617; Easton and Guddat, p. 260. 马克思，恩格斯．马克思恩格斯全集：第3卷．2版．北京：人民出版社，2002：210.

④ ‘Introduction to a Critique of Hegel’s Philosophy of Law’, *MEGA* Ⅰ ⅰ (1) 617; Easton and Guddat, p. 260. 马克思，恩格斯．马克思恩格斯全集：第3卷．2版．北京：人民出版社，2002：210－211.

⑤ ‘Introduction to a Critique of Hegel’s Philosophy of Law’, *MEGA* Ⅰ ⅰ (1) 618; Easton and Guddat, p. 261. 马克思，恩格斯．马克思恩格斯全集：第3卷．2版．北京：人民出版社，2002：211.

阶级即**资产阶级**的积极普遍意义”①。

153 然而在德国情况却大不相同。因为在那里，每个阶级都缺乏凝聚力和勇气去扮演社会的消极代表的角色，也缺乏与人民心意相通的意愿。在这里，阶级意识产生于压迫下层阶级的行为，而不是对上层阶级压迫的激烈反抗。因此不可能有进步，因为每个阶级都在不止一条战线上做斗争：

> 因此，当诸侯同君王斗争，官僚同贵族斗争，资产者同所有这些人斗争的时候，无产者已经开始了反对资产者的斗争。中间阶级还不敢按自己的观点来表达解放的思想，而社会形势的发展以及政治理论的进步已经说明这种观点本身陈旧过时了，或者至少是成问题了。②

马克思接着总结了他精心研究过的法国与德国之间的差别：

> 在法国，一个人只要有一点地位，就足以使他希望成为一切。在德国，一个人如果不想放弃一切，就必须没有任何地位。在法国，部分解放是普遍解放的基础。在德国，普遍解放是任何部分解放的必要条件。在法国，全部自由必须由逐步解放的现实性产生。在德国，必须由这种逐步解放的不可能性产生。在法国，人民中的每个阶级都是**政治上的理想主义者**。它首先并不感到自己是个特殊阶级，而是整个社会需要的代表。因此，**解放者**的角色在戏剧性的运动中依次由法国人民的各个不同阶级担任，直到最后由这样一个阶级担任，这个阶级在实现社会自由时，已不再以在人之外的但仍然由人类社会造成的一定条件为前提，而是从社会自由这一前提出发，创造人类存在的一切条件。在德国则相反，这里实际生活缺乏精神活力，精神生活也无实际内容，市民社会任何一个阶级，如果不是由于自己的**直接**地位、由于**物质**需要、由于**自己的锁链**的强迫，是不会有普遍解放的需要和能力的。③

---

① ‘Introduction to a Critique of Hegel’s Philosophy of Law’, *MEGA* Ⅰ i (1) 610; Easton and Guddat, p. 261. 马克思，恩格斯．马克思恩格斯全集：第 3 卷．2 版．北京：人民出版社，2002：211.

② ‘Introduction to a Critique of Hegel’s Philosophy of Law’, *MEGA* Ⅰ i (1) 619; Easton and Guddat, p. 262. 马克思，恩格斯．马克思恩格斯全集：第 3 卷．2 版．北京：人民出版社，2002：212.

③ ‘Introduction to a Critique of Hegel’s Philosophy of Law’, *MEGA* Ⅰ i (1) 619; Easton and Guddat, p. 262. 马克思，恩格斯．马克思恩格斯全集：第 3 卷．2 版．北京：人民出版社，2002：212－213.

这段论述表明了研究法国大革命对马克思形成自己观点的重要性。莱 154
茵省是马克思出生、成长的地方，他也在那里编辑过《莱茵报》。它在1814年之前属于法国，享有法国大革命的成果。在那里，公民解放是一种真正的经历，而不是外国人的专利。对所有的德国知识分子来说，法国大革命是真正的革命，而马克思和他那些年轻的黑格尔派朋友们总是把自己比作1789年革命的英雄。正是因为在1843年夏天阅读了法国革命的历史，马克思明白了阶级斗争在社会发展中的作用。在克罗伊茨纳赫期间，马克思阅读了瓦克斯穆特、孔道西、罗兰夫人、史达尔夫人、米涅、梯也尔、毕舍和鲁、巴约尔、勒瓦瑟尔等人的著作，并做了大量笔记①。1852年，马克思在写给魏德迈的信中说，“无论是发现现代社会中有阶级存在或发现各阶级间的斗争，都不是我的功劳。在我以前很久，资产阶级历史编纂学家就已经叙述过阶级斗争的历史发展”②。这种阅读一直持续到1844年夏天。1844年5月卢格在信中写道：“马克思希望……写议会的历史；他为此收集了必要的文件，并提出了新的丰富构想。”③ 马克思甚至草拟了一本书的目录，打算将其命名为《现代国家起源的历史》或《法国革命》④。

到了文章的结尾，马克思提出了一个问题：“那么，德国解放的实际可能性到底在哪里呢？”他的回答是：

> 就在于形成一个被戴上**彻底的锁链**的阶级，一个并非市民社会阶级的市民社会阶级，形成一个表明一切等级解体的等级，形成一个由于自己遭受普遍苦难而具有普遍性质的领域，这个领域不要求享有任何**特殊的权利**，因为威胁着这个领域的不是**特殊的不公正**，而是**一般的不公正**，它不能再求助于**历史的**权利，而只能求助于**人的**权利，它
> 不是同德国国家制度的后果处于片面的对立，而是同这种制度的前提 155
> 处于全面的对立，最后，在于形成一个若不从其他一切社会领域解放出来从而解放其他一切社会领域就不能解放自己的领域，总之，形成这样一个领域，它表明人的**完全丧失**，并因而只有通过**人的完全回复**

---

① 关于这些书的内容，以及它们对马克思的影响，见：Kägi, *Genesis des historischen Materialismus*, pp. 169ff.

② Marx - Engels, *Selected Correspondence* (London, 1934) p. 37. 马克思，恩格斯. 马克思恩格斯全集：第49卷. 2版. 北京：人民出版社，2016：79.

③ Ruge, *Briefwechsel und Nachlass*, ed. Nerrlich Ⅰ 343; Ibid., p. 362.

④ *MEGA* Ⅳ 532; Easton and Guddat, p. 399. 马克思，恩格斯. 马克思恩格斯全集：第42卷. 北京：人民出版社，1979：238.

> 才能回复自己本身。社会解体的这个结果，就是**无产阶级**这个特殊等级。①

这段话提出了一个显而易见的问题，即马克思突然支持无产阶级事业的原因是什么。有人认为马克思对无产阶级的描述是非经验性的，其终极来源是黑格尔哲学。例如，有人认为："对无产阶级在世界历史上所起的作用的洞察，是通过'逆转'黑格尔所建立的各种客观精神之间建立的联系，以纯粹的思辨方式获得的。"② 或者更近一点的时候，有人认为："很明显，马克思……他的无产阶级观点不是通过经济研究或历史分析得出的，而是通过一系列的论辩和对抗得出的，这些都在黑格尔思想的传统范围之中，并与黑格尔普遍阶级的思想有关。"③ 另一位作者声称在这里找到了黑格尔关于主人与奴隶、普遍与特殊的双重辩证法的例证④。有更精炼的观点认为，黑格尔的见解基本上是德国新教徒的观点，因此马克思在这里的基本纲领是基督教的救世说——无产阶级扮演着以赛亚受苦的仆人的角色：

> 通过黑格尔，青年马克思无疑是无意识地同作为犹太基督教传统之基础的灵魂拯救论的思想联系了起来，这包括：关于由一个特殊集团所获得的集体救世的思想，救世愿望匮乏的论题，反抗使人受奴役的非正义行为以及自由的宽宏大量。无产阶级带来了普遍的拯救。扮演了一个在《圣经》启示下救世主的集合体或个人救星的角色。⑤

156 还有一种更明确的观点："无产阶级的普遍性反映了普世的基督的要求。马克思的观点进一步证实了这一点。马克思认为，只有当无产阶级在灾难和饥饿的环境里成为一个普遍的阶级时，它才会存在。当然，马克思认为这是对神圣的神性的变体。"⑥ 另外有人声称，既然马克思的观点是建立在非经验基础之上的，这表明其来源是出于对无产阶级境遇而产生的道德上的愤怒。

---

① 'Introduction to a Critique of Hegel's Philosophy of Law', *MEGA* I i (1) 619 f.; Easton and Guddat, p. 262. 马克思，恩格斯．马克思恩格斯全集：第3卷．2版．北京：人民出版社，2002：213.

② Friedrich, *Philosoophie und ökonomie beim jungen Marx*, p. 81, following Popitz, *Der entfremdete Mensch*, p. 99.

③ S. Avineri, 'The Hegalian Origins of Marx's Political Thought', *Review of Metaphysics* (Sep 1967) p. 41.

④ 参见：Wackenheim, *La Failllite de la religion d'apres Karl Marx*, p. 200.

⑤ 参见：Wackenheim, *La Failllite de la religion d'apres Karl Marx*, p. 200.

⑥ E. Olssen, 'Marx and the Resurrection', *Journal of the History of Ideas* (1968) p. 136.

这些观点，至少作为全面的解释是错误的。马克思宣告无产阶级具有重要地位，是对他文章中关于法国革命分析的应用，他指出："一种特殊的社会领域就必定被看作是整个社会中**昭彰的罪恶**，因此，从这个领域解放出来就表现为普遍的自我解放。"① 无产阶级目前正处于 1789 年法国资产阶级所面临的处境。现在无产阶级能应验西耶斯的一句话："我算不了什么，但我必须主宰一切。"② 从文章里可以看出，马克思关于无产阶级历史地位的评论源于他对法国大革命的研究，尽管他所使用的大部分语言可能属于青年黑格尔派的新闻语言。

在这一历史基础上，又加入了当代法国社会主义思想的精华。那时马克思已经在巴黎与著名的社会主义者一起生活和工作了 3 个月。他文章中包含的无产阶级观点，在青年黑格尔学派的小圈子里算不得新奇，它是巴黎的共同思想财产。然而令人吃惊的是，有人一直在讨论洛伦茨·冯·施泰因的《当代法国的社会主义和共产主义》对马克思思想转型所起到的推动作用。（这本书首次出版时间比马克思对社会主义思想做出响应还早 18 个月；虽然它对马克思所在的德国激进团体产生了广泛的影响，但显然对当时的马克思影响甚微。）事实上，促使马克思迅速拥护无产阶级事业的， *157*
绝不是第二手或三手研究的书本材料③，而是直接归因于他与法国社会主义知识分子的个人接触。现在马克思已不再为莱茵省的资产阶级编辑报纸，也不再坐在克罗伊茨纳赫的书房里，而是置身于社会主义思想和行动的中心。从 1843 年 10 月起，马克思就呼吸到了社会主义的气息，他甚至和德国正义者同盟的领导人之一毛勒住在同一屋檐下，并经常参加他们的会议。毫不奇怪，马克思所处的环境很快对他产生了影响。

马克思承认，他所描述的无产阶级在德国才刚刚形成。其特点不是自然贫困（尽管自然贫困也发挥了一定作用），而是人为的贫困，尤其是由中产阶级解体所导致的贫困。无产阶级试图通过否定私有财产来瓦解旧的社会秩序，而它本身就是这种私有制的体现。这就是哲学最终实现自己的阶级："哲学把无产阶级当作自己的**物质**武器，同样，无产阶级也把哲学当作自己的**精神**武器；思想的闪电一旦彻底击中这块素朴的人民园地，**德国**

---

① 'Introduction to a Critique of Hegel's Philosophy of Law', *MEGA* Ⅰ i (1) 618; Easton and Guddat, p. 261. 马克思，恩格斯．马克思恩格斯全集：第 3 卷．2 版．北京：人民出版社，2002：211.

② 在此之前，他是一个不太有名气的黑格尔主义者。

③ 参见：Tucker, *Philosophy and Myth in Karl Marx*, p. 114. 他甚至认为马克思所理解的无产阶级仅仅是书本上的无产者。

人就会解放成为**人**。"① 这场革命的信号来自法国:"一切内在条件一旦成熟,**德国的复活日**就会由**高卢雄鸡的高鸣**来宣布。"②

尽管《德法年鉴》的许多文章都富有创造力,但并没有获得足够的影响力。在巴黎,法国人对德国单方出版的刊物不感兴趣;在德国,政府的反应也很迅速。普鲁士发出了逮捕令,一旦卢格、马克思、海涅和贝尔奈斯踏上普鲁士的领土就立即实施逮捕,并下令没收普鲁士境内发行的刊物。成百上千份《德法年鉴》在边境被没收,这加剧了这份刊物所面临的财政困难。当弗吕贝尔决定撤回资金时,《德法年鉴》的命运实际上已成定局。
158 撰稿人也面临经济窘境:赫斯不得不向卢格借钱,但又难以偿还;卢格仅凭赠送《德法年鉴》复印件的方式来偿付马克思的稿费。最后,马克思和卢格的政治分歧越来越大。在巴黎期间,卢格对德国共产主义者愈加不满。到 1844 年春天,他得出结论,认为德国共产党人是贪图钱财的人,拥护的是只会加重无产阶级苦难的奴隶制和警察国家。卢格和马克思决裂的原因是一场关于海尔维格的争吵,卢格批评海尔维格生活放荡。马克思曾经同意卢格关于"自由"的意见,但现在他持反对立场了。5 月 15 日,卢格在给费尔巴哈的信中写道:"马克思与我正式决裂了,理由是我对海尔维格私下享乐和玩世不恭的生活态度的批评可能过于尖锐。他为海尔维格辩护,说他是一个很有前途的天才。"③

马克思后来找到了一个与卢格公然决裂的时机,他对卢格 7 月在《前进报》上发表的一篇文章进行了猛烈的抨击。《前进报》是一份在巴黎出版的德国社会主义报纸,由曾为《德法年鉴》撰稿的贝尔奈斯编辑。对于 1844 年夏天西里西亚纺织工人起义的问题,卢格曾声称社会起义不可能在德国取得成功,原因是德国的政治意识极不发达,而社会改良源于政治革命。马克思在他的回答中把西里西亚纺织工人起义的规模与英国工人起义的规模进行了对比,认为政治意识不足以解决社会贫困问题:英国政治意识非常发达,但却是贫穷蔓延最广的国家。英国政府拥有大量的管理资源,但两个世纪以来,围绕贫困问题的立法并没有让工人的状况比其在济贫院

---

① 'Introduction to a Critique of Hegel's Philosophy of Law', *MEGA* Ⅰ i (1) 620; Easton and Guddat, pp. 263 f. 马克思,恩格斯. 马克思恩格斯全集:第 3 卷. 2 版. 北京:人民出版社,2002:214.

② 'Introduction to a Critique of Hegel's Philosophy of Law', *MEGA* Ⅰ i (1) 621; Easton and Guddat, p. 264. 马克思,恩格斯. 马克思恩格斯全集:第 3 卷. 2 版. 北京:人民出版社,2002:214.

③ Ruge, *Briefwechsel und Naehlass*, ed. Nerrlich, Ⅰ 345.

里有丝毫的好转。在法国也是如此，国会和拿破仑也曾试图消灭赤贫，但没有成功。因此，问题并非像卢格所想的那样，解决问题的办法不在于这种或那种的政治纲领中。错误在于政治权力的本质：

> 从**政治的**观点来看，**国家**和**社会结构**并不是**两个**不同的东西。国家就是社会结构。如果国家承认**社会**弊病的存在，它就认为社会弊病的原因或者在于任何人类力量都不能消灭的**自然规律**，或者在于不依赖于国家的**私人生活**，或者在于从属于国家的**行政管理机构**的**不妥当措施**。例如，英国就认为贫穷的原因在于**自然规律**，根据这个规律，人口的增长总是要超过生活资料的增长。另一方面，英国又认为**赤贫**是由于**穷人的不良意愿**，正像普鲁士国王认为这是由于**富人的非基督教感情**，国民公会认为这是由于**私有者的反革命的可疑的信念**一样。因此，英国惩罚穷人，普鲁士国王规劝富人，国民公会就砍掉私有者的头。①

因此，如果一个国家想改变行政机构软弱无能的状况，它就不得不废除自身，因为

> 国家本身是**建筑在**这个矛盾上的。国家是建筑在**社会生活**和**私人生活**之间的矛盾上，建筑在**普遍利益**和**私人利益**之间的矛盾上的。因此，**行政**管理机构不得不局限于**形式上**的和**消极的**活动，因为市民生活和市民活动在哪里开始，行政管理机构的权力也就在哪里告终。……因为这种割裂状态、这种卑鄙行为、这种**市民社会的奴隶制是现代**国家赖以存在的天然基础，正如**奴隶占有制的市民社会是古典古代**国家赖以存在的天然基础一样。国家的存在和奴隶制的存在是彼此不可分割的。②

事实证明，国家越强盛，它的政治意识越强，这个国家就越不会从国家的原则本身寻求社会弊病的根源。马克思又一次用法国大革命来论证他的观点。法国大革命的英雄们“根本没有在国家的原则中看出社会缺点的 *160*

① ‘Critical Notes on “The King of Prussia and Social Reform”’, K. Marx and F. Engels, *Werke* (Berlin, 1965 ff.) Ⅰ 401 (hereafter referred to as *MEW*); Easton and Guddat, p. 348. 马克思，恩格斯．马克思恩格斯全集：第3卷．2版．北京：人民出版社，2002：385－386.

② ‘Critical Notes on “The King of Prussia and Social Reform”’, *MEW* Ⅰ 401 f. Easton and Guddat, p. 349. 马克思，恩格斯．马克思恩格斯全集：第3卷．2版．北京：人民出版社，2002：386.

根源，相反，他们在社会缺点中看出政治弊病的根源”①。

因此，对马克思来说，“政治意识”并不重要。西里西亚纺织工人起义之所以比英国和法国的起义更重要，是因为它展现出进一步强化的阶级意识。在满怀赞意地将魏特林的作品与蒲鲁东和德国资产阶级的作品进行比较之后②，马克思重申了他在《德法年鉴》中关于无产阶级的地位和彻底革命的可能性的预言：

> 德国无产阶级是欧洲无产阶级的**理论家**，正如同英国无产阶级是它的**国民经济学家**，法国无产阶级是它的**政治家**一样。必须承认，德国对**社会**革命是**最**能胜任的，它对**政治**革命是**最**无能为力的。……一个哲学的民族只有在社会主义中才能找到与它相适应的实践，因而也只有在**无产阶级**身上才能找到它的解放的积极因素。③

马克思在文章最后，对其研究社会变化的成果进行了简明的总结：

> 我们已经看到，**社会**革命之所以采取了**整体**观点，是因为社会革命——即使只在**一个**工厂区里发生的时候也是一样——是人对非人生活的抗议；是因为它从**单个现实的个人的观点**出发；是因为那个脱离了个人就引起个人反抗的**共同体**，是人的**真正的**共同体，是**人**的本质。相反，革命的**政治灵魂**就在于，没有政治影响的阶级**企望着**消除自己同**国家制度**和**统治相脱离的状况**。政治灵魂的观点就是国家的观点，即**抽象的**整体的观点，这种抽象的整体之所以存在**只是**由于它离开了现实生活，而且在人的普遍观念和人的个人存在之间如果缺乏**有组织的**对立，这种抽象的整体是**不可想像的**。因此，**具有政治灵魂**的革命，
> 161 顺应这种灵魂的**狭隘的**和**双重的**本性，靠牺牲社会本身的利益，在社会中组织起一个统治阶层。④

---

① ‘Critical Notes on “The King of Prussia and Social Reform”’, *MEW* Ⅰ 402. Easton and Guddat, p. 350. 马克思，恩格斯．马克思恩格斯全集：第 3 卷．2 版．北京：人民出版社，2002：387.

② 马克思声称“存在一种特定的德国式的社会主义”的说法多少有些不准确，因为和其他德国社会主义者一样，魏特林曾在巴黎住过几年，其社会主义思想也来自法国。

③ ‘Critical Notes on “The King of Prussia and Social Reform”’, *MEW* Ⅰ 405. Easton and Guddat, p. 353. 马克思，恩格斯．马克思恩格斯全集：第 3 卷．2 版．北京：人民出版社，2002：390 - 391.

④ ‘Critical Notes on “The King of Prussia and Social Reform”’, *MEW* Ⅰ 408; Easton and Guddat, pp. 356 f. 马克思，恩格斯．马克思恩格斯全集：第 3 卷．2 版．北京：人民出版社，2002：394 - 395.

如此一来，卢格所主张的社会革命必须有政治意识的观点，就与真理背道而驰了：

> 每一次革命都破坏**旧社会**，就这一点来说，它是**社会的**。每一次革命都推翻**旧政权**，就这一点来说，它是**政治的**。……一般的**革命**——**推翻**现政权和**废除**旧关系——是**政治行动**。但是，**社会主义**不通过**革命**是不可能实现的。社会主义需要这种**政治**行动，因为它需要**破坏**和**废除**旧的东西。但是，只要它的**有组织的活动**在哪里开始，它的**自我目的**，即它的**灵魂**在哪里显露出来，它，社会主义，也就在哪里抛弃**政治的**外壳。①

这篇文章标志着马克思终止了与青年黑格尔派成员的合作关系。在诸多老朋友中，他只与赫斯保持着联系，但马克思与另一位青年黑格尔派的成员——弗里德里希·恩格斯有了更为深入的接触。正是在某种程度上受到恩格斯的影响，马克思开始专心从事经济学研究。

---

① ‘Critical Notes on “The King of Prussia and Social Reform”’, *MEW* Ⅰ 409; Easton and Guddat, p. 357. 马克思，恩格斯．马克思恩格斯全集：第3卷．2版．北京：人民出版社，2002：395.

第七章　《巴黎手稿》

1. 序言

162 1844 年夏，马克思开始着手撰写政治经济学评论文章，实际上，该文是 1867 年的《资本论》一书诸多篇草稿中的第一篇。在为《资本论》起草的一篇序言中，马克思解释道，他无法实现在《德法年鉴》中所作的承诺，即发表一篇关于黑格尔法哲学的评论文章。这是因为：

> 在加工整理准备付印的时候发现，把仅仅针对思辨的批判同针对不同材料本身的批判混在一起，十分不妥，这样会妨碍阐述，增加理解的困难。此外，由于需要探讨的题目丰富多样，只有采用完全是格言式的叙述，才能把全部材料压缩在**一本**著作中，而这种格言式的叙述又会造成任意制造体系的**外观**。①

因此，他计划从政治经济学入手，通过若干相互独立的“手册”分别探讨不同的主题（法律、道德、政治等），然后以概论的形式展示不同主题之间的关系，并评判对材料的思辨性使用。事实上，他已经就这一构想和达姆施塔特的出版商莱斯克签订了合同。在这项需要付出毕生心力的计划中，马克思从未超越第一步：《资本论》及其前身是这些“手册”的第一

① ‘Paris Manuscripts’, *Fruehe Schriften* ed. H. J. Lieher and P. Furth (Stuttgart, 1962) I 504; Easton and Guddat, p. 284. 马克思，恩格斯．马克思恩格斯全集：第 3 卷．2 版．北京：人民出版社，2002：219.

部也是最后一部。

这其中有四份手稿得以保存，并奠定了上述政治经济学评论文章的基础，但保存得并不完整。第一份手稿共 27 页，包含了马克思从古典经济学 163
家关于工资、利润、地租的论述中摘录的大部分内容，以及马克思本人对异化劳动的反思。第二份是 4 页残稿，讨论了资本与劳动的关系。第三份共 45 页，包含了与私有财产、劳动、共产主义相关的讨论，对黑格尔辩证法的批判，对生产和劳动分工以及货币的讨论。第四份共 4 页，是对黑格尔《现象学》最后一章的总结。

这些手稿的形式和马克思于前一年夏天所写的《黑格尔法哲学批判》类似——摘录了讨论中作者的作品，并加以批判性评论，但阐述风格和深度迥然不同。正如马克思本人所言①，在书摘中，他使用古典经济学家自己的语言，用平实、简短的句子进行表达；马克思自己对社会的反思令人想起他早期文章的语言修辞，与此同时，他对黑格尔哲学的讨论与其讨论的主题一样复杂难懂。

在为《资本论》起草的序言中，马克思提到了手稿的资料来源。首先是“对国民经济学进行认真的批判研究”②。在着手撰写第一份手稿前，马克思已经阅读并摘录了 15 部经济学著作，这其中包括亚当·斯密、李嘉图和萨伊的作品。其次是德国社会主义者，尽管他认为“德国人在这门科学方面所写的内容丰富而**有独创性的**著作，除去魏特林的著作，就要算《二十一印张》文集中**赫斯**的几篇论文和《德法年鉴》上**恩格斯的《国民经济学批判大纲》**”③。其中最重要的是恩格斯。正是恩格斯把马克思的注意力引向了经济学，而且，恩格斯的《国民经济学批判大纲》是马克思做了笔记的第一篇经济学作品。二人曾于 1842 年 11 月在科隆会面，但当时马克思对恩格斯并不友好，因为在他看来，恩格斯是他刚刚与之决裂的柏林
“自由人”的代表。在赫斯的影响下，恩格斯改信共产主义。1843 年，他 164
大部分时间都在父亲位于曼彻斯特的工厂工作。在那里，他与英国社会主义者接触，研究了斯密、欧文、穆勒、马尔萨斯和李嘉图的作品。海尔维格邀请恩格斯为《德法年鉴》撰稿，恩格斯接受邀请，撰写了《英国状

① ‘Paris Manuscripts’, *Frühe Schriften*, p. 559; Easton and Guddat, p. 287. 马克思，恩格斯．马克思恩格斯全集：第 3 卷．2 版．北京：人民出版社，2002：232.

② ‘Paris Manuscripts’, *Frühe Schriften*, p. 507; Easton and Guddat, p. 284. 马克思，恩格斯．马克思恩格斯全集：第 3 卷．2 版．北京：人民出版社，2002：219.

③ ‘Paris Manuscripts’, *Frühe Schriften*, p. 507; Easton and Guddat, p. 285. 马克思，恩格斯．马克思恩格斯全集：第 3 卷．2 版．北京：人民出版社，2002：220.

况》和《国民经济学批判大纲》两篇文章。与在欧文主义报纸《新道德世界》中向英国人说明欧洲大陆的（社会主义）运动的情况相反，恩格斯在《德法年鉴》中向欧洲大陆说明了英国的相关情况。《英国状况》一文是对卡莱尔的著作《过去与现在》的评论。恩格斯赞同卡莱尔对资本主义造成的非人道社会的批判，但同时否认解决之道在于回归宗教理想主义：恩格斯主张彻底的费尔巴哈式人道主义。《国民经济学批判大纲》一文总结了恩格斯对经济学著述的解读，其核心在于谴责私有制以及私有制催生的竞争精神。恩格斯认为，周期性危机是无序生产的结果。资本的增长和积累导致了工资下降，并加剧了阶级斗争。在共产主义制度下，科技可以提供巨大的发展机遇，而在资本主义社会，科技只为加强对工人的压迫服务。这篇文章给马克思留下了深刻的印象（他称其为“天才大纲”)①，这也标志着马克思开始对经济问题感兴趣。《德法年鉴》问世后，马克思和恩格斯立即开启了他们的长期通信。马克思后来说，当恩格斯于 1844 年夏到巴黎时，“我们在一切理论领域中都显出意见完全一致，从此就开始了我们共同的工作”②。

马克思提到的第三个来源，是法国和英国社会主义者。其中与马克思接触最多的无疑是蒲鲁东。其实，马克思已经从法国社会主义者中挑选出蒲鲁东的“机智的著作”③。马克思在巴黎时，二人已对彼此有深入了解。
165 马克思写道：“在长时间的、往往是整夜的争论中，我使他感染了黑格尔主义，这对他是非常有害的，因为他不懂德文，不能认真地研究黑格尔主义。”④恩格斯也回忆道，那时“他们两人在巴黎常常整夜整夜地讨论经济问题”⑤。对于蒲鲁东，马克思最欣赏他对私有制的彻底批判，以及他将经济视为社会演进的决定性因素。

费尔巴哈的人道主义奠定了马克思所有笔记的基础（赫斯和恩格斯也会把自己说成是费尔巴哈的追随者)。马克思说，实证批判，以及德国的政治经济学实证批判，是建立在费尔巴哈在其《关于哲学改造的临时纲要》

---

① K. Marx, ‘Preface to Critique of Political Economy’, in Marx – Engels, *Selected Works*, Ⅰ 364. 马克思，恩格斯．马克思恩格斯全集：第 31 卷．2 版．北京：人民出版社，1998：1.

② F. Engels, ‘History of the Communist League’, in Marx – Engels, *Selected Works* Ⅱ 3; 344. 马克思，恩格斯．马克思恩格斯全集：第 28 卷．2 版．北京：人民出版社，2018：274.

③ ‘Communism and *the Augsburger Allgemeine Zeitung*’, *MEGA*: Ⅰ i (1) 263; Easton and Guddat, p. 135.

④ Marx to Schweitzer, in Marx – Engels, *Selected Correspondence*, p. 171. 马克思，恩格斯．马克思恩格斯选集：第 3 卷．3 版．北京：人民出版社，2012：15.

⑤ F. Engels, Introduction to K. Marx, *The Poverty of Philosophy* (New York, 1963) p. 7. 马克思，恩格斯．马克思恩格斯全集：第 28 卷．2 版．北京：人民出版社，2018：210.

和《未来哲学原理》的发现之上的。“从费尔巴哈起才开始了**实证的**人道主义的和自然主义的批判。**费尔巴哈的**著作越不被宣扬，这些著作的影响就越扎实、深刻、广泛和持久；费尔巴哈著作是继黑格尔的《现象学》和《逻辑学》之后包含着真正理论革命的惟一著作。”①

2. 异化劳动

马克思第一份手稿的第一部分主要是对他当时所阅读的经济学著作的摘录或转述。他把稿纸分为三个纵栏，把摘录分为工资、资本、地租三类，每一类对应一个纵栏。在第一栏中，马克思借鉴亚当·斯密的观点，指出资本家和工人之间的艰苦斗争一方面决定了工人的工资水平，另一方面也将工人的地位降低到了商品的地位。马克思还指出，工人是无法获胜的：社会财富减少时，工人受害最深；社会财富增加时，资本得以累积，劳动产品却作为异己之物与工人逐渐远离。简而言之，“在社会的衰落状态中，*166*
工人的贫困日益加剧；在增长的状态中，贫困具有错综复杂的形式；在达到完满的状态中，贫困持续不变”②。

马克思说，政治经济学在探讨人时使用的术语与其探讨房子时使用的术语大体一致。它不是探讨“人在自由时间里”的人，它把这方面留给了其他学科。他继续写道：

> 现在让我们超出国民经济学的水平，试从前面几乎是用国民经济学家的原话所作的论述中来回答以下两个问题：
>
> （1）把人类的最大部分归结为抽象劳动，这在人类发展中具有什么意义？
>
> （2）主张细小改革的人不是希望**提高**工资并以此来改善工人阶级的状况，就是（像蒲鲁东那样）把工资的**平等**看作社会革命的目标，他们究竟犯了什么错误？③

---

① ‘Paris Manuscript’, *Frühe Schriften*, p. 508; Easton and Guddat, p. 285. 马克思，恩格斯. 马克思恩格斯全集：第 3 卷. 2 版. 北京：人民出版社，2002：220.

② ‘Paris Manuscripts’, *Frühe Schriften*, p. 515; K Marx, *Early Writings*, ed. Bottomore (London, 1963) p. 74（下文简称 Bottomore）。马克思，恩格斯. 马克思恩格斯全集：第 3 卷. 2 版. 北京：人民出版社，2002：230.

③ ‘Paris Manuscripts’, *Frühe Schriften*, p. 518; Bottomore, pp. 76f. 马克思，恩格斯. 马克思恩格斯全集：第 3 卷. 2 版. 北京：人民出版社，2002：232.

为了回答这两个问题，马克思收集了三位作者的言论：德国自由主义作家威廉·舒尔茨关于工人的贫困化、机器让人丧失人性的影响，以及女工和童工数量的论述①；康斯坦丁·贝魁尔关于资本主义迫使工人退至从属地位的论述②；欧仁·毕莱关于工人阶级苦难和受剥削境况的论述③。

第二栏的标题是“资本利润”，包含了若干段落。马克思首先引用亚
167 当·斯密的言论，将资本界定为对劳动及劳动产品的支配性力量，然后描述了资本家从工资和原材料中获取利润的方式、激励资本家不断向前的动机、资本的积累、资本家之间的竞争，最后引用了李嘉图、舒尔茨、佩克尔，以及亚当·斯密的言论。

第三栏以地租为例，探讨了资本主义社会的典型特征：各种利益之间的永久对立。在此，马克思引用了亚当·斯密的言论，同时评论道：

> 但是，斯密从土地所有者榨取社会一切利益这一事实得出结论说，土地所有者的利益始终同社会的利益一致，这就荒谬了。根据国民经济学，在私有制的统治下，个人从社会得到的利益同社会从个人得到的利益正好成反比，正像高利贷者靠挥霍者得到的利益决不同挥霍者的利益相一致一样。④

马克思概括了地主和资本家之间的相似之处：归根结底，二者并无根本区别，社会只分为两个阶级——工人阶级和资本家阶级。封建时代以来，土地财产的性质已经完全改变，无论是保留大块地产，还是将其分割为小块地产，都不能避免危机的发生。

马克思在他的手稿中中止了三列平行的书写，而是在整页纸上直接书写，书写风格也发生了改变：不再引述他人的言论，而是直接表达个人观点。这里关于异化劳动的讨论是所有手稿中最精彩的部分。在这一部分中，马克思批评了他刚刚引述过的古典经济学家关于劳动的概念，理由是这些

---

① 参见：W. Schulz，Die *Bewegung der Produlction. Eine geschichtlich – statistische Abhandlung*（Zürich，1843）.

② C. Pecqueur，*Théorie nowvelle d'économie sociale et politique*（Paris，1842）. 贝魁尔提倡民主、中央集权式的社会主义，而批判同宗教和道德背道而驰的资本主义。

③ E. Buret，*De la misère des clasess laborieuses en Angleterre et en Frane*（Paris，1840）. 毕莱的著作证据充分，既说明了工业革命的恐怖之处，也说明了工业革命给人们带来的诸多建设性发展可能。关于毕莱对马克思的经济观的影响，请参见：G. Cottier，*Du romantisme au marxisme*（Paris，1961）.

④ ‘Paris Manuscripts’，*Frühe Schriften*，p. 549；Bottomore，p. 109. 马克思，恩格斯．马克思恩格斯全集：第 3 卷．2 版．北京：人民出版社，2002：257.

概念肤浅且抽象，而他自己的概念则对经济学的本质做出了清晰连贯的描述。从古典经济学家的假定出发，马克思试图表达的是：工人生产得越多，他就变得越贫穷。但这一分析依然不够深刻：

> 国民经济学从私有财产的事实出发。它没有给我们说明这个事实。
> 它把私有财产在现实中所经历的**物质**过程，放进一般的、抽象的公式，168
> 然后把这些公式当作**规律**。……至于这种似乎偶然的外部情况在多大程度上仅仅是一种必然的发展过程的表现，国民经济学根本没有向我们讲明。我们已经看到，交换本身在它看来是偶然的事实。**贪欲**以及**贪欲者之间的战争即竞争**，是国民经济学家所推动的仅有的车轮。①

但是，因为古典经济学家未能理解不同经济因素之间的必然联系和发展，他们无法给出清晰连贯的经济学解释。与此相反，马克思意在“弄清楚私有制，贪欲和劳动、资本、地产三者的分离之间，交换和竞争之间，人的价值和人的贬值之间，垄断和竞争等等之间，这全部异化和**货币**制度之间的本质联系”②。经济学家常用的方法是假设一个杜撰的原始陈述，然后从这个假设出发。然而，这种做法简单地把有待解释说明的假设当成了事实。“神学家也是这样用原罪来说明恶的起源，就是说，他把他应当加以说明的东西假定为一种具有历史形式的事实。”③

在介绍自己的主要观点前，马克思再次强调了其观点的经验基础。他说：“我们且从**当前的**经济事实出发。”④这一事实就是工人所承受的普遍贫穷和非人待遇。马克思阐发了这一事实蕴含的意义，并由此引出了本部分的主题：

> 这一事实无非是表明：劳动所生产的对象，即劳动的产品，作为一种**异己的存在物**，作为**不依赖于**生产者的**力量**，同劳动相对立。劳

---

① ‘Paris Manuscripts’, *Frühe Schriften*, p. 559; Easton and Guddat, p. 287. 马克思，恩格斯．马克思恩格斯全集：第3卷．2版．北京：人民出版社，2002：266－267. 这一段引文的最后一句曾被塔克误译。见：Tucker, *Philosophy and Myth in Karl Marx*, p. 138. “The only wheels that set political economy in motion, are greed and the war between the greedy—competition.” 两种译法之间的差异是最重要的。

② ‘Paris Manuscripts’, *Frühe Schriften*, p. 560; Easton and Guddat, p. 288. 马克思，恩格斯．马克思恩格斯全集：第3卷．2版．北京：人民出版社，2002：267.

③ ‘Paris Manuscripts’, *Frühe Schriften*, p. 560; Easton and Guddat, p. 289. 马克思，恩格斯．马克思恩格斯全集：第3卷．2版．北京：人民出版社，2002：267.

④ ‘Paris Manuscripts’, *Frühe Schriften*, p. 560; Easton and Guddat, p. 289. 马克思，恩格斯．马克思恩格斯全集：第3卷．2版．北京：人民出版社，2002：267.

> 动的产品是固定在某个对象中的、物化的劳动，这就是劳动的**对象化**。
> 169 劳动的现实化就是劳动的对象化。在国民经济学假定的状况中，劳动的这种现实化表现为工人的**非现实化**，对象化表现为**对象的丧失**和**被对象奴役**，占有表现为**异化**、**外化**。①

简而言之，马克思所谓的异化，即成为自身的创造者是人的本性；人在与他人合作中，通过努力改造外在于自身的世界来形成和发展自身。在人与世界的渐进式交流活动中，控制交流过程，成为交流活动的发起者和发起交流活动的主体是人的本性。然而，这一本性对人类来说已经变得陌生，也就是说，它不再属于人自身，而是属于其他什么人或物。譬如，在宗教中，上帝是历史进程的主体。上帝掌握着主动权，而人则处于从属地位。马克思认为，在经济学中，货币或现金交易关系控制着人类，人类就像是客体，而不是主体。这一观点的核心是：人已经失去了控制自身发展的能力，并且眼睁睁地看着这种控制能力流向其他实体。人所固有的属性成了别的事物的属性，于人而言已经变得陌生，成为异己的对象②。

工人与其劳动产品的关系就和工人与其异己对象的关系一样，这一事实意味着工人生产的产品越多，他就越接近失业和饥饿。马克思再次将其与宗教进行类比：

> 宗教方面的情况也是如此。人奉献给上帝的越多，他留给自身的就越少。工人把自己的生命投入对象；但现在这个生命已不再属于他而属于对象了。……工人在他的产品中的**外化**，不仅意味着他的劳动成为对象，成为**外部的**存在，而且意味着他的劳动作为一种与他相异的东西不依赖于他而**在他之外**存在，并成为同他对立的独立力量；意味着他给予对象的生命是作为敌对的和相异的东西同他相对立。③

170 由此，工人受到了双重剥夺：与自然界，以及外部感官世界的联系对

---

① ‘Paris Manuscripts’, *Frühe Schriften*, p. 561; Easton and Guddat, p. 289. 马克思，恩格斯. 马克思恩格斯全集：第3卷. 2版. 北京：人民出版社，2002：267-268.

② 马克思用两个德语词汇表述其异化观：*Entaeusserung* 和 *Entfremdung*。严格而言，第一个词强调的是剥夺的概念，而第二个词强调某种陌生的东西的概念。马克思似乎对此不加区别，有时为了修辞而同时使用。另外，请参阅参考文献中贝尔、布雷布鲁克、奥尼尔的文章。

③ ‘Paris Manuscripts’, *Frühe Schriften*, p. 562; Easton and Guddat, p. 290. 马克思，恩格斯. 马克思恩格斯全集：第3卷. 2版. 北京：人民出版社，2002：268.

工人而言是必需的，因此异化既剥夺了工人劳动的对象，也剥夺了他生存的对象。

接下来，马克思又回到了古典经济学家关于异化规律的看法：“工人生产得越多，他能够消费的越少；他创造价值越多，他自己越没有价值、越低贱；工人的产品越完美，工人自己越畸形。”①长期以来，古典经济学家强调资本主义所创造的财富，却忽视了它强加于工人的贫困、畸形和愚昧。工人与其生产对象的关系是判断劳动质量的关键维度。

在探讨了工人与其生产对象的关系后，马克思界定并分析了异化的人的第二、三、四个特点。第二个特点是工人在生产行为中的异化。马克思问道：“如果工人不是在生产行为本身中使自身异化，那么工人活动的产品怎么会作为相异的东西同工人对立呢？”②马克思把这种异化分为三个方面：首先，劳动外在于劳动者自身，而不是其本性的一部分；其次，劳动不是自愿的，而是被迫的；最后，这种劳动属于别人，而不属于自身。这再一次与宗教活动相类似：“在宗教中，人的幻想、人的头脑和人的心灵的自主活动对个人发生作用不取决于他个人，就是说，是作为某种异己的活动，神灵的或魔鬼的活动发生作用，同样，工人的活动也不是他的自主活动。他的活动属于别人，这种活动是他自身的丧失。”③这样做的结果，是把人变成了动物，因为他只有在发挥吃、喝、生育等动物功能时才感到自由——而当他发挥人类独有的功能时，却觉得自己像动物。

马克思认为，人既异化于他的劳动产品，也在生产行为中被异化（这一点他也称为“自我异化”）。基于前两个特点，马克思得出了异化劳动的第三个特点：人异化于其类、其同伴。马克思对“类”的定义源于费尔巴 171
哈。类存在物的两个主要特征是自我意识和普遍性：“人是类存在物，不仅因为人在实践上和理论上都把类——他自身的类以及其他物的类——当作自己的对象；而且因为——这只是同一种事情的另一种说法——人把自身当作现有的、有生命的类来对待，因为人把自身当作**普遍的**因而也是自由

① ‘Paris Manuscripts’, *Frühe Schriften*, p. 563; Easton and Guddat, p. 291. 马克思，恩格斯．马克思恩格斯全集：第3卷．2版．北京：人民出版社，2002：269.

② ‘Paris Manuscripts’, *Frühe Schriften*, p. 564; Easton and Guddat, p. 291. 马克思，恩格斯．马克思恩格斯全集：第3卷．2版．北京：人民出版社，2002：270.

③ ‘Paris Manuscripts’, *Frühe Schriften*, p. 565; Easton and Guddat, p. 292. 马克思，恩格斯．马克思恩格斯全集：第3卷．2版．北京：人民出版社，2002：271.

的存在物来对待。”①这种普遍性基于下述事实：人可以将整个无机自然界收为己用。

> 在实践上，人的普遍性正是表现为这样的普遍性，它把整个自然界——首先作为人的直接的生活资料，其次作为人的生命活动的对象（材料）和工具——变成人的**无机的**身体。自然界，就它自身不是人的身体而言，是人的**无机的身体**。人靠自然界**生活**。这就是说，自然界是人为了不致死亡而必须与之处于持续不断的交互作用过程的、人的**身体**。所谓人的肉体生活和精神生活同自然界相联系，不外是说自然界同自身相联系，因为人是自然界的一部分。②

的确，动物也从事生产——但动物只生产它们即刻需要的东西。换言之，普遍而自由地生产是人的本性：人“懂得按照任何一个种的尺度来进行生产，并且懂得处处都把内在的尺度运用于对象；因此，人也按照美的规律来构造”③。马克思将他的讨论结果总结如下：

> 异化劳动，由于（1）使自然界，（2）使人本身，使他自己的活动机能，使他的生命活动同人相异化，也就使**类**同人相异化；对人来说，它把**类生活**变成维持个人生活的手段。第一，它使类生活和个人生活异化；第二，把抽象形式的个人生活变成同样是抽象形式和异化形式的类生活的目的。④

172 人是一种类存在物，因为人通过有意识地改造无机自然界而生活。这种“生命活动”是人的本质。由于这种“生命活动”被异化，变成了一种纯粹的生存手段，人也就丧失了自己的类存在。因为劳动是人的类生活的物化，人被剥夺了他所生产的对象，因此他也被剥夺了他的客观类生活。

马克思最后从异化的前三个特点中得出了第四个特点，并完成了对异化的总体描述：人同人相异化。

> 总之，人的类本质同人相异化这一命题，说的是一个人同他人相

---

① ‘Paris Manuscripts’, *Frühe Schriften*, p. 566; Easton and Guddat, p. 293. 马克思，恩格斯．马克思恩格斯全集：第3卷．2版．北京：人民出版社，2002：272.

② ‘Paris Manuscripts’, *Frühe Schriften*, p. 566; Easton and Guddat, p. 293. 马克思，恩格斯．马克思恩格斯全集：第3卷．2版．北京：人民出版社，2002：272.

③ ‘Paris Manuscripts’, *Frühe Schriften*, p. 568; Easton and Guddat, p. 295. 马克思，恩格斯．马克思恩格斯全集：第3卷．2版．北京：人民出版社，2002：274.

④ ‘Paris Manuscripts’, *Frühe Schriften*, pp. 566f.; Easton and Guddat, p. 294. 马克思，恩格斯．马克思恩格斯全集：第3卷．2版．北京：人民出版社，2002：272－273.

> 异化，以及他们中的每个人都同人的本质相异化。
>
> 人的异化，一般地说，人对自身的任何关系，只有通过人对他人的关系才得到实现和表现。
>
> 因此，在异化劳动的条件下，每个人都按照他自己作为工人所具有的那种尺度和关系来观察他人。①

在重申了自己只是在分析源自经济事实的概念之后，马克思提出了这样一个问题：如果我的劳动产品异于我自身，属于其他人，那么这个“其他人”是谁？在本章的开头，他谈到了这一问题：“有产者对生产对象和生产本身的关系，不过是这前一种关系的**结果**，而且证实了这一点。”②现在他进一步展开其论述：人类劳动的产物既不属于神，也不属于自然；它只能属于人类自己。“如果劳动产品不属于工人，并作为一种异己的力量同工人相对立，那么这只能是由于产品属于**工人之外的他人**。如果工人的活动对他本身来说是一种痛苦，那么这种活动就必然给他人带来**享受**和生活乐趣。不是神也不是自然界，只有人自身才能成为统治人的异己力量。”③在此，马克思回到了他对人的异化的第四个特点的讨论④。人的劳动产品和 173
生产活动都异于其自身，这意味着一定有其他人控制了他的产品和活动。

> 人同自身和自然界的任何自我异化，都表现在他使自身和自然界跟另一些与他不同的人所发生的关系上。因此，宗教的自我异化也必然表现在世俗人对僧侣或者世俗人对耶稣基督——因为这里涉及精神

---

① ‘Paris Manuscripts’, *Frühe Schriften*, p. 569; Easton and Guddat, p. 296. 马克思，恩格斯．马克思恩格斯全集：第3卷．2版．北京：人民出版社，2002：275.

② ‘Paris Manuscripts’, *Frühe Schriften*, pp. 563f.; Easton and Guddat, p. 291. 马克思，恩格斯．马克思恩格斯全集：第3卷．2版．北京：人民出版社，2002：270.

③ ‘Paris Manuscripts’, *Frühe Schriften*, p. 570; Easton and Guddat, p. 296f. 马克思，恩格斯．马克思恩格斯全集：第3卷．2版．北京：人民出版社，2002：276. 在马克思看来，这并不意味着资本家未被异化。虽然方式不同，但资本家和工人都被异化了。见：G. Cohen, ‘Bourgeois and Proletarians’, *Journal of the History of Ideas* (Jan 1968).

④ 塔克《卡尔·马克思的哲学和神话》第149页误译了此段。He says: ‘Marx was at least obscurely aware of the shakiness of his position, for he made a note in the manuscript saying: “We must think over the previously made statement that the relation of man to himself first becomes objective and real through his relation to another man.”’ 正确的翻译当为“Let us consider the statement previously made...” 在此，马克思只是重申自己对异化的第四个特点的看法，塔克之所以错译，是因其在没有文本证据的情况下假设马克思将自我异化（塔克称其为“异化的自我关系”，这与马克思的自我异化截然不同）从根本上看作个体心理的一种现象：塔克接着指出，这与马克思所言的自我异化本质上是社会的相矛盾，在理论上是站不住脚的。然而，这里所谓的“矛盾”，其实是塔克和马克思之间的矛盾，而不是马克思的自相矛盾。

> 世界——等等的关系上。在实践的、现实的世界中，自我异化只有通过对他人的实践的、现实的关系才能表现出来。①

接着，马克思就私有财产和工资问题得出了几条务实的结论。按照马克思的分析，由于工人与劳动的关系产生了资本家与劳动的关系，“因此，**私有财产**是**外化劳动**即工人对自然界和对自身的外在关系的产物、结果和必然后果”②。的确，私有财产似乎是最先出现的，可是“对这一概念的分析表明，尽管私有财产表现为外化劳动的根据和原因，但确切地说，它是外化劳动的后果，正像神**原先**不是人类理智迷误的原因，而是人类理智迷误的结果一样。后来，这种关系就变成相互作用的关系”③。这曾被称为
174 “预期理由”，严格说来，这是正确的：异化劳动的概念以私有财产为前提，正如异化劳动生产了私有财产。然而，马克思期望得出的结论是：社会劳动是一切价值之源，因而也是财富分配之源。

马克思使用这一结论回答了两个当代问题。

第一个问题源于如下事实：尽管古典经济学将劳动视为生产的基础，但它未曾赋予劳动任何东西，而是为私有财产提供了一切。在此，古典经济学再次阐明了异化劳动的规律。“**工资**和**私有财产**是同一的，因为用劳动产品、劳动对象来偿付劳动本身的工资，不过是劳动异化的必然后果”④，由此，劳动变成了工资的仆人，工资的增长也无法使人的意义和价值重归于劳动。马克思的结论是：

> 甚至蒲鲁东所要求的**工资平等**，也只能使今天的工人对自己的劳动的关系变成一切人对劳动的关系。这时社会就被理解为抽象的资本家。
>
> 工资是异化劳动的直接结果，而异化劳动是私有财产的直接原因。因此，随着一方衰亡，另一方也必然衰亡。⑤

---

① ‘Paris Manuscripts’, *Frühe Schriften*, pp. 570f.; Easton and Guddat, p. 297. 马克思，恩格斯．马克思恩格斯全集：第3卷．2版．北京：人民出版社，2002：276.

② ‘Paris Manuscripts’, *Frühe Schriften*, p. 571; Easton and Guddat, p. 298. 马克思，恩格斯．马克思恩格斯全集：第3卷．2版．北京：人民出版社，2002：277.

③ ‘Paris Manuscripts’, *Frühe Schriften*, p. 572; Easton and Guddat, p. 298. 马克思，恩格斯．马克思恩格斯全集：第3卷．2版．北京：人民出版社，2002：277.

④ ‘Paris Manuscripts’, *Frühe Schriften*, p. 572; Easton and Guddat, p. 298. 马克思，恩格斯．马克思恩格斯全集：第3卷．2版．北京：人民出版社，2002：278.

⑤ ‘Paris Manuscripts’, *Frühe Schriften*, p. 573; Easton and Guddat, p. 299. 马克思，恩格斯．马克思恩格斯全集：第3卷．2版．北京：人民出版社，2002：278.

第二个问题是人类普遍解放的问题。马克思重申了自己在《黑格尔法哲学批判导言》结尾处的观点，认为工人的解放带来人类的普遍解放。“工人的解放还包含普遍的人的解放；其所以如此，是因为整个的人类奴役制就包含在工人对生产的关系中，而一切奴役关系只不过是这种关系的变形和后果罢了。”①

接着，马克思计划以异化劳动和私有制两个要素为基础，讨论古典经济学的方方面面——商业、竞争、资本、货币。他首先试图“从**私有财产**对**真正人的**和**社会的财产**的关系来规定……**私有财产**的普遍**本质**”②。在总 175
结了其前期结论后，马克思提议考察异己的人，即生产的支配者同工人、劳动、劳动对象的关系。马克思就此做出了三项初步评价。“首先必须指出，凡是在工人那里表现为**外化的**、**异化的活动**的东西，在非工人那里都表现为**外化的**、**异化的状态**。其次，工人在生产中的**现实的**、实践的**态度**，以及他对产品的态度（作为一种内心状态），在同他相对立的非工人那里表现为**理论的态度**。**第三**，凡是工人做的对自身不利的事，非工人都对工人做了，但是，非工人做的对工人不利的事，他对自身却不做。”③ 马克思写道：“我们来进一步考察这三种关系。”④ 然而手稿就此中断，并未完成。

尽管手稿不完整，但重建其后续内容仍有可能。在这一时期的笔记中，马克思记录了对自己所阅古典经济学家作品的反思，对詹姆斯·穆勒的《政治经济学原理》所做的笔记内容尤其丰富。马克思在笔记中讨论了他曾计划在关于异化劳动的手稿未完成部分中讨论的古典经济学范畴——商业、竞争、资本、货币。他集中讨论了货币和私有财产的去人性化后果，最后阐述了自己的非异化劳动概念，这是他对异化劳动批判的积极方面。

在笔记的开头，马克思就批判了穆勒在经济学这样一个混乱和不断波动的领域中制订精确“法则”的意图。然后评论了穆勒关于货币作为交换媒介的描述。货币本身就对人与他人之间的关系，甚至对人与产品的关系具有重要意义：

---

① ‘Paris Manuscripts’, *Frühe Schriften*, p. 573; Easton and Guddat, p. 299. 马克思，恩格斯. 马克思恩格斯全集：第3卷.2版. 北京：人民出版社，2002：278.

② 马克思，恩格斯. 马克思恩格斯全集：第3卷.2版. 北京：人民出版社，2002：279. ——译者注

③ 马克思，恩格斯. 马克思恩格斯全集：第3卷.2版. 北京：人民出版社，2002：280. ——译者注

④ 马克思，恩格斯. 马克思恩格斯全集：第3卷.2版. 北京：人民出版社，2002：280. ——译者注

> 货币的本质，首先不在于财产通过它转让，而在于人的产品赖以互相补充的**中介活动**或中介运动，**人的**、社会的行动**异化了**并成为在人之外的**物质东西**的属性，成为货币的属性。既然人使这种中介活动本身外化，他在这里只能作为丧失了自身的人、失去人性的人而活动；……由于这种**异己的媒介**——并非人本身是人的媒介，——人把自己的愿望、活动以及同他人的关系看作是一种不依赖于他和他人的
> 176 力量。……同这个媒介脱离的物，失去了自己的价值。因此，只有在这些物**代表**这个媒介的情况下这些物才有价值，而最初似乎是，只有在这个**媒介**代表这些**物**的情况下这个媒介才有价值。①

在对货币媒介和基督媒介作了（不是很清晰的）比较之后，马克思解释说，在私有制下，货币是必要的，因为人们必须交换，而交换必须以价值告终。的确，人们仍然沉迷于货币，紧握着他们的钱袋子不放。开明的经济学家曾试图通过引入汇票、支票和各种形式的信贷来对抗这种情况。就连圣西门的追随者也曾被误导，认为在信贷体系中（他们的理想是一个完全有组织的银行系统），人与人之间的疏远会逐渐被克服，人与人之间的关系会恢复。然而，这种恢复只是表面上的，因为在这里，异化不是纯粹的、外在的，而是嵌入了人的道德和社会存在之中，因为

> **信贷**是对一个人的**道德**作出的**国民经济学的**判断。在信贷中，**人**本身代替了金属或纸币，成为交换的**媒介**，但这里人不是作为人，而是作为**某种资本**和利息的**存在**。……**人的个性**本身、人的**道德**本身既成了买卖的物品，又成了货币存在于其中的**物质**。构成**货币**灵魂的物质、躯体的，是我自己的个人存在、我的肉体和血液、我的社会美德和声誉，而不是货币、纸币。②

马克思认为，信贷体系有四个主要特征。首先，它增强了富人的权力，因为信贷更容易给那些已经有钱的人；其次，它在经济判断的基础上增加了道德判断，暗示没有信用的人是不值得信赖的；第三，它迫使人们试图通过撒谎和欺骗来获取信用；第四，信用在银行体系中得以完善。

---

① ‘Excerpt - notes of 1844’, K. Marx, *Texte zu Methode und Praxis*, ed. Hillmann, Ⅱ 166f.（下文简称为 Texte）; Easton and Guddat, p. 266. 马克思，恩格斯．马克思恩格斯全集：第 42 卷．北京：人民出版社，1979：18 - 19.

② ‘Excerpt - notes of 1844’, *Texte*, p. 170; Easton and Guddat, p. 270. 马克思，恩格斯．马克思恩格斯全集：第 42 卷．北京：人民出版社，1979：22 - 23.

与基于金钱和信用的社会相对照，马克思概括了自己关于人的真实社会存在的观点：

> 因为**人的**本质是人的**真正的社会联系**，所以人在积极实现自己**本** 177
> **质**的过程中**创造**、生产人的**社会联系**、社会本质，而社会本质不是一种同单个人相对立的抽象的一般的力量，而是每一个单个人的本质，是他自己的活动，他自己的生活，他自己的享受，他自己的财富。因此，上面提到的**真正的社会联系**并不是由反思产生的，它是由于有了个人的**需要**和**利己主义**才出现的，也就是个人在积极实现其存在时的直接产物。有没有这种社会联系，是不以人为转移的；但是，只要人不承认自己是人，因而不按照人的样子来组织世界，这种**社会联系**就以**异化**的形式出现。因为这种社会联系的**主体**，即人，是自身异化的存在物。人们——不是抽象概念。而是作为现实的、活生生的、特殊的个人——**就是**这种存在物。①

譬如，古典经济学家德斯杜特·德·特拉西和亚当·斯密认为，人类的普遍生活存在于商业和交换中。但是，如果交换和贸易是社会的、普遍的行为，那么即便是私有财产，也具备非个人性质：首先，私有财产是某人从其生产者那里得到的，私有财产因而对其并无个人意义。

> 其次，它同另一种私有财产发生关系，并被认为同这种私有财产是相等的。它的地位被**另一种**私有财产所代替，如同它本身代替了**另一种**私有财产一样。因而，私有财产从双方来看都表现为另一种私有财产的代表，表现为同**另一种**自然产物**相等的东西**，并且双方是这样相互发生关系的：每一方都代表**另一方**的存在，双方都作为它的自身和它的异在的**代替物**相互发生关系。因此，私有财产本身的存在就成了它作为**代替物**，作为**等价物**的存在。②

上述情况必然促使劳动转变为雇佣劳动。在原始的物物交换中，人们只交换自己生产的剩余农产品。然而，人们很快就开始为交换而生产，最后："他的劳动的意义仅仅归于谋生的劳动并成为完全**偶然的**和**非本质的**，
而不论生产者同他的产品是否有直接消费和个人需要的关系，也不论他的 178

① 'Excerpt - notes of 1844', *Texte*, p. 171; Easton and Guddat, pp. 271f. 马克思，恩格斯．马克思恩格斯全集：第 42 卷．北京：人民出版社，1979：24 - 25.

② 'Excerpt - notes of 1844', *Texte*, p. 174; Easton and Guddat, p. 274. 马克思，恩格斯．马克思恩格斯全集：第 42 卷．北京：人民出版社，1979：27.

活动、劳动本身的行动对他来说是不是他个人的自我享受，是不是他的天然禀赋和精神目的的实现。”① 随着文明的发展，劳动分工也得以发展，而劳动分工的发展加速了上述进程。

由此，在原始状态下，人依据自身的需求量来进行生产，而在社会发展的高级阶段，

> 如果我生产的物品**超过了**我自己能够直接消费的，那么，我的**剩余**产品是精确地**估计**到你的需求的。……因此，我们彼此的产品是满足我们彼此需要的**手段、媒介、工具、公认的权力**。因此，你的**需求**和**你所占有的等价物**，对我来说是具有**同等意义**的、相同的术语。你的需求只有在对我具有意义和效用时，才具有效用，从而具有**意义**；如果单纯把你看作一个没有这种交换工具的人，那么，你的需求从你这方面来说是得不到满足的愿望，而在我看来则是实现不了的幻想。可见，你作为人，同我的物品毫无关系，因为**我自己**同我的物品也不具有人的关系。②

所以，“我们**彼此的**价值就是我们彼此拥有的物品的**价值**。因此，在我们看来，一个人本身对另一个人来说是某种**没有价值的**东西”③。在论述货币的笔记的结尾，马克思描述了非异化劳动，这是他为数不多的几个详细描述未来共产主义社会的段落之一，值得详细引述：

> 假定我们作为人进行生产。在这种情况下，我们每个人在自己的生产过程中就**双重地**肯定了自己和另一个人：(1) 我在我的**生产**中物化了我的**个性**和我的个性的**特点**，因此我既在活动时享受了个人的**生命表现**，又在对产品的直观中由于认识到我的个性是**物质的、可以直观地感知的**因而是**毫无疑问的**权力而感受到个人的乐趣。(2) 在你享受或使用我的产品时，我**直接**享受到的是：既意识到我的劳动满足了**人的**需要，从而物化了**人的**本质，又创造了与另一个**人的**本质的需要相符
> 179 合的物品。(3) 对你来说，我是你与类之间的**中介人**，你自己意识到和感觉到我是你自己本质的补充，是你自己不可分割的一部分，从而我认

---

① ‘Excerpt - notes of 1844’, *Texte*, p. 175; Easton and Guddat, p. 275. 马克思，恩格斯．马克思恩格斯全集：第 42 卷．北京：人民出版社，1979：28.

② ‘Excerpt - notes of 1844’, *Texte*, pp. 178 f. ; Easton and Guddat, p. 279. 马克思，恩格斯．马克思恩格斯全集：第 42 卷．北京：人民出版社，1979：35 - 36.

③ ‘Excerpt - notes of 1844’, *Texte*, p. 180; Easton and Guddat, p. 280. 马克思，恩格斯．马克思恩格斯全集：第 42 卷．北京：人民出版社，1979：37.

> 识到我自己被你的思想和你的爱所证实。(4) 在我个人的生命表现中，我直接创造了你的生命表现，因而在我个人的活动中，我直接**证实**和**实现**了我的真正的本质，即我的**人的本质**，我的**社会的本质**。
>
> 我们的生产同样是反映我们本质的镜子。
>
> 情况就是这样：你那方面所发生的事情同样也是我这方面所发生的事情。
>
> …………
>
> 因此，我在劳动中肯定了自己的**个人**生命，从而也就肯定了我的个性的**特点**。劳动是我**真正的、活动的财产**。在私有制的前提下，我的个性同我自己疏远到这种程度，以致这种**活动**为我所**痛恨**，它对我来说是一种**痛苦**，更正确地说，只是活动的**假象**。因此，劳动在这里也仅仅是一种**被迫**的活动，它加在我身上仅仅是由于**外在的**、偶然的需要，而**不是**由于**内在的必然**的需要。①

马克思的基本观点是：在资本主义社会中，人自身的对象化否定了其类存在，而不是反过来肯定他的类存在。他宣称这一判断纯粹建立在对经济事实的研究基础上。马克思还声称，自己使用了古典经济学家的结论，而这只是批评了他们的前提。有几次马克思只要求仅反映经济事实，并在手稿序言中说："我用不着向熟悉国民经济学的读者保证，我的结论是通过完全经验的、以对国民经济学进行认真的批判研究为基础的分析得出的。"②然而，马克思对"异化""人的本质的实现"等术语的使用清楚地表明他的分析并不是纯粹的科学分析。如果这意味着价值判断的缺失，那么它也不是实证的分析。因为马克思的描述充满了戏剧性的、过于简化的、近乎警句式的判断。虽然其经济分析是从古典经济学中继承过来的，但其 *180*
道德判断却受启于舒尔茨、贝魁尔、西斯蒙第、毕莱的著作。非常重要的一点是，要理解马克思的主张，就要认识到，"经验主义"于他而言并不涉及事实与价值的区分（马克思反对这样的想法），而仅仅是分析（无论它导向何方）起始于正确的地方——人的物质需求③。

---

① 'Excerpt – notes of 1844', *Texte*, pp. 180 f.; Easton and Guddat, p. 281. 马克思，恩格斯．马克思恩格斯全集：第42卷．北京：人民出版社，1979：37–38.

② 'Paris Manuscripts', *Frühe Schriften*, pp. 506f.; Easton and Guddat, p. 284. 马克思，恩格斯．马克思恩格斯全集：第3卷．2版．北京：人民出版社，2002：219.

③ 关于马克思异化学说的经验特征的详尽分析，请参见：D. Braybrooke, 'Diagnosis and Remedy in Marx's Doctrine of Alienation', in *Social Research* (autumn 1958)．其中有几篇文章以马克思的学说为基础。最为著名的文章是 R. Blauner, *Alienation and Freedom* (Chicago, 1964)。

3. 共产主义

马克思的第二份手稿只有4页留存下来。马克思在其中描述了资本家对工人的态度。

> 工人只有当他**对自己**作为资本存在的时候，才作为工人存在；而他只有当某种**资本对他**存在的时候，才作为资本存在。资本的存在是**他的**存在、他的**生活**，资本的存在以一种对他来说无所谓的方式规定他的生活的内容。因此，国民经济学不知道有失业的工人，即处于这种劳动关系之外的劳动人。①

私有财产的存在既意味着作为异化劳动的人类活动的生产，也意味着资本的生产，而资本使一切自然特征和社会特征都变得无关痛痒；马克思赞扬古典经济学，因为古典经济学抛弃了对土地所有者的浪漫幻想，转而将其视为平庸的资本家。他分析了近期的经济发展状况，并总结道："必然产生出**资本家**对**土地所有者**的胜利，即发达的私有财产对不发达的、不完全的私有财产的胜利。"② 第二份手稿以马克思对资本与劳动关系的发展过程的简短论述结束。

181 第三份手稿以两大段笔记开篇，内容涉及一份已然遗失的手稿。其中第一段笔记讨论的是私有财产与劳动。马克思说，只有亚当·斯密及其追随者的国民经济学"才应该被看成……现代**工业**的产物；而另一方面，正是这种国民经济学促进并赞美了这种**工业**的能量和发展，使之变成**意识**的力量"③。"**恩格斯**有理由把**亚当·斯密**称作**国民经济学的路德**"是对的④。正如路德将宗教内化一样，在现代经济学中，人被视为私有财产的本质。然而，这种认识仅停留在表层，由于经济学一方面将劳动看作财富的唯一本质，另一方面又解释说这将产生不利于人的后果，从而陷入了矛盾。第

---

① 'Paris Manuscripts', *Frühe Schriften*, p. 576; Bottomore, p. 137. 马克思，恩格斯．马克思恩格斯全集：第3卷．2版．北京：人民出版社，2002：281－282.

② 'Paris Manuscripts', *Frühe Schriften*, p. 583; Bottomore, p. 143. 马克思，恩格斯．马克思恩格斯全集：第3卷．2版．北京：人民出版社，2002：287.

③ 'Paris Manuscripts', *Frühe Schriften*, p. 585; Bottomore, p. 147. 马克思，恩格斯．马克思恩格斯全集：第3卷．2版．北京：人民出版社，2002：289.

④ 'Paris Manuscripts', *Frühe Schriften*, p. 585; Bottomore, p. 147. 马克思，恩格斯．马克思恩格斯全集：第3卷．2版．北京：人民出版社，2002：289.

一段笔记的其余部分是对魁奈和其他重农主义者的批评，理由是他们用现代经济学的语言捍卫封建观念。

第二段笔记概括了马克思的共产主义观念。扬弃自我异化和自我异化遵循同样的路径和步骤。前人对这一转换的描述不尽如人意。譬如，蒲鲁东主张废除资本，傅立叶和圣西门将异化劳动归结为一种特殊形式的劳动。因此，傅立叶主张回到农业劳动，而圣西门则将正确组织工业劳动视为关键所在。上述观点都有所偏颇，共产主义则更进一步，“是扬弃了的私有财产的**积极**表现”①。即便如此，共产主义的发展也分为不同阶段。

“粗陋的”共产主义——仅为私有财产的普遍化。“首先，**物质的**财产对它的统治力量如此之大，以致它想把不能被所有人作为**私有财产**占有的**一切**都消灭；它想用**强制的**方法把才能等等抛弃。在它看来，物质的直接的**占有**是生活和存在的惟一目的。”② 共产主义的这一概念在废除婚姻，代 182
之以共妻制的提议中也曾被提及，因为两性关系是“人对人的直接的、自然的、必然的关系”③。

> 这种共产主义——由于到处否定人的**个性**——只不过是私有财产的彻底表现，私有财产就是这种否定。普遍的和作为权力而形成的**忌妒心**，是**贪财欲**所采取的并且只是用**另一种**方式使自己得到满足的隐蔽形式。……整个文化和文明的世界的抽象否定，向**贫穷的**、需求不高的人——他不仅没有超越私有财产的水平，甚至从来没有达到私有财产的水平——的**非自然的**简单状态的倒退，恰恰证明私有财产的这种扬弃决不是真正的占有。④

此处唯一共同体，是（异化）劳动的共同体，唯一的平等，是由普遍的资本家共同体支付的工资的平等。

在这里，马克思似乎提到了两个派别，即平均主义工人社和人道社。恩格斯在其 1843 年 11 月发表在欧文主义报纸《新道德世界》上的文章《大陆上社会改革运动的进展》中曾提到这两个派别。在恩格斯看来，前

① ‘Paris Manuscripts’, *Frühe Schriften*, p. 590; Easton and Guddat, p. 301. 马克思，恩格斯. 马克思恩格斯全集：第 3 卷. 2 版. 北京：人民出版社，2002：295.

② ‘Paris Manuscripts’, *Frühe Schriften*, pp. 590f.; Easton and Guddat, pp. 301f. 马克思，恩格斯. 马克思恩格斯全集：第 3 卷. 2 版. 北京：人民出版社，2002：295.

③ ‘Paris Manuscripts’, *Frühe Schriften*, p. 592; Easton and Guddat, p. 303. 马克思，恩格斯. 马克思恩格斯全集：第 3 卷. 2 版. 北京：人民出版社，2002：296.

④ ‘Paris Manuscripts’, *Frühe Schriften*, p. 591; Easton and Guddat, p. 302. 马克思，恩格斯. 马克思恩格斯全集：第 3 卷. 2 版. 北京：人民出版社，2002：295–296.

者“和大革命时代的巴贝夫派一样，是一批相当‘粗暴的人’。他们想把世界变成工人的公社，把文明中一切精致的东西，即科学、美术等等，都当作无益的、危险的东西，当作贵族式的奢侈品加以消灭”①。人道派“主要以攻击婚姻、家庭以及其他制度见称”②。在试图组织一次大的政变后，“四季社”于1839年解散。随后，平均主义工人社及其报纸《人类卫护报》于1840年创办成立。《平等宣言》的作者西尔万·马雷夏尔和布朗基对该报影响颇大③。

183 第二类被马克思视为不妥当的共产主义的形式有两种：“还具有政治性质，是民主的或专制的”；“废除国家的，但同时是还未完成的，总还是处于私有财产即人的异化的影响下”④。马克思认为，

> 这两种形式的共产主义都已经认识到自己是人向自身的还原或复归，是人的自我异化的扬弃；但是，因为它还没有理解私有财产的积极的本质，也还不了解需要所具有的**人的**本性，所以它还受私有财产的束缚和感染。它虽然已经理解私有财产这一概念，但是还不理解它的本质。⑤

马克思在此处提及的民主共产主义应为埃蒂埃纳·卡贝所主张的乌托邦式的共产主义，这种共产主义当时在巴黎日益盛行；专制式共产主义或许影射巴贝夫的追随者们所主张的过渡时期的无产阶级专政。第二类共产主义以德萨米为代表，涉及国家的废除问题。德萨米的名言是，一个会计和一个注册员是确保未来共产主义社会完美运转所必需的一切。

第三类是马克思自己的共产主义观念，也是前人那些不完善的共产主义概念的终结：

> **共产主义**是**私有财产**即**人的自我异化的积极的**扬弃，因而是通过人并且为了人而对**人的**本质的真正**占有**；因此，它是人向自身、向**社**

① MEGA Ⅱ ii 439. 马克思，恩格斯. 马克思恩格斯全集：第3卷.2版. 北京：人民出版社，2002：480.

② Ibid. 马克思，恩格斯. 马克思恩格斯全集：第3卷.2版. 北京：人民出版社，2002：480.

③ 参见：E. Dolleans, *Histoire du mouvemennt ourier* (Paris, 1957) Ⅰ 179. 卡吉的《历史唯物主义的起源》中有许多有用的背景信息，见于第238页以后的内容。

④ ‘Paris Manuscripts’, *Frühe Schriften*, p. 593; Easton and Guddat, p. 303. 马克思，恩格斯. 马克思恩格斯全集：第3卷.2版. 北京：人民出版社，2002：297.

⑤ ‘Paris Manuscripts’, *Frühe Schriften*, p. 593; Easton and Guddat, pp. 303f. 马克思，恩格斯. 马克思恩格斯全集：第3卷.2版. 北京：人民出版社，2002：297.

> **会的**即合乎人性的人的复归，这种复归是完全的，自觉的和在以往发展的全部财富的范围内生成的。这种共产主义，作为完成了的自然主义＝人道主义，而作为完成了的人道主义＝自然主义，它是人和自然界之间、人和人之间的矛盾的**真正**解决，是存在和本质、对象化和自我确证、自由和必然、个体和类之间的斗争的真正解决。它是历史之谜的解答，而且知道自己就是这种解答。①

这是马克思第一次宣称自己支持共产主义。社会主义和共产主义两个
词在这一时期大体上可交替使用。19 世纪 20 年代，“社会主义”一词开始 *184*
在英国的欧文派中盛行。“共产主义”则是一个源于近代法国的特定术语，应用于卡贝、德萨米等人的学说，尤其是有关废除私有财产的学说。那么，马克思是何时变成共产主义者的呢？1842 年下半年时，马克思已熟知共产主义思想，因为在驳斥《奥格斯堡总汇报》谴责共产主义的文章中，马克思引用了勒鲁、孔西得朗和蒲鲁东的言论，说自己“甚至**在理论上**都不承认现有形式的共产主义思想的**现实性**”②。总体而言，《莱茵报》对共产主义怀有敌意，但赫斯的文章是个例外。马克思说，在《莱茵报》被查封后，他便“退出公共舞台，转向专题研究”，以形成对“法国趋向”③的观点。1843 年 9 月，马克思再次反对共产主义，认为共产主义是“教条的抽象观”，对于当时的马克思而言，即便是社会主义，也“只是涉及到真正人类实质的**实际存在**的这一方面”④。恩格斯在发表于 1843 年 11 月的一篇文章中的确将马克思等人称为是“哲学的共产主义者”⑤，但事实上，彼时恩格斯还在英国，对马克思并无深入了解。似乎可以确定，《德法年鉴》出版前，马克思并不是共产主义者。随着 1844 年夏天的《巴黎手稿》的撰写，以及 1844 年 10 月马克思和恩格斯在其通信中均将共产主义视为理所当然，这一状况发生了改变。这完全符合卢格的说法。卢格回忆说，马克

---

① ‘Paris Manuscripts’, *Frühe Schriften*, pp. 593f.; Easton and Guddat, p. 304. 马克思，恩格斯．马克思恩格斯全集：第 3 卷．2 版．北京：人民出版社，2002：297.

② ‘Communism and the *Augsburger Allgemeine Zeitung*’, MEGA Ⅰ ⅰ (1) 263; Easton and Guddat, p. 134. 马克思，恩格斯．马克思恩格斯全集：第 1 卷．北京：人民出版社，1956：133.

③ K. Marx－F. Engels, *Selected Works*, Ⅰ 362.（未在中文马恩全集、选集等查证出处，92 版译本已将此条注释删除——译者注）

④ ‘Letter to Ruge’, MEGA Ⅰ ⅰ (1) 573; Easton and Guddat, p. 212. 马克思，恩格斯．马克思恩格斯全集：第 1 卷．北京：人民出版社，1956：416.

⑤ MEGA Ⅰ ⅱ 448.（未在中文马恩全集、选集等查证出处，92 版译本已将此条注释删除——译者注）

思在同他决裂时给出的理由，是自己（马克思）是共产主义者。卢格准确地给出了马克思转向共产主义的日期："从 1843 年 9 月到 1844 年 3 月，马克思完成了向'粗俗社会主义'的转变。"① 由此可以得出结论，在 1844 年的前 3 个月中，马克思变成了共产主义者。

185 在概括了自己的共产主义观念后，马克思详述了共产主义的三个特殊方面：历史基础、社会特征、对个体的尊重。

首先是共产主义的历史基础。马克思进一步区分了他所主张的共产主义和其他"欠发达"共产主义之间的区别。后者（以卡贝和维尔加尔德尔的乌托邦共产主义为例）试图通过诉诸历史上某些与私有财产相对的共同体形式来为自身辩护。然而，于马克思而言，选择历史的某些方面或某些历史时期意味着未被选择的历史不是共产主义的论据。马克思认为，"历史的全部运动，既是它的**现实的**产生活动——它的经验存在的诞生活动，——同时，对它的思维着的意识来说，又是它的**被理解**和**被认识到的生成**运动。"② 由此，整个革命运动必然"在**私有财产**的运动中，即在经济的运动中，为自己既找到经验的基础，也找到理论的基础"③。之所以如此，是因为人的生命的异化表现在私有财产的存在中，而迄今为止，正是在私有财产的运动、生产和消费中，人试图实现自我。"宗教、家庭、国家、法、道德、科学、艺术等等，都不过是生产的一些**特殊的**方式，并且受生产的普遍规律的支配。因此，对**私有财产**的积极的扬弃，作为对**人的**生命的占有，是对一切异化的积极的扬弃，从而是人从宗教、家庭、国家等等向自己的**人的**存在即**社会的**存在的复归。"④ 马克思接着说，最重要的异化发生在经济领域中：宗教异化仅发生在人的意识中，而经济异化则发生在人的现实生活中，因此，对经济异化的扬弃关涉对所有异化的扬弃。当然，在宗教力量强大的地方宣传无神论可能比较重要，但无神论只是走向共产主义道路的一个抽象阶段，只有共产主义提出了一种影响现实的行动主义。

186 其次是共产主义的社会特征。马克思首先回顾了未曾留存下来的手

---

① Ruge, *Zwei Jahre in Paris*, Ⅰ 139 f. 参见：Ruge, *Briefivechsel*, ed. Nrrlich, Ⅰ 341.

② 'Paris Manuscripts', *Frühe Schriften*, p. 594; Easton and Guddat, p. 304. 马克思，恩格斯. 马克思恩格斯全集：第 3 卷. 2 版. 北京：人民出版社，2002：297.

③ 'Paris Manuscripts', *Frühe Schriften*, p. 594; Easton and Guddat, p. 304. 马克思，恩格斯. 马克思恩格斯全集：第 3 卷. 2 版. 北京：人民出版社，2002：298.

④ 'Paris Manuscripts', *Frühe Schriften*, pp. 594f.; Easton and Guddat, p. 305. 马克思，恩格斯. 马克思恩格斯全集：第 3 卷. 2 版. 北京：人民出版社，2002：298.

稿的内容（可能是异化劳动相关讨论的后续）。人与其自身、与他人、与其在非异化情境下生产的产品之间的关系表明，劳动的社会特征是其基本特征。在同关于费尔巴哈的讨论的第三个主题类似的文章里，马克思说，“**正像**社会本身生产作为**人的人**一样，社会也是由**人生产**的。活动和享受，无论就其内容或就其**存在方式**来说，都是**社会的**活动和**社会的**享受。”① 马克思接着将人与社会的相互关系延伸到了人与自然界的关系：

> 自然界的**人的**本质只有对**社会的**人来说才是存在的；因为只有在社会中，自然界对人来说才是人与**人联系的纽带**，才是他为别人的存在和别人为他的存在，只有在社会中，自然界才是人自己的**人的**存在的**基础**，才是人的现实的生活要素。只有在社会中，人的**自然的**存在对他来说才是自己的**人的**存在，并且自然界对他来说才成为人。因此，**社会**是人同自然界的完成了的本质的统一，是自然界的真正复活，是人的实现了的自然主义和自然界的实现了的人道主义。②

这一个段落及与其类似的段落表明，马克思深受黑格尔的影响，以至于他几乎认为自然是由人生产的③。在回到社会性问题时，马克思表示，人所特有的能力是在社会交往中产生的。人在独自工作时，其活动也是因为作为人而表现出的社会性行为。因为使用语言，甚至连思维活动也是一种社会活动。

但是，对人之存在的社会性的强调并不否认人的个性，这是马克思的第三个论点：“因此，人是一个**特殊的**个体，并且正是他的特殊性使他成为一个个体，成为一个现实的、**单个的**社会存在物，同样，他也是**总体**，观念的总体，被思考和被感知的社会的自为的主体存在”④。马克思也（并不
令人信服地）评论了死亡，“**死**似乎是类对**特定的**个体的冷酷的胜利，并 *187*
且似乎是同它们的统一相矛盾的；但是，特定的个体不过是一个**特定的类**

---

① ‘Paris Manuscripts’, *Frühe Schriften*, p. 596; Easton and Guddat, p. 305. 马克思，恩格斯．马克思恩格斯全集：第3卷．2版．北京：人民出版社，2002：301.

② ‘Paris Manuscripts’, *Frühe Schriften*, p. 596; Easton and Guddat, pp. 305f. 马克思，恩格斯．马克思恩格斯全集：第3卷．2版．北京：人民出版社，2002：301.

③ 例见 J. – Y. Calvez, *La Pensée de Karl Marx* (Paris, 1956) pp. 380ff.

④ ‘Paris Manuscripts’, *Frühe Schriften*, p. 597; Easton and Guddat, p. 307. 马克思，恩格斯．马克思恩格斯全集：第3卷．2版．北京：人民出版社，2002：302.

存在物，而作为这样的存在物是迟早要死的”①。

在接下来的大部分篇幅中，马克思致力于描绘非异化的人，所谓“完整的”和“全面的”人。他认为，我们不应该过于狭隘地理解扬弃私有财产所能达到的效果：正如异化状态全面削弱了人的所有能力，对异化的扬弃也将迎来全面解放。这不仅仅局限于对物质对象的享受与占有。人的所有能力——马克思所列举的人的能力有：视觉、听觉、嗅觉、味觉、触觉、思维、观察、感觉、渴望、行动、爱——都会以各自不同的方式变成占有现实的手段。对于异化的人来说，这难以想象，因为私有财产使人变得如此愚蠢，以至于他们只能在某对象为其所用时才能想象某对象属于自己，即便在这样的时刻，该对象也只是用于维持生活的手段，而维持生活就需要劳动和创造资本。

参考赫斯在这一作品上的研究，马克思宣称，所有的肉体感觉和精神感觉已然被一种异化——**拥有**的感觉——所替代。但是，这种绝对贫困将催生人类的内在财富：

> 因此，对私有财产的扬弃，是人的一切感觉和特性的彻底**解放**；但这种扬弃之所以是这种解放，正是因为这些感觉和特性无论在主体上还是在客体上都成为**人的**。眼睛成为**人的**眼睛，正像眼睛的**对象**成为社会的、**人的**、由人并为了人创造出来的对象一样。因此，**感觉**在自己的实践中直接成为**理论家**。感觉为了物而同**物**发生关系，但物本身是对自身和对人的一种**对象性的**、**人的**关系，反过来也是这样。……因此，需要和享受失去了自己的**利己主义**性质，而自然界失去了自己的纯粹的**有用性**，因为效用成了**人的**效用。②

马克思继续写道，人与现实的联系不仅是个体的联系：人和他人一起，
188 或者通过他人占有对象。当某个对象变成与人的本质相符合的对象时，非异化的人的能力占有其对象的方式会迥然不同。人不再迷失其中。在此，马克思将其关于人和自然的关系的讨论分成了客观和主观两个方面。客观上，异化的人处理的对象是他自己的物化。这种关系如此紧密，以至于马克思认为：“一切**对象**对他来说也就成为他自身的**对象化**，成为确证和实现

---

① ‘Paris Manuscripts’, *Frühe Schriften*, p. 598; Easton and Guddat, p. 307. 马克思，恩格斯．马克思恩格斯全集：第3卷．2版．北京：人民出版社，2002：302.

② ‘Paris Manuscripts’, *Frühe Schriften*, p. 599; Easton and Guddat, p. 308. 马克思，恩格斯．马克思恩格斯全集：第3卷．2版．北京：人民出版社，2002：303－304.

他的个性的对象，成为**他的**对象，这就是说，对象成了**他自身**。”① 主观上，音乐之美抑或形式之美只对经过训练、有欣赏能力的官能有意义。这些官能的培养、创造只能在特定环境中完成。“因为，不仅五官感觉，而且连所谓精神感觉、实践感觉（意志、爱等等），一句话，**人的**感觉、感觉的人性，都是由于**它的**对象的存在，由于**人化的**自然界，才产生出来的。五官感觉的**形成**是迄今为止全部世界历史的产物。”② 显而易见，一个即将饿死的人纯粹以动物的方式占有食物；一个商人只能看到矿物质的价值，而不一定是美。为了使自身的官能变成人的官能，人需要从一切外在束缚中解放出来。

过去，文化的发展有赖于私有财产的发展，这样的发展伴随着种种畸变；私有财产的超然存在使人的文化潜能得到充分、和谐的发展。一旦生活中真正的问题得以解决，唯心主义和唯物主义之类抽象的思想对立将会消失。“我们看到，**理论的**对立本身的解决，**只有**通过**实践**方式，只有借助于人的实践力量，才是可能的。”③

正是基于与上述段落类似的内容，人们认为马克思主张的人类活动模
式是艺术性的，他以浪漫主义，尤其是席勒为思想源泉，来描绘自己对人
的理解。马克思关于人的异化感觉仅发现适合其自身的对象的观点，将自 189
由与审美活动联系起来的尝试，关于全面的人的构想，都源于席勒的《书
信集》。下面这段论述来自席勒：

> ……享乐是与劳动相分离的，手段是与目的相分离的，干劲是与报酬相分离的。人永远只是被束缚于整体中的一个小小的碎片，人把自己只塑造成碎片；他永远只能听着由他自己推动的回旋着的轮子发出的单调的声音，从不展示出他的存在的充分的和谐……④。美学的形式冲动建立起……一个快乐的王国，在那里，人从所有环境的束缚中解放出来，使人不仅在肉体上，而且在道德上从所有所谓的压抑中

---

① ‘Paris Manuscripts’, *Frühe Schriften*, p. 600; Easton and Guddat, p. 309. 马克思，恩格斯．马克思恩格斯全集：第 3 卷．2 版．北京：人民出版社，2002：304.

② ‘Paris Manuscripts’, *Frühe Schriften*, p. 601; Easton and Guddat, p. 309. 马克思，恩格斯．马克思恩格斯全集：第 3 卷．2 版．北京：人民出版社，2002：305.

③ ‘Paris Manuscripts’, *Frühe Schriften*, p. 602; Easton and Guddat, p. 310. 马克思，恩格斯．马克思恩格斯全集：第 3 卷．2 版．北京：人民出版社，2002：306.

④ F. Schiller, *Über die ästhetische Erziehung des Menschhen*, ed. W. Henckmann (Munich, 1967) p. 92.

获得自由。①

同时代的人或许对马克思也产生了类似的影响，因为在巴黎时，马克思、海涅、海尔维格共度了许多时光。这两位诗人是德国浪漫主义理想的典型代表人物。在被从巴黎驱逐时，马克思宣称海涅是其唯一不愿离开的人，而对海尔维格的依恋则导致了马克思与卢格的争论。

接下来，马克思概述了工业在人类历史上的重要性。这段话预示了马克思后来对历史唯物主义更加详细的描述。马克思坚持认为，正是工业史真正揭示了人类的能力和心理。过去，由于人的本质遭到误解，历史发展成了宗教、政治、艺术的历史。但是，工业揭示了人的基本能力，也构成了人类任何科学的基础。过去，人们仅从功利的角度审视自然科学。但是，近年来自然科学的巨大发展使其能够通过工业改变人的生活。如果将工业视为人类基本能力的外在表现，那么自然科学将能构成人类科学的基础。根据费尔巴哈的描述，这种科学必须要建在感官经验的基础上。然而，既
190 然这是人的感官经验，就会有一种唯一的、包罗万象的科学："自然科学往后将包括关于人的科学，正像关于人的科学包括自然科学一样：这将是**一门**科学。"② 如此，马克思之前勾勒的人与自然的相互关系就在他对人的自然科学的观念中得以反映。

马克思在此处还讨论了富有和贫困对社会主义者的意义：

> 我们看到，**富有的人**和富有的**人的**需要代替了国民经济学上的**富有**和**贫困**。**富有的**人同时就是**需要**有总体的人的生命表现的人，在这样的人的身上，他自己的实现作为内在的必然性、作为**需要**而存在。不仅人的**富有**，而且人的**贫困**，——在社会主义的前提下——同样具有**人的**因而是社会的意义。贫困是被动的纽带，它使人感觉到需要最大的财富即**别人**。③

手稿的最后一部分讨论了一个相当没有特色的题外话：世界是否是被创造出来的？马克思关于人的构想的关键论点之一是人是自身的创造者，

---

① F. Schiller, *Über die ästhetische Erziehung des Menschhen*, ed. W. Henckmann (Munich, 1967) p. 185. 引自：S. Lukes, 'Alienation and Annomie', in *Philosophy, Politics and Society*, 3rd series (Oxford, 1967).

② 'Paris Manuscripts', *Frühe Schriften*, p. 604; Easton and Guddat, p. 312. 马克思，恩格斯. 马克思恩格斯全集：第3卷. 2版. 北京：人民出版社，2002：308.

③ 'Paris Manuscripts', *Frühe Schriften*, p. 605; Easton and Guddat, p. 312. 马克思，恩格斯. 马克思恩格斯全集：第3卷. 2版. 北京：人民出版社，2002：308－309.

任何依靠其他存在物而生存的生物都是从属性生物。与此相应，马克思否认世界是被创造出来的：虽然创造这一概念很难被推翻，但地球成因学已经在实践层面否定了创造之说。根据地球成因学，世界是自然形成的。马克思接着重述了亚里士多德的论点——个体因其父母而得以存在，并如此这般代代相传。基于其对人作为一个物种存在的概念，马克思这样回应亚里士多德："你还应该紧紧盯住这个无限过程中的那个可以通过感觉直观的**循环运动**，由于这个运动，人通过生儿育女使自身重复出现，因而**人**始终是主体。"① 马克思设想对手的问题是：谁创造了第一个人？谁创造了作为整体的自然界？马克思对此做出的回答是：

> 既然你提出自然界和人的创造问题，你也就把人和自然界抽象掉了。你设定它们是**不存在的**，你却希望我向你证明它们是**存在的**。那
> 我就对你说：放弃你的抽象，你也就会放弃你的问题，或者，你想坚 191
> 持自己的抽象，你就要贯彻到底，如果你设想人和自然界是**不存在的**，那么你就要设想你自己也是不存在的，因为你自己也是自然界和人。不要那样想，也不要那样向我提问，因为一旦你那样想，那样提问，你把自然界的和人的存在**抽象掉**，这就没有任何意义了。也许你是个设定一切都不存在，而自己却想存在的利己主义者吧？②

显而易见，马克思的论证相当生硬，当其反对者说自己并不想断言自然界不存在，只是追问自然界的起源，正如自己或许会问解剖学家骨骼的形成问题一样，马克思突然停止了论证，用一种更富特色的风格说："但是，因为对社会主义的人来说，**整个所谓世界历史**不外是人通过人的劳动而诞生的过程，是自然界对人来说的生成过程，所以关于他通过自身而**诞生**、关于他的**形成过程**，他有直观的、无可辩驳的证明。"③ 由此，于社会主义者而言，异己的、超越人与自然界（人与自然界的存在意味着人与自然界的非现实性）的存在物问题已然不可能。对他而言，人与自然界的相互依存是基本的，而其他的一切似乎都不现实。"**无神论**，作为对这种非实在性的否定，已不再有任何意义，因为无神论是**对神的否定**，并且通过这

① 'Paris Manuscripts', *Frühe Schriften*, p. 606; Easton and Guddat, p. 313. 马克思，恩格斯. 马克思恩格斯全集：第 3 卷. 2 版. 北京：人民出版社，2002：310.

② 'Paris Manuscripts', *Frühe Schriften*, pp. 606f.; Easton and Guddat, pp. 313f. 马克思，恩格斯. 马克思恩格斯全集：第 3 卷. 2 版. 北京：人民出版社，2002：310.

③ 'Paris Manuscripts', *Frühe Schriften*, p. 607; Easton and Guddat, p. 314. 马克思，恩格斯. 马克思恩格斯全集：第 3 卷. 2 版. 北京：人民出版社，2002：310.

种否定而设定**人的存在**；但是，社会主义作为社会主义已经不再需要这样的中介；它是从把人和自然界看作**本质**这种**理论上和实践上的感性意识**开始的。”① 感性意识一旦建立，便无需再扬弃宗教，正如人的生活一旦摆脱异化，便无需再扬弃私有财产，也不再需要共产主义。马克思用一种极具黑格尔风格的方式结束了对共产主义阶段的暂时性的评论：“共产主义是作为否定的否定的肯定，因此，它是人的解放和复原的一个**现实的**、对下一段历史发展来说是必然的环节。**共产主义**是最近将来的必然的形式和有效
192 的原则。但是，共产主义本身并不是人的发展的目标，并不是人的社会的形式。”② 在此，似乎共产主义被视为仅仅是辩证进化的一个阶段，这一阶段将在特定时期服务于其目的，然后被替代。关于“真正的共产主义”是“历史之谜的解答”③ 的早期构想因而显得更具静止性和非历史性了。

4. 黑格尔的辩证法

（1）绪言。

在《马克思恩格斯全集》历史考证版中，编辑们将这一部分命名为“对黑格尔的辩证法和整个哲学的批判”，在马克思的手稿中，这一部分内容紧跟其对共产主义的探讨，并且是共产主义相关探讨的一部分。从数字标记看，马克思对共产主义的探讨共分为五部分，黑格尔的辩证法部分编号为6，似乎是对共产主义相关探讨的接续。马克思在序言中的确说过，“我认为，本著作的最后一章，即对**黑格尔的辩证法**和整个哲学的剖析，是完全必要的，因为当代**批判的神学家**不仅没有完成这样的工作，甚至没有认识到它的必要性”④。然而，我们在此处能找到的仅仅是“一些点评”，而且这些点评尚未完成，因为马克思说他要与青年黑格尔学派打交道，但尚未展开。对于在已有共产主义的相关探讨中，尤其是在人与自然界的关

① ‘Paris Manuscripts’, *Frühe Schriften*, p. 607; Easton and Guddat, p. 314. 马克思，恩格斯．马克思恩格斯全集：第3卷．2版．北京：人民出版社，2002：311.

② ‘Paris Manuscripts’, *Frühe Schriften*, p. 608; Easton and Guddat, p. 314. 马克思，恩格斯．马克思恩格斯全集：第3卷．2版．北京：人民出版社，2002：311.

③ ‘Paris Manuscripts’, *Frühe Schriften*, p. 594; Easton and Guddat, p. 304. 马克思，恩格斯．马克思恩格斯全集：第3卷．2版．北京：人民出版社，2002：297.

④ ‘Paris Manuscripts’, *Frühe Schriften*, p. 508; Easton and Guddat, p. 285. 马克思，恩格斯．马克思恩格斯全集：第3卷．2版．北京：人民出版社，2002：220.

系、无神论的无关性探讨中产生的主题的详尽阐述表明，这一部分和前面的内容紧密相关。在随后几页中的一个段落里，马克思指出了黑格尔相关讨论与手稿之前所论主题的相关性。其核心为“黑格尔站在现代国民经济学家的立场上”①。无论黑格尔的劳动的概念多么抽象，多么具有精神性，他都认为劳动是价值的创造者：哲学的结构准确地反映了人在其劳动过程中真实的经济异化。黑格尔用古典经济学家未曾发现的方式抓住了人的劳 193
动的本质。在抨击了古典经济学家对这一事实的忽视之后，马克思又抨击了黑格尔对其真实发现的“神秘化”。

在这一部分，马克思主要探讨了青年黑格尔学派对黑格尔的不同看法，并将费尔巴哈视为其中唯一具有建设性的思想家，然后应用黑格尔的方法点明了费尔巴哈方法的缺陷，最后用大量篇幅分析了黑格尔的《现象学》一书，尤其是《现象学》最后一章中存在的基本错误。因为马克思一直从事黑格尔研究，其对黑格尔的看法也不断变化，这一部分的写作风格也常常是晦涩、复杂、高度重复的。

（2）青年黑格尔学派。

马克思认为，青年黑格尔学派至今也鲜能认真思考其方法论问题：“现代德国的批判着意研究旧世界的内容，而且批判的发展完全拘泥于所批判的材料，以致对批判的方法采取完全非批判的态度，同时，对于我们如何对待黑格尔的**辩证法**这一**表面上看来是形式的**问题，而实际上是**本质的**问题，则完全缺乏认识。”② 在马克思看来，施特劳斯，尤其是布鲁诺·鲍威尔和大多数柏林青年黑格尔学派成员，都已退出政治斗争，转而批判完全先验的、不受约束的事物。费尔巴哈是黑格尔的追随者中唯一接受了其辩证法的人。“**费尔巴哈**是惟一对黑格尔辩证法采取**严肃的**、**批判的**态度的人；只有他在这个领域内作出了真正的发现，总之，他真正克服了旧哲学。费尔巴哈成就的伟大以及他把这种成就贡献给世界时所表现的那种谦虚纯朴，同批判所持的相反的态度形成惊人的对照。”③ 马克思将费尔巴哈的突出成就分成了三点：

---

① ‘Paris Manuscripts’, *Frühe Schriften*, p. 646; Easton and Guddat, p. 322. 马克思，恩格斯．马克思恩格斯全集：第3卷．2版．北京：人民出版社，2002：320.

② ‘Paris Manuscripts’, *Frühe Schriften*, p. 637; Easton and Guddat, p. 315. 马克思，恩格斯．马克思恩格斯全集：第3卷．2版．北京：人民出版社，2002：312.

③ ‘Paris Manuscripts’, *Frühe Schriften*, p. 639; Easton and Guddat, p. 316. 马克思，恩格斯．马克思恩格斯全集：第3卷．2版．北京：人民出版社，2002：314.

> (1) 证明了哲学不过是变成思想的并且通过思维加以阐明的宗
> 194 教，不过是人的本质的异化的另一种形式和存在方式；因此哲学同样应当受到谴责；
>
> (2) 创立了**真正的唯物主义**和**实在的科学**，因为费尔巴哈也使“人与人之间的”社会关系成了理论的基本原则；
>
> (3) 他把基于自身并且积极地以自身为根据的肯定的东西同自称是绝对肯定的东西的那个否定的否定对立起来。①

马克思于1844年8月写给费尔巴哈的信中进一步表明了他对费尔巴哈的敬重。这封信几年前才得以发表。马克思在他的《〈黑格尔法哲学批评〉导言》复印件中写道：

> 但是使我感到高兴的是，我能有机会表示我对您的崇高敬意和爱戴（请允许我使用这个字眼）。您的《未来哲学》和《信仰的本质》尽管篇幅不大，但它们的意义，却无论如何要超过目前德国的全部著作。
>
> 在这两部著作中，您（我不知道是否有意地）给社会主义提供了哲学基础，而共产主义者也就立刻这样理解了您的著作。建立在人们的现实差别基础上的人与人的统一，从抽象的天上降到现实的地上的人类这一概念。如果不是**社会**这一概念，那是什么呢？②

简言之，在马克思看来，费尔巴哈清晰地表达了以下观点：黑格尔从抽象、无限的宗教和神学观点出发，用有限的、特定的哲学观点来取代这种态度，然后又通过神学抽象概念的回归替代了哲学观点。替代了神学的哲学再次回归神学，因而与自身相矛盾。费尔巴哈认为黑格尔在最后阶段的否定之否定是一种倒退，马克思对此表示同意，认为正是否定之否定使
195 黑格尔“只是为历史的运动找到**抽象的**、**逻辑的**、**思辨的**表达，这种历史还不是作为一个当作前提的主体的人的**现实**历史，而只是人的**产生的活动**、人的**形成的历史**”③。

(3) 黑格尔。

行文至此，马克思又将目光转向了黑格尔的思想体系。这一转向从眷

---

① ‘Paris Manuscripts’, *Frühe Schriften*, p. 639; Easton and Guddat, pp. 316f. 马克思，恩格斯．马克思恩格斯全集：第3卷．2版．北京：人民出版社，2002：314－315.

② L. Feuerbach, *Briefwechsel*, ed. W. Schuffenhauer (Leipzig, 1963) pp. 183f. 马克思，恩格斯．马克思恩格斯全集：第47卷．2版．北京：人民出版社，2004：73－74.

③ ‘Paris Manuscripts’, *Frühe Schriften*, p. 640; Easton and Guddat, p. 317. 马克思，恩格斯．马克思恩格斯全集：第3卷．2版．北京：人民出版社，2002：316.

写《现象学》的目录表，“即从黑格尔哲学的真正诞生地和秘密开始”①。之后，马克思简要概括了黑格尔哲学的基本原理，并指出黑格尔犯了双重错误②。第一，黑格尔虽然认为人遭受了经济和政治异化之苦，但他感兴趣的只是经济学和政治学的思想。因整个过程在绝对知识中结束，哲学家成了世界的审判者。由此，黑格尔认为：

> 在这里，不是人的本质**以非人的方式**同自身对立的**对象化**，而是人的本质以**不同于**抽象思维的方式并且同抽象思维**对立**的**对象化**，被当作异化的被设定的和应该扬弃的本质。
>
> 因此，对于人的已成为对象而且是异己对象的本质力量的占有，首先不过是那种在**意识**中、在**纯思维**中即在**抽象**中发生的**占有**，是对这些作为**思想**和**思想运动**的对象的占有。③

马克思的第二条反对意见其实与第一条相同——黑格尔把现实中在客观上、感官上属于人的所有实体都当成了精神实体，因为黑格尔认为精神才是人的真正本质。

不过，马克思对黑格尔取得的成就的分析清楚地表明，他从黑格尔那里受益良多，尽管他对黑格尔进行了严厉的批评。在马克思看来，虽然《现象学》中的批判仍然有神秘化倾向，且黑格尔对此并无充分认识，但其批判远超后来者；换言之，黑格尔的追随者没有一个人的成就能超过他。 196
马克思的确对《现象学》做出了令人惊讶的断言：《现象学》“潜在地包含着批判的**一切**要素，而且这些要素往往已经以远远超过黑格尔观点的方式**准备好**和**加过工了**。关于‘苦恼的意识’、‘诚实的意识’，关于‘高尚的意识和卑鄙的意识’的斗争等等、等等这些章节，包含着对宗教、国家、市民生活等整个整个领域的**批判的**要素，不过也还是通过异化的形式”④。之所以如此，是因《现象学》理解了人的异化，洞见了人的发展历程，看清了那些似乎支配人的生活的事物（譬如宗教和财富）实质上属于人，

---

① ‘Paris Manuscripts’, *Frühe Schriften*, p. 641; Easton and Guddat, p. 318. 马克思，恩格斯．马克思恩格斯全集：第 3 卷 . 2 版．北京：人民出版社，2002：316.

② 关于马克思在后期著作中对“双重错误”的含义所做的分析，请参见：J. O’Neill, ‘The Concept of Estrangement in the Early and Later Writings of Karl Marx’, *Philosophy and Phenomenological Research* (Sep 1964) pp. 65 ff.

③ ‘Paris Manuscripts’, *Frühe Schriften*, pp. 643. f.; Easton and Guddat, p. 320. 马克思，恩格斯．马克思恩格斯全集：第 3 卷 . 2 版．北京：人民出版社，2002：318.

④ ‘Paris Manuscripts’, *Frühe Schriften*, p. 644; Easton and Guddat, pp. 320f. 马克思，恩格斯．马克思恩格斯全集：第 3 卷 . 2 版．北京：人民出版社，2002：319.

而且是人的基本能力的产物。马克思如此总结自己对黑格尔的看法：

> 黑格尔的**《现象学》**及其最后成果——辩证法，作为推动原则和创造原则的否定性——的伟大之处首先在于，黑格尔把人的自我产生看作一个过程，把对象化看作非对象化，看作外化和这种外化的扬弃；可见，他抓住了**劳动**的本质，把对象性的人、现实的因而是真正的人理解为他**自己的劳动**的结果。①

人只有将自己的类力量视为与自身相分离的对象，才能成为他所存在的物种，成为类存在物，这意味着异化是人类发展进程中的一个必要阶段。但是，在结束对《现象学》的总评之前，马克思又回到了自己对黑格尔哲学的根本缺陷的讨论。他说，虽然黑格尔的确将劳动视为人的自我确认本质，但"黑格尔惟一知道并承认的劳动是**抽象的精神的**劳动"②。

虽然马克思的语言一如既往地复杂，表述排列也有些凌乱，但在本段中，他以最充分、最清晰的方式解释了黑格尔对自己的帮助，以及自己与
197 黑格尔的分歧。黑格尔认为现实是精神实现自身的过程。在此过程中，精神生产了一个它起初以为外在于自身的世界，只是到了后来，它才意识到这个世界是它自己的产物。精神并非与生产活动相分离，它存在于生产活动中，并通过生产活动而存在。起初，精神并未意识到它正在外化或异化自身。渐渐地，精神意识到世界并非外在于自身。于黑格尔而言，正是因为未能意识到这一点，才构成了异化。一旦人们有了充分的自我意识，并将其环境、文化理解为精神的散发物，异化就会停止。自由就在于这种认识，自由就是历史的目的。大体而言，马克思摈弃了精神的概念而保留了有限的个体存在：由此，黑格尔式的精神与世界的关系就变成了马克思式的人与其社会存在的关系。马克思认为，黑格尔仅仅考量了人的精神活动，即人的观念，然而，观念虽然重要，但观念本身不足以解释社会和文化变迁。

其实，如此批判黑格尔并不那么准确。无疑，黑格尔并非仅仅考量了人的精神和文化活动，而是将更多的因素纳入其中。即便在《现象学》中，黑格尔也将人视为政治的、生物的动物。主人和奴隶、承认的需求和

---

① 'Paris Manuscripts', *Frühe Schriften*, p. 645; Easton and Guddat, p. 321. 马克思，恩格斯. 马克思恩格斯全集：第3卷. 2版. 北京：人民出版社，2002：319－320.

② 'Paris Manuscripts', *Frühe Schriften*, p. 646; Easton and Guddat, p. 322. 马克思，恩格斯. 马克思恩格斯全集：第3卷. 2版. 北京：人民出版社，2002：320.

斗争相关论述都带有很深的政治意味。实际上，经常有人断言①，《现象学》一书中尤其令马克思印象深刻的内容是主人和奴隶的相关论述②；但也有可能是相反的情况，马克思在批判黑格尔思想的抽象性、精神性时，并未充分注意到《现象学》关于主人和奴隶的论述；他明确指出了对他有吸引力的其他内容，但确实从来没有提到过这一部分。

随后，马克思开始全力探讨黑格尔《现象学》一书的最后一章——他对最后一章做了扩展性摘要即留存至今的第四份手稿。马克思的主要观点是，依照黑格尔的思想，自我意识只以自身为对象，因而人可以被等同于自我意识。由此，正是对象性构成了异化，而对异化的扬弃包含对对象性 198
的扬弃，对象性和异化于黑格尔而言实际上是同义的③。正如马克思在随后的篇幅中所言："异化的对象性本质的占有，或在**异化**……这个规定内的对象性的扬弃，在黑格尔看来，同时或甚至主要地具有扬弃**对象性**的意义，因为并不是对象的**一定的**特质，而是它的**对象性的**性质本身，对自我意识来说是一种障碍和异化。"④ 至此，马克思开始总结黑格尔的异化扬弃观，在此之前马克思评论道，虽然黑格尔似乎认为人的本质是自我意识的一种属性，但实际上，自我意识是人的本质的一种属性。在黑格尔看来，所有的异化都是自我意识的异化。所以，现实中的异化，即与自然对象有关的异化，仅仅是表面现象——因此"现象学"一词才出现了。

这一节余下的篇幅是对异化扬弃观的批判性评论，分为两部分：马克思首先解释了人作为客观、自然的存在物的概念，然后详细批判了黑格尔的唯心主义。

首先，与黑格尔认为人即自我意识相对立，马克思强调：

> 一个有生命的、自然的、具备并赋有对象性的即物质的本质力量的存在物，既拥有它的本质的**现实的**、自然的**对象**，而它的自我外化又设定一个**现实的**、却以**外在性**的形式表现出来因而不属于它的本质的、极其强大的对象世界，这是十分自然的。这里并没有什么不可捉摸的和神秘莫测的东西。⑤

---

① 参见：Tucker, *Philosophy and Myth in Karl Marx*, p. 147.

② 关于本段内容的清晰解释，请参见：Plamenatz, *Man and Society*, Ⅱ 154f.

③ 更多内容请参见：J. Hyppolite, *Logique et existence* (Paris, 1953) last chapter.

④ 'Paris Manuscripts', *Frühe Schriften*, p. 653; Easton and Guddat, p. 327. 马克思，恩格斯．马克思恩格斯全集：第3卷．2版．北京：人民出版社，2002：327.

⑤ 'Paris Manuscripts', *Frühe Schriften*, p. 649; Easton and Guddat, p. 324. 马克思，恩格斯．马克思恩格斯全集：第3卷．2版．北京：人民出版社，2002：323.

同样清楚的是，如果人被简化为自我意识，那他只能在自身以外建立抽象对象，这些抽象对象即人的思想的构成物。与人的自我意识相比，这
199 些对象没有独立性。马克思对人的本质的认识迥然不同："当现实的、肉体的、站在坚实的呈圆形的地球上呼出和吸入一切自然力的**人**通过自己的外化把自己现实的、对象性的**本质力量设定**为异己的对象时，**设定**并不是主体；它是**对象性的**本质力量的主体性，因此这些本质力量的活动也必须是**对象性的**活动。"① 马克思称自己的观点为"自然主义"或"人道主义"，并将其与唯心主义和唯物主义区分开来，声称它统一了唯心主义和唯物主义的本质。"我们在这里看到，彻底的自然主义或人道主义，既不同于唯心主义，也不同于唯物主义，同时又是把这二者结合起来的真理。我们同时也看到，只有自然主义能够理解世界历史的行动。"② 马克思接着用两段话简明扼要地回顾了其对私有财产和共产主义、自然主义和对象性的讨论。在马克思看来，自然界似乎与人相对，为人提供活动空间，并满足人的需要。正是这些需要和动力构成了人的本质。基于两个原因，马克思称这一观点为"自然主义"。第一，人要顺应自然界，并在自然界中通过自然界满足自身需要；第二，人是自然界的一部分，这一点更加重要。由此，作为积极主动的自然存在物，人被赋予了一些自然的能力、力量、动力。然而，人同时也是受限的、从属的、受动的生物。人的努力的对象独立于人，但人需要用这些对象满足自身，并展现自身的对象性。故而"一个存在物如果在自身之外没有自己的自然界，就不是**自然**存在物，就不能参加自然界的生活"③。

上述观点引发了关于对象性的讨论："一个存在物如果在自身之外没有对象，就不是对象性的存在物。一个存在物如果本身不是第三存在物的对象，就没有任何存在物作为自己的**对象**，就是说，它没有对象性的关系，
200 它的存在就不是对象性的存在。非对象性的存在物是**非存在物**。"④ 马克思

① 'Paris Manuscripts', *Frühe Schriften*, p. 649; Easton and Guddat, p. 325. 马克思，恩格斯．马克思恩格斯全集：第3卷．2版．北京：人民出版社，2002：324.

② 'Paris Manuscripts', *Frühe Schriften*, p. 650; Easton and Guddat, p. 325. 马克思，恩格斯．马克思恩格斯全集：第3卷．2版．北京：人民出版社，2002：324.

③ 'Paris Manuscripts', *Frühe Schriften*, p. 651; Easton and Guddat, p. 326. 本段内容也可参见：J. O'Neill, 'The Concept of Estrangement in the Early and Later Writings of Karl Marx', *Philosophy and Phenomenological Research* (Sep 1964) pp. 68 f. 马克思，恩格斯．马克思恩格斯全集：第3卷．2版．北京：人民出版社，2002：325.

④ 'Paris Manuscripts', *Frühe Schriften*, p. 651; Easton and Guddat, p. 326. 马克思，恩格斯．马克思恩格斯全集：第3卷．2版．北京：人民出版社，2002：325.

接下来设定了一个既不是对象也没有对象的存在物。它将是唯一现存的存在物，因此它不是对象性的，而仅仅是一个抽象概念。马克思最后说："说一个东西是感性的，是说它是**受动的**。因此，人作为对象性的、感性的存在物，是一个**受动的**存在物；因为它感到自己是受动的，所以是一个**有激情的**存在物。激情、热情是人强烈追求自己的对象的本质力量。"① 这一观点与霍尔巴赫、爱尔维修等 18 世纪法国唯物主义者的观点遥相呼应，但马克思关于自然界、对象性的思想和论述主要源自费尔巴哈的《未来哲学原理》②。

马克思接着尝试将人和其他自然存在物区分开来。但这一尝试无法令人信服，就如他在前文划掉了关于自然主义的讨论一样，他后来也划掉了这一部分内容。马克思说，无论是与人交往的对象，还是人的感觉，都不能使一个完全人满意。他的意思似乎是，因为人道主义的对象以类为中介，人道主义比唯物主义更重要。就这一主题（以及历史是人类自我意识的起源的观点），马克思在共产主义相关章节中已经进行了更加充分的讨论。

马克思自己对人的本质的理解这一题外话到此结束。接下来，马克思开始继续评论《现象学》的最后一章。他概括了一段议论，并表示"这段议论汇集了思辨的一切幻想"③。在马克思看来，《现象学》最后一章的两个主要论点是，意识知道其对象并不存在，因为意识知道自己的对象是其自身的自我异化，而且它的对象和自身之间并无区别；在这种认识中，意识扬弃了异化，与自身融为一体。马克思在此提出了反对意见：首先，黑格尔将异化等同于对象性；其次，意识到精神世界是异化的一个领域，人似乎以异化的形式再次确证精神世界，并将其视为自身真实存在的一个方面，换而言之，觉得自己与精神世界是一体的。

> 因此，在扬弃例如宗教之后，在承认宗教是自我外化的产物之后， 201
> 他仍然在作为**宗教的宗教**中找到自身的确证。黑格尔的**虚假的**实证主义或他那只是**虚有其表的**批判主义的根源就**在于**此，这也就是费尔巴哈所说的宗教或神学的设定、否定和恢复，然而这应当以更一般的形

---

① 'Paris Manuscripts', *Frühe Schriften*, pp. 651f.; Easton and Guddat, p. 321. 马克思，恩格斯．马克思恩格斯全集：第 3 卷．2 版．北京：人民出版社，2002：326.

② 强调法国唯物主义者的评论请参见：Kägi, *Geneai des historischen Materialismus*, pp. 262 ff. 关于费尔巴哈对马克思的影响，请参见：McLellan, *The Youmng Hegelians and Karl Marx*, pp. 101 ff.

③ 'Paris Manuscripts', *Frühe Schriften*, p. 654; Easton and Guddat, p. 328. 马克思，恩格斯．马克思恩格斯全集：第 3 卷．2 版．北京：人民出版社，2002：328.

> 式来表述。因此，理性在作为非理性的非理性中就是在自身。一个认识到自己在法、政治等等中过着外化生活的人，就是在这种外化生活本身中过着自己的真正的人的生活。①

因此，于马克思而言，黑格尔的调和问题（马克思从写博士论文起就一直在思考这个问题）是非常清晰的：黑格尔的虚假实证主义是“他的原则的谎言”②。关于扬弃、抑制（Aufhebung）一词的含义，马克思和黑格尔之间存在根本性的分歧。马克思认为黑格尔的解释只是一个思辨陷阱，“在黑格尔那里，否定的否定不是通过否定假本质来确证真本质，而是通过否定假本质来确证假本质或同自身相异化的本质”③。不过，虽然私有财产、道德、家庭、市民社会、国家等在思维中都被“扬弃”了，但是仍然存在。这是因为从根本上看，黑格尔的扬弃是矛盾的，在这种扬弃中，“否定”与“保留”紧密相关。另外一个结果，就是人只有在从事哲学工作的时候才是真正的人，譬如，只有宗教哲学家才是最虔诚的教徒。

依照他一贯的拉锯战的方式，马克思在此又回到了本部分的起始处，开始评论黑格尔的成就，并讨论其辩证法的“积极”方面。黑格尔已然洞见了异化过程及对异化的扬弃（尽管仍是异化）。黑格尔的辩证法是一张图表，它清晰地展示了无神论如何扬弃上帝进而产生理论的人道主义，以
202 及共产主义如何扬弃私有财产进而产生实践的人道主义。似乎宗教和私有财产两个限制因素都是达成人道主义的尝试，但这些尝试必须被扬弃，才能产生自我创造的、积极的人道主义。马克思重申了他之前的观点，即共产主义不是复归原始的朴素，而是涉及人的全部能力的充分发展。他也重申了他的主张，即黑格尔抓住了人类劳动的真正本质，但（他永远不会停止对黑格尔的批判）又立即探索了黑格尔对这种自我创造行为的逆向思辨倒置的三个结果（显而易见，此处马克思只是重新表述了他已经写过的内容）：自我创造行为只是形式上的；故此，所谓异化的扬弃不过是确证了异化，尽管黑格尔称其为“神圣的过程”；因为该过程的主体——神或者绝对精神——仅作为结果显现，现实的当代人变成了纯宾词。

在手稿中断前，马克思仅详细阐述了第一个问题。他对比了根据自己

---

① ‘Paris Manuscripts’, *Frühe Schriften*, p. 654ff.; Easton and Guddat, pp. 328f. 马克思，恩格斯．马克思恩格斯全集：第3卷．2版．北京：人民出版社，2002：328.

② ‘Paris Manuscripts’, *Frühe Schriften*, p. 655; Easton and Guddat, pp. 329. 马克思，恩格斯．马克思恩格斯全集：第3卷．2版．北京：人民出版社，2002：329.

③ ‘Paris Manuscripts’, *Frühe Schriften*, p. 655; Easton and Guddat, p. 329. 马克思，恩格斯．马克思恩格斯全集：第3卷．2版．北京：人民出版社，2002：329.

的人性观提出的“自我对象化的内容丰富的、活生生的、感性的、具体的活动①”和黑格尔的抽象否定之否定的形式体系。然后，马克思自身也变得极度抽象，并断言绝对理念必须转向它的对立面——自然界。他给出了两个理由：要么是因为它仍然受制于辩证法，要么是因为无聊驱使它成为不同的东西。在黑格尔的自然观中，马克思又加入了两段非常复杂的内容，之后手稿就中断了。

《巴黎手稿》的这一部分虽然晦涩难懂，重复乏味，但包含了马克思对黑格尔辩证法的明确批判。马克思在 30 多年后，也就是 1873 年，在《资本论》第二版序言中提到了这一部分，而那篇序言可被视为对马克思所构想的这一批判的精髓的总结：

> 我的辩证方法，从根本上来说，不仅和黑格尔的辩证方法不同，而且和它截然相反。在黑格尔看来，思维过程，即甚至被他在观念这一名称下转化为独立主体的思维过程，是现实事物的创造主，而现实事物只是思维过程的外部表现。我的看法则相反，观念的东西不外是移入人的头脑并在人的头脑中改造过的物质的东西而已。
>
> 将近 30 年以前，当黑格尔辩证法还很流行的时候，我就批判过黑格尔辩证法的神秘方面。……辩证法在黑格尔手中神秘化了，但这决没有妨碍他第一个全面地有意识地叙述了辩证法的一般运动形式。在他那里，辩证法是倒立着的。必须把它倒过来，以便发现神秘外壳中的合理内核。
>
> 辩证法，在其神秘形式上，成了德国的时髦东西，因为它似乎使现存事物显得光彩。辩证法，在其合理形态上，引起资产阶级及其空论主义的代言人的恼怒和恐怖，因为辩证法在对现存事物的肯定的理解中同时包含对现存事物的否定的理解，即对现存事物的必然灭亡的理解；辩证法对每一种既成的形式都是从不断的运动中，因而也是从它的暂时性方面去理解；辩证法不崇拜任何东西，按其本质来说，它是批判的和革命的。②

从《博士论文》到《巴黎手稿》，马克思对黑格尔的看法显然具有一定的连续性。在其博士论文中，马克思驳斥了黑格尔犯了“调和”之错的

---

① ‘Paris Manuscripts’, *Frühe Schriften*, p. 659f.; Easton and Guddat, p. 333. 马克思，恩格斯. 马克思恩格斯全集：第 3 卷. 2 版. 北京：人民出版社，2002：333.

② K. Marx, *Capital* (Moscow, 1954) Ⅰ 19 f. 马克思，恩格斯. 马克思恩格斯全集：第 44 卷. 2 版. 北京：人民出版社，2001：22.

观点，并强烈要求借助黑格尔的“本质意识”来解决那些明显的矛盾①。
通过引用特定的例子，马克思在其《黑格尔法哲学批判》中表明，黑格尔
的原则涉及调和是必然的。然而，一直到马克思将其注意力从《法哲学》
转到《现象学》，他对黑格尔辩证法的总体批判才得以形成。显然，马克
思虽然精通黑格尔的概念和术语，但他并没有将自己局限于内部批判。与
此同时，他仍尊黑格尔为伟大的思想家，认为其辩证法是探索世界的有益
204 工具。马克思还赞扬黑格尔发现了人的异化过程以及异化的扬弃过程，虽
然黑格尔采用的形式令人迷惑。

5. 需要、生产、劳动分工与货币

《巴黎手稿》在结尾处用20页的篇幅反思了私有财产的道德性，另有一小部分讨论了货币的意义。

与手稿中之前的内容相对照，此处关于资本主义道德性的讨论并未进行过多的补充，在框架上是属于“工资、地租和利润”部分。马克思对比了两种观点：社会主义对人类需求的财富的态度与私有财产所带来的态度。私有财产人为创造需求以使人进入从属状态。结果，由于人及其需求受到货币市场的支配，贫困加剧，到了最后，人的生活境遇比动物还糟糕。与这一境况相对应的理论是政治经济学。它将工人的需求降低到少得可怜的生活必需品，还鼓吹彻底的禁欲主义：

> 因此，国民经济学，尽管它具有世俗的和纵欲的外表，却是真正道德的科学，最最道德的科学。它的基本教条是：自我克制，克制生活和克制人的一切需要。你越少吃，少喝，少买书，少去剧院，少赴舞会，少上餐馆，越少想，少爱，少谈理论，少唱，少画，少击剑，等等，你**积攒**的就越［**多**］，你的既不会被虫蛀也不会被贼偷的财宝，即你的**资本**，也就会**越大**。你的**存在**越微不足道，你表现自己的生命越少，你**拥有**的就越多，你的**外化的**生命就越大，你的异化本质也积累得越多。②

---

① ‘Doctoral Thesis’, *MEGA* Ⅰ i （1） 64; Easton and Guddat, p. 61. 马克思，恩格斯. 马克思恩格斯全集：第40卷. 北京：人民出版社，1982：257.

② ‘Paris Manuscripts’, *Frühe Schriften*, p. 612; Bottomore, p. 171. 马克思，恩格斯. 马克思恩格斯全集：第3卷. 2版. 北京：人民出版社，2002：342.

李嘉图主张的犬儒主义与政治经济学所主张的完全一致，政治经济学有独属的准则，因为“每一个领域都用不同的和相反的尺度来衡量我：道德用一种尺度，而国民经济学又用另一种尺度。这是以异化的本质为根据
的，因为每一个领域都是人的一种特定的异化，每一个领域都把异化的本 205
质活动的特殊范围固定下来，并且每一个领域都同另一种异化保持着异化的关系”①。

马克思简要提及了古典经济学家希望限制人口，甚至将人视为奢侈品；最大的财富往往来自赤贫（譬如贫民区的房租），这是多么矛盾的事。之后，马克思进一步评论了共产主义。法国共产主义者宣称的平等只是一种政治基础，这并不比德国人试图将共产主义建立在普遍的自我意识之上高明多少。英国的情况是相对可靠的证据；“异化的扬弃总是从作为**统治**力量的异化形式出发：在德国是**自我意识**；在法国是**平等**，因为这是政治；在英国是现实的、物质的、仅仅以自身来衡量自身的**实际**需要。”② 马克思再次强调，共产主义不是社会的最终状态，而且共产主义只能通过“**现实的**共产主义行动”③ 实现。接下来，马克思评论了信仰共产主义的工人在巴黎召开的会议，这表明，马克思对共产主义社会的构想有一部分源于他在巴黎的观察：

> 当共产主义的**手工业者**联合起来的时候，他们首先把学说、宣传等等视为目的。但是，他们也同时产生一种新的需要，即交往的需要，而作为手段出现的东西则成了目的。当法国社会主义工人联合起来的时候，人们就可以看出，这一实践运动取得了何等光辉的成果。吸烟、饮酒、吃饭等等在那里已经不再是联合的手段，不再是联系的手段。交往、联合以及仍然以交往为目的的叙谈，对他们来说是充分的；人与人之间的兄弟情谊在他们那里不是空话，而是真情，并且他们那由于劳动而变得坚实的形象向我们放射出人类崇高精神之光。④

在本节后半部分，马克思回到了资本的非人性效应的问题，并探讨了

---

① ‘Paris Manuscripts’, *Frühe Schriften*, p. 614; Bottomore, p. 173. 马克思，恩格斯．马克思恩格斯全集：第 3 卷．2 版．北京：人民出版社，2002：344.

② ‘Paris Manuscripts’, *Frühe Schriften*, p. 617; Bottomore, p. 176. 马克思，恩格斯．马克思恩格斯全集：第 3 卷．2 版．北京：人民出版社，2002：347.

③ ‘Paris Manuscripts’, *Frühe Schriften*, p. 618; Bottomore, p. 176. 马克思，恩格斯．马克思恩格斯全集：第 3 卷．2 版．北京：人民出版社，2002：347.

④ ‘Paris Manuscripts’, *Frühe Schriften*, p. 618; Bottomore, p. 176. 马克思，恩格斯．马克思恩格斯全集：第 3 卷．2 版．北京：人民出版社，2002：348.

206 利率下降和地租废除两个问题。这其中大部分内容与劳动分工相关，马克思引用了斯密、穆勒、萨伊的观点，但没有得出实质性的结论。

在讨论货币时，马克思通过引用大量歌德的《浮士德》和莎士比亚的《雅典的泰门》来说明货币是社会的祸根。既然货币可以购买一切，那么它就可以弥补一切缺陷：它是“一切**纽带**的纽带”①。“因为货币作为现存的和起作用的价值概念把一切事物都混淆了、替换了，所以它是一切事物的普遍的**混淆**和**替换**，从而是颠倒的世界，是一切自然的品质和人的品质的混淆和替换。”② 而在真正的人类社会中，人就是人，一切都有确定的、人的价值，爱只能用爱来交换。手稿至此戛然而止。

马克思本人没有为《巴黎手稿》提供任何结论，从如此繁杂的作品中得出结论也不太可能：手稿涉及经济学、社会批判、哲学、历史、逻辑学、辩证法、形而上学等诸多内容。虽然每个章节都由不同的主题主导，但章节间在一定程度上相互影响。在《巴黎手稿》中，恩格斯所描述的马克思思想的三个组成要素——德国唯心主义哲学、法国社会主义和英国经济学——同时亮相，即便三者尚未统一。

---

① ‘Paris Manuscripts’, *Frühe Schriften*, p. 633; Bottomore, p. 191. 马克思，恩格斯. 马克思恩格斯全集：第3卷.2版. 北京：人民出版社，2002：362.

② ‘Paris Manuscripts’, *Frühe Schriften*, p. 636; Bottomore, p. 193. 马克思，恩格斯. 马克思恩格斯全集：第3卷.2版. 北京：人民出版社，2002：364.

第八章　结　论

1. 马克思早期著作中的历史观 *207*

马克思的早期著作在成文之初并未引发太大的反响。然而，他的同时代人，尤其是赫斯，都认为马克思天赋异禀——在年仅 24 岁之时便被任命为《莱茵报》的主编。但是，马克思却难以觅得一家能帮他出版《德意志意识形态》的出版商，即便是写作风格通俗易懂的 1848 年《共产党宣言》也在彼时影响甚微。而在 19 世纪四五十年代，蒲鲁东甚至是恩格斯的名气都胜过马克思，他们的影响力还不仅限于社会主义圈子之内。

就连马克思和恩格斯本人都承认这些早期作品颇为乏味，那它们在同时代人中遭遇冷落也是自然不过的事了。二人甚至对保存手稿都显得漠不关心：在《政治经济学批判》的前言中，马克思提到“既然我们已经达到了我们的主要目的——自己弄清问题，我们就情愿让原稿留给老鼠的牙齿去批判了”①。1867 年，马克思的德国朋友、同时也是他的狂热崇拜者库格曼博士，送给他一本《神圣家族》（1844），马克思写信给恩格斯说：“他所收集的我们的著作，比我们两人的加在一起还要完备得多。在这里我又看到了《神圣家族》，他送了我一本，还将寄给你一本。我愉快而惊异地

① K. Marx, 'Preface to a Critique of Political Economy', in Marx – Engels, *Selected Works*, I 364. 马克思，恩格斯．马克思恩格斯全集：第 28 卷．2 版．北京：人民出版社，2018：533.

发现，对于这本书我们是问心无愧的，虽然对费尔巴哈的迷信现在给人造成一种非常滑稽的印象。”① 1888 年，恩格斯在撰文简要总结《德意志意
208 识形态》时说道：“在这篇稿子送去付印以前，我又把 1845—1846 年的旧稿找出来看了一遍。其中关于费尔巴哈的一章没有写完。已写好的部分是阐述唯物主义历史观的；这种阐述只是表明当时我们在经济史方面的知识还多么不够。”② 恩格斯的态度在 1893 年在与一位俄国访客艾利克斯·沃登的谈话中表达得非常明确。1927 年，沃登在回忆这场谈话时，提及了马克思和恩格斯的早期著作：

> 我们下一场谈话是关于马克思和恩格斯的早期著作。起初，我表达对这些早期著作的兴趣的时候，恩格斯颇为尴尬。他也提到，马克思在学生时代时写过诗，但是那些诗很难引起读者的兴趣。然后他问普列汉诺夫及其他思想家对马克思和他自己的哪些作品感兴趣。引起兴趣的确切原因是什么？恩格斯认为这些“旧作”中最能引起这种兴趣的，难道不应该是有关费尔巴哈的篇章吗？
>
> 我悉数列举了普列汉诺夫支持尽快出版马克思的哲学著作以及他与恩格斯的合著的诸多理由。恩格斯说他也不止一次在德国同仁那里听到过这些意见，也无需质疑他们会对“旧作”产生兴趣一事的严肃性；但是他问了我一个问题，希望我可以如实作答：对他，也就是恩格斯来说，什么更重要——是用余生去出版四十年代的旧手稿，还是在《资本论》第三卷已经整理完毕的情况下，着手出版马克思关于剩余价值理论史的手稿？……
>
> 我抓住在我看来最有利的时机，力劝恩格斯至少把马克思早期作品中最重要、最不该遗忘的部分出版出来，仅凭费尔巴哈的部分是不够的。恩格斯说，为了深入理解“往事”，实际上人们需要对黑格尔本人产生兴趣，但当时并没有人是这样的，或者确切地说，无论是考茨基还是伯恩施坦都不是这样的。③

209 正如恩格斯在这里的评论所指出的，早期著作中所秉持的黑格尔主义

① Marx - Engels, *Selected Correspondence*, p. 217. 马克思，恩格斯．马克思恩格斯全集：第 31 卷．北京：人民出版社，1972：293.

② F. Engels, ‘Ludwig Feuerbach and the End of Classical German Philosophy’, Marx - Engels, *Selected Works*, Ⅱ 359. 马克思，恩格斯．马克思恩格斯全集：第 28 卷．2 版．北京：人民出版社，2018：534.

③ A. Voden, ‘Talks with Engels’, *Reminiscences of Marx and Engels* (Moscow, no date) pp. 330 f.

的方法很快就过时了。到了19世纪60年代，马克思的名声尚未冲出小圈子，而拉萨尔的声望已远在他之上。1867年《资本论》第一卷出版后，他才以一名“通过科学方法论证资本主义不可避免的衰落的经济学家”的身份而真正出名。早在1859年，恩格斯在马克思的《政治经济学批判》的书评中写道：“德国人早已证明，在一切科学领域内，他们与其余的文明民族不相上下，在大部分领域内甚至胜过它们。只有一门科学，在它的大师们当中，没有一个德国人的名字，这就是政治经济学。”① 而现在轮到卡尔·马克思了。大约在同一时期，《共产党宣言》开始产生影响力。诸如“宗教是人民的鸦片”这类马克思早期著作中的话语开始广为流传。伯恩施坦确实从《德意志意识形态》中摘录了部分内容进行发表，但对马克思的早期著作并未表现出真正的兴趣，即便是（最近的）正统马克思主义者亦持此态度。

马克思的早期著述并不多，这是其早期作品难以引人注目的其中一个原因。马克思1842年专为《莱茵报》撰写的政论文章于1851年在科隆进行了二次修订；《神圣家族》和发表在《德法年鉴》上的文章市面上早已绝版，被人遗忘；而马克思的博士论文、《黑格尔法哲学批判》、《巴黎手稿》、《德意志意识形态》则从未出版过。然而，进入世纪之交，马克思的早期著作开始（顺带）引起历史学家的关注，尤其是梅林，他不仅是第一部马克思传记的作者，亦是第一个德国社会民主党的历史学家。1902年，梅林出版了马克思和恩格斯的一些文学遗作，包括博士论文、《德法年鉴》上的部分论文，以及《神圣家族》。这些是包含大量翔实细节的介绍性文章。然而，梅林发表的版本中并不包括《黑格尔法哲学批判》、《巴黎手稿》和《德意志意识形态》。这或许与梅林不够重视黑格尔对马克思的影响有关（《黑格尔法哲学批判》和《巴黎手稿》是最具有黑格尔主义色彩
的马克思早期著作）。同年，伯恩施坦发表了马克思在《德意志意识形态》 *210*
中抨击施蒂纳的部分内容。但直到1927年，才开始有完整版本的马克思早期著作先后在法兰克福和柏林出版，编辑是供职于莫斯科马克思恩格斯学院的D. 梁赞诺夫。遗憾的是，这项出色的编辑工作在1932年因政治原因未能继续下去。然而，这一版本收录了《巴黎手稿》，使得这些新出版的著作以一种前所未有的视角呈现了马克思的思想。

早期著作鲜有问世，并非导致人们较晚才对这些著作产生兴趣的唯一

---

① 引自：E. Thier, ‘Etappen der Marxinterpretation’, *Marxismusstudien*, Ⅰ (1954) 15. 马克思，恩格斯．马克思恩格斯选集：第2卷．3版．北京：人民出版社，2012：6.

原因。众所周知，政治原因也致使马克思早期著作未能得到足够重视。青年马克思著作的复兴意味着对资产阶级哲学传统的兴趣的复兴，尤其是黑格尔主义的复兴。但在本世纪头20年，社会民主主义者和共产主义者强调他们与资产阶级的区别，并将马克思主义描绘成一种科学的无产阶级世界观，同过去的和当下的资产阶级理想截然相反。因此，他们将青年马克思和成熟的马克思进行鲜明对比，并对前者进行压制。然而，随着法西斯主义和斯大林主义这两大极权主义的兴起，具有人道主义倾向的对立分子被迫结盟。面对新的野蛮主义，强调马克思主义与西方哲学传统的延续性的时机已经成熟①。强调资产阶级和无产阶级革命运动之间的继承性是重要且必要的，因为这有助于防止德国和意大利资产阶级支持法西斯主义者。

20世纪20年代的学术环境也有利于激发人们对马克思早期著作的兴趣。彼时，围绕重要思想家的思想起源展开研究成为一股学术风潮：狄尔泰针对施莱尔马赫和黑格尔的早期作品进行著述；1920年迈耶尔出版了代
211 表作《恩格斯传》（第一卷）；最重要的是，黑格尔早期的神学著作于1907年首次出版。这重新燃起了人们对黑格尔及其在马克思思想形成过程中所产生的作用的兴趣。而在19世纪末，实证主义和新康德自由主义已经将黑格尔抛诸脑后。像伯恩施坦这样务实的修正主义者，即使能够理解黑格尔，也没有时间去研究他。考茨基和正统马克思主义者殊途同归，以实现教义上的纯洁性：他们希望能够宣扬一种没有任何伦理或形而上学因素的科学社会主义。列宁在流亡瑞士期间确实研究过黑格尔，但无论是他的理论还是实践，都没有多少证据表明受到了黑格尔的影响。

然而，到了20世纪20年代，人们又重新燃起了对黑格尔的兴趣。早在1911年，普伦格就出版过一本书，书中将青年时代的马克思描绘为黑格尔真正的学生。1923年出版的两部阐释马克思主义的著作都强调了黑格尔主义的成分。相较于马克思早期著作中尚未出版的部分，这两本书出版得更早，这就为我们理解黑格尔的重要性奠定了基础。这两本书都是用德语写的，分别是卡尔·科尔施的《马克思主义与哲学》和乔治·卢卡奇的《历史和阶级意识》。前者深刻阐述了马克思有关理论与实践相统一的学说、关于“哲学实现”的论述，以及马克思从黑格尔那里受到的启发。科尔施的书给人的印象是，正统的马克思主义受到了来自青年马克思的更加

① 参见：I. Fetscher，‘The Young and the Old Marx’，*Mars and the Western World*（Notre Dame，1967）.

开放的、尖锐的批判。后者秉持同样的态度，尖锐地批评了自然辩证法的概念，详尽地阐述了物化的思想，对马克思的“异化”概念重新进行了表述。卢卡奇的书的副标题为《马克思主义辩证法研究》，他在导言中写道：“如果不深入研究这种方法的创始人黑格尔及其与马克思的关系，就无法讨论具体的历史辩证法问题。马克思关于不要把黑格尔当作‘死狗’的告诫仍然是一纸空文，即使对许多优秀的马克思主义者来说也是如此。”① 第二国际的大多数理论家将历史唯物主义视为指明社会发展规律的客观的、科学的学说，这种规律和由自然科学家所揭示的规律类似。卢卡奇追随青年 *212*
马克思，认为自然科学由历史的发展和社会整体的组织部分所决定，并认为这一学说的中心思想正是无产阶级意识从意识变为实践。科尔施和卢卡奇受到了正统共产主义者，特别是考茨基的强烈批评，因此被开除出党，但他们的书依然存在影响力。

在这种氛围下，随着《黑格尔法哲学批判》和《巴黎手稿》这两本马克思描述他与黑格尔关系的著作的出版，进一步加深了人们对青年马克思的认识，围绕这一点的研究兴趣也更为强烈，尤其是在德国、法国和东欧。在 1930 年左右的德国，讨论主要是政治性的，认为无产阶级专政即使有议会制度的弱点，也是唯一可以替代法西斯主义的方案。随着希特勒的上台，这一讨论中断了 12 年。1945 年后，由于德国没有共产党，讨论变得学术化：马克思被视为一个独特的哲学家，这也成为博士论文中最受欢迎的主题。另一方面，在法国，马克思主义仍然是活跃的政治辩论的主题。在 20 世纪 30 年代，科伊夫围绕早期马克思著作而对黑格尔所做的绝妙又独树一帜的评论，激发了独立左翼与正统斯大林主义者的不懈斗争。战后，萨特和梅洛 - 庞蒂等存在主义思想家借鉴了很多马克思早期著作中的观点。因“修正主义”而被共产党开除党籍的人源源不断，其中最重要的是亨利·列斐伏尔——他强调“异化”和“全面人”的论题，这也构成了《巴黎手稿》的核心内容②。最近，这场辩论重新焕发了活力：罗杰·加洛蒂，一个准备与其他信仰对话的开放式马克思主义拥护者，提出马克思的人文主义思想主要源于其早期著作③；路易·阿尔都塞不认为马克思是人文主义者，声称这只是马克思早期著作的特征，而后便被放弃了④。马克思早期 *213*
著作在英语世界产生的影响更晚，《巴黎手稿》的第一个译本直到 1961 年

---

① G. Lukacs, *Histoire et consciene de classe* (Paris, 1960) p. 12.

② 参见：H. Lefebvre, Le *Matérialisme dialectique* (Paris, 1937).

③ 参见：R. Garaudy, *From Anathema to Dialogue* (London, 1967).

④ 参见：L. Althusser, *Pour Marx* (Paris, 1966).

才问世。

因此，就西方世界而言，马克思关于资本主义社会的两个主要分析中的第一个——无产阶级的逐渐贫困化及实现其革命作用的必要性——已经过时了。工会的建立和改良主义的发展表明，社会经济基础非但无助于无产阶级革命的发展，反而促使工人阶级逐步融入了社会秩序。尽管如此，马克思的第二个主要分析也是他早期著作中最重要的一个，即异化，其重要性远超他的想象。马克思在这里的分析旨在表明，在商品社会中，人们的劳动产品获得了一种与生产者相反的物质力量，这使得人与人之间的关系表现为物与物之间的关系。这一思想被马尔库塞和卢卡奇等作者以“物化”的名义提出，由此展开了严谨的分析。在这方面，高度发达的社会财富和复杂性使得马克思的分析比19世纪的预期的更有意义。当代对异化这一概念的使用五花八门。最近有人这么说：“在东方和西方的新马克思主义思想家、存在主义哲学家和神学家、精神病学家和工业心理学家、宗教人士和知识分子、造反的学生中，它产生了明显的共鸣，这意味着它的内涵和外延已经随着时代的特征不断地被扩展和修改。”① 然而，正是这种广泛的应用剥夺了这一概念的诸多用途，最近，围绕马克思早期著作中所使用的概念是否可用以验证和解释现有社会中某些现象出现了一些有趣的讨论。布劳纳在芝加哥对汽车装配工人的研究、弗里德曼对以色列集体农庄的讨论，以及当前对南斯拉夫工人管理经验的研究表明，当实证材料足够充分时，马克思的概念可以得到更加有效的利用。

214 另一方面，在东欧，意识形态与现实之间的差距引发了人们对马克思早期著作的广泛兴趣。特别是在捷克斯洛伐克、波兰和南斯拉夫，马克思的早期著作在知识分子中的影响力与日俱增。

2. 青年马克思和成熟的马克思主义

问题的关键在于，马克思的早期著作是否应该因其本身的缘故而被重视，以及它们是否揭示了马克思思想的灵魂。正如前述引用中马克思和恩格斯所表达的那样，二人并未对早期著作的手稿表现出足够的重视②。

---

① Lukes, ‘Alienation and Anomie’, in *Philosophy*, *Polities and Society*.

② 下文内容出自本书作者所著 *Karl Marx*: *The Early Tests*（Oxford, 1970）一书中引言部分的最后一节。本书在此基础上略有改动。

不过，尽管后来马克思和恩格斯有意回避他们早年的“哲学”话语， 215
并在《共产党宣言》中嘲笑德国作家：“他们在法国人对货币关系的批判下面写上‘人的本质的外化’”①，但他们总还是将德国工人运动视为德国古典哲学的继承者②。马克思的同时代者也许始终无法理解黑格尔，但马克思对黑格尔的兴趣却未曾减弱。很明显，马克思思想的连续性与其对黑格尔兴趣的持续性息息相关。1858 年他在给恩格斯的信中写道：

> 我取得了很大的进展。例如，我已经推翻了迄今存在的全部利润学说。完全由于偶然的机会——弗莱里格拉特发现了几卷原为巴枯宁所有的黑格尔著作，并把它们当做礼物送给了我——，我又把黑格尔的《逻辑学》浏览了一遍，这在材料加工的**方法**上帮了我很大的忙。如果以后再有工夫做这类工作的话，我很愿意用两三个印张把黑格尔所发现、但同时又加以神秘化的方法中所存在的**合理的东西**阐述一番，使一般人都能够理解……③

1873 年，在《资本论》德文第二版的后记中，马克思明确表达了他对黑格尔思想的立场，并特别提及《巴黎手稿》④ 中有关黑格尔辩证法的部分内容。恩格斯同样认同了黑格尔理论的重要性。他在一篇论述费尔巴哈的文章中写道：“哲学在黑格尔那里完成了，一方面，因为他在自己的体系中以最宏伟的方式概括了哲学的全部发展；另一方面，因为他（虽然是不自觉地）给我们指出了一条走出这些体系的迷宫而达到真正地切实地认识世界的道路。”⑤

那么，如果确如这些引文所意含的那样，马克思的思想中确实存在着某种同一性，那么这种同一性体现在何处？马克思早期和晚期的著作中又
存在着哪些共同的论题？一个可能的答案是，试图将马克思主义解读为对 216
社会发展的“科学”描述本就是种错误，因为马克思的核心灵感实际上是

---

① K. Marx – F. Engels, ‘The Communist Manifesto’, in *Selected Works*, Ⅰ 58. 马克思，恩格斯．马克思恩格斯选集：第 1 卷 .3 版．北京：人民出版社，2012：427.

② F. Engels, ‘Ludwig Feuerbach and the End of Classical German Philosophy’, in Marx – Engels, *Selected Works*, Ⅱ 402. 马克思，恩格斯．马克思恩格斯全集：第 28 卷 .2 版．北京：人民出版社，2018：367.

③ K. Marx – F. Engels, *Selected Correspondence*, p. 102. 马克思，恩格斯．马克思恩格斯文集：第 10 卷．北京：人民出版社，2009：143.

④ 参见上条引文，pp. 202f。

⑤ F. Engels, ‘Ludwig Feuerbach and the End of Classical German Philosophy’, in Marx – Engels, *Selected Works*, Ⅱ 365. 马克思，恩格斯．马克思恩格斯全集：第 28 卷 .2 版．北京：人民出版社，2018：327.

伪宗教的，有关这一点的证据在马克思早期著作中表达得十分清晰①。另一种观点则声称，马克思的中心议题是伦理学的，他的早期著作证明了这种道德义愤，而正是这种义愤引领着他始终坚持无产阶级事业，由此，黑格尔对他的影响并不是压倒一切的②。然而，最常见的回答是：马克思主义思想统一性与马克思同黑格尔的关系密切相关。在某种意义上，马克思一直是黑格尔主义者，且马克思早期著作的重要性恰恰在于它们详明记载了马克思对于黑格尔哲学的态度的形成过程。列宁于1914年所作的一篇文章也为此观点提供了证据支撑，他说："不钻研和不理解黑格尔的**全部**逻辑学，就不能完全理解马克思的《资本论》，特别是它的第1章。因此，半个世纪以来，没有一个马克思主义者是理解马克思的!!"③ 常被用以引证马克思的"黑格尔主义"的文献就是《巴黎手稿》。然而近来，有人认为马克思同黑格尔决定性的思想交汇出现在他更早一年所作的《黑格尔法哲学批判》一文中，马克思关于唯物主义、国家的消亡，以及共产主义的基本观点皆出自此处④。

如果说存在着一个贯穿马克思整个作品的主题的话，最明显的就是"异化"。这是马克思直接从黑格尔那里汲取过来的概念，尽管它的源头可追溯到更早以前。那些宣称要在"青年"马克思和"成熟"马克思之间找到突破点的人通常认为"异化"概念是马克思早期著作的核心思想，但后来马克思放弃了这一概念⑤。比如近来西德尼·胡克写道："很容易证明，人类异化的概念——除了《资本论》中的社会学的意义以外——实际上是
217 同马克思的人的概念并无关联。"⑥ 并且丹尼尔·贝尔曾说："尽管在青年马克思那里，关于异化的本质具有两重看法……但马克思的思想是沿着贫困、剥削的经济学概念这一狭窄的路径发展的，而另一条可能通向一个新的、人道主义的工作和劳动概念的道路则尚未被探讨。"⑦ 然而这些表述是不准确的。不只是关于异化的概念，事实上这一术语本身也在《资本论》中多次被论及。比如马克思写道："资本主义生产方式使劳动条件和劳动产

---

① 参见：Tucker, *Philosophgy and Myth in Karl Marx.*

② 参见：Rubel, Karl Marx. *Essai de biographie intellectuelle.*

③ 引自：V. I. Lenin, *Socialist Humanism*, ed. Fromm, p. 68. 列宁．列宁全集：第55卷．北京：人民出版社．1990：151.

④ 参见：Avineri, *The Social and Political Thought of Karl Marx.*

⑤ 参见 L. Feuer, 'What is alienation? The Career of a Concept', *New Polities* (spring 1962).

⑥ Hook, Fyrom Hegel to Marx, p. 5.

⑦ D. Bell, 'The Debate on Alienation', in *Revisionism*, ed. Labedz, p. 210.

品具有的与工人相独立和相异化的形态，随着机器的发展而发展成为完全的**对立**。”① 并且这不仅仅是一个术语表达层面的问题，同时也是内容要义的问题：《资本论》正是对马克思早期思想的延续。《资本论》第一卷的核心论题——剩余价值，是在劳动和价值等价的关系上论述的，这种关系可以追溯到“人是创造自身和生存条件的存在”这一概念——这是一个《巴黎手稿》中描述过的概念。根据马克思在《巴黎手稿》中的观点，在与他人合作的过程中不断地发展自我及周边世界正是人类的本质所在。马克思在《资本论》中所描述的正是人类的这种根本性质，即作为历史进程的开创者和掌控者的人是怎样被转变或异化的，又是如何从属于资本的非人的力量的。相对于异化了的人，《资本论》中同样论及了未被异化的或《巴黎手稿》中所提到的“完全意义上的”人。在《资本论》第一卷“机器和大工业”一章中，马克思对异化和非异化的生产模式对人类发展潜能的影响进行了同样的对比。他写道：

> 大工业还使下面这一点成为生死攸关的问题：用适应于不断变动的劳动需求而可以随意支配的人，来代替那些适应于资本的不断变动的剥削需要而处于后备状态的、可供支配的、大量的贫穷工人人口；用那种把不同社会职能当做互相交替的活动方式的全面发展的个人，来代替只是承担一种社会局部职能的局部个人。②

在《资本论》中，这一结论得到了一个基于先进技术影响的详细分析 218
的支持，但这一观点不应该掩盖这种连续性。

《资本论》中最能引发对马克思早期著作的联想的是第一章的最后一节，题为“商品拜物教”。整个章节都让人想起马克思1844年《巴黎手稿》中“异化劳动”一节，以及马克思关于詹姆斯·穆尔文章的阅读笔记。马克思写道：“商品形式的奥秘不过在于：商品形式在人们面前把人们本身劳动的社会性质反映成劳动产品本身的物的性质，反映成这些物的天然的社会属性，从而把生产者同总劳动的社会关系反映成存在于生产者之外的物与物之间的社会关系。”③ 接着，如同他在早期作品中经常使用的方

---

① K. Marx, *Capital*, Ⅰ 432. 马克思，恩格斯．马克思恩格斯全集：第42卷．2版．北京：人民出版社，2016：447.

② K. Marx, *Capital*, Ⅰ 488. 马克思，恩格斯．马克思恩格斯全集：第26卷．2版．北京：人民出版社，2014：312－313.

③ K. Marx, *Capital*, Ⅰ 72. 马克思，恩格斯．马克思恩格斯全集：第44卷．2版．北京：人民出版社，2001：89.

法，马克思援引宗教进行比较，并写道："因此，要找一个比喻，我们就得逃到**宗教世界**的幻境中去。在那里，**人脑的产物表现**为赋有生命的、彼此发生关系并同人发生关系的**独立存在的东西**。在**商品世界**里，**人手的产物**也是这样。"①

当然，应该记住的是，《资本论》只是马克思写作计划中一个未完成的作品。他常向恩格斯抱怨他被迫钻研经济学的那段时间。在《巴黎手稿》的序言部分，他曾概述过自己毕生的规划：

> 我打算用不同的、独立的小册子来相继批判法、道德、政治等等，最后再以一本专门的著作来说明整体的联系、各部分的关系以及对这一切材料的思辨加工进行批判。由于这个原因，在本著作中谈到的国民经济学同国家、法、道德、市民生活等等的联系，只限于国民经济学本身专门涉及的这些题目的范围。②

事实上，马克思所论述的内容从未超越他第一本政治经济学"小册子"所论及的范围。

219 《政治经济学批判大纲》一书的出版无疑证明了马克思思想的延续性，该本书手稿长达1000页，为马克思《政治经济学批判》（1859）和《资本论》（1857）奠定了基础。1939年，《政治经济学批判大纲》首次在莫斯科出版。然而出版的时间和地点限制了该书的影响力，直到1953年才出现一个可见的版本。《政治经济学批判》和《资本论》只是对《政治经济学批判大纲》的其中部分的阐述，而《政治经济学批判大纲》才是马克思著作的核心部分③。这一基础性的著作的内容已在《〈政治经济学批判〉序言》之中有所概括，但其后的内容却是与序言不相匹配的。马克思在一封给拉萨尔的信中称，《政治经济学批判大纲》是"十五年研究的'成果'，也就是说这十五年耗尽了我一生中的黄金岁月"。《政治经济学批判大纲》的导言分为两个部分，第一部分论述货币，第二部分内容更为宽泛，主要讲生产、流通以及利润形式下的资本。由于《政治经济学批判大纲》这本书仅为了澄清作者自身的困惑，因而其中一些以笔记形式写成的内容简略且晦

① Ibid. 马克思，恩格斯．马克思恩格斯全集：第42卷．2版．北京：人民出版社，2016：817.

② K. Marx, *Frühe Sehriften*, Ⅰ 506; Easton and Guddat, p. 284. 马克思，恩格斯．马克思恩格斯全集：第3卷．2版．北京：人民出版社，2002：219.

③ 参见：K. Marx, *Pre-capitalist Eeonomic Formations*, ed. E. Hobsbawm (London, 1964); M. Nicolaus, 'The Unknown Marx', *New Left Review* (Mar/Apr 1968).

涩。尽管它读起来相当零碎，但马克思是在黑格尔思想的基础上形成个人思想的，这一点是显而易见的。马克思在1844年著作中存在一些非常突出的问题，诸如劳动的真实本质和个人同社会利益冲突的解决等，都被重新讨论并得到了更为详尽的阐述。《政治经济学批判大纲》中的一些论调摘录如下：

> 古代的观点和现代世界相比，就显得崇高得多，根据古代的观点，人，不管是处在怎样狭隘的民族的、宗教的、政治的规定上，总是表现为生产的目的，在现代世界，生产表现为人的目的，而财富则表现为生产的目的。事实上，如果抛掉狭隘的资产阶级形式，那么，财富不就是在普遍交换中产生的个人的需要、才能、享用、生产力等
> 等的普遍性吗？财富不就是人对自然力——既是通常所谓的“自然” 200
> 力，又是人本身的自然力——的统治的充分发展吗？财富不就是人的创造天赋的绝对发挥吗？这种发挥，除了先前的历史发展之外没有任何其他前提，而先前的历史发展使这种全面的发展，即不以**旧有的**尺度来衡量的人类全部力量的全面发展成为目的本身。在这里，人不是在某一种规定性上再生产自己，而是生产出他的全面性；不是力求停留在某种已经变成的东西上，而是处在变易的绝对运动之中。
>
> 在资产阶级经济以及与之相适应的生产时代中，人的内在本质的这种充分发挥，表现为完全的空虚化；这种普遍的对象化过程，表现为全面的异化，而一切既定的片面目的的废弃，则表现为为了某种纯粹外在的目的而牺牲自己的目的本身。①

如此一来，《政治经济学批判大纲》就像《巴黎手稿》一样被“黑格尔化”了，这两部著作的出版使得人们不会再认为“只有马克思的早期著作才具有哲学意义”。而在后来的著作中，马克思所展现出的经济学兴趣也超越了其早期的人道主义视域。早期著作涵盖了马克思思想的全部后续主题，也展现了其思想脉络的形成过程。马克思的著作印证了亚里士多德的观点，即要想厘清一件事，就必须回溯至它的起源。

---

① K. Marx, *Pre-capitalist Eeonomic Formations*, ed. Hobsbawm, p. 85. 马克思，恩格斯．马克思恩格斯全集：第30卷．2版．北京：人民出版社，1995：479－480.

年　表

1818 年 5 月：马克思诞生	
1830 年：马克思入读特里尔中学	
1831 年：黑格尔逝世	
1835 年夏：D. F. 施特劳斯发表《耶稣传》	8 月：中学毕业论文
10 月：马克思入读波恩大学	
1836 年秋：同燕妮·冯·威斯特华伦秘密订婚	
10 月：马克思转入柏林大学	
1837 年：马克思加入博士俱乐部	马克思早期致父亲的诗信
11 月："科隆事件"	
1838 年 1 月：创办《哈雷年鉴》	
5 月：亨利希·马克思去世	
1839 年	马克思开始博士论文的写作
1840 年 6 月：弗里德里希·威廉四世成功登上普鲁士王位	
1841 年 2 月：费尔巴哈发表《基督教的本质》	
	4 月：马克思提交博士论文
6 月：马克思离开柏林前往波恩	
1842 年 1 月：《莱茵报》创刊，马克思前往特里尔	
3 月：巴伦·冯·威斯特华伦逝世	
4 月：马克思前往波恩	4 月：《法的历史学派的哲学宣言》
	5 月：《关于出版的自由的辩论》
	7 月：《"科隆日报"社论》
10 月：马克思担任《莱茵报》主编	《共产主义和奥格斯堡〈总汇报〉》

	10 月：《关于林木盗窃法的辩论》
11 月：洛伦茨·冯·施泰因发表《当代法国的社会主义和共产主义》。	《论离婚法草案》
1843 年 3 月：《莱茵报》被查封。马克思前往克罗伊茨纳赫。	3－8 月：《黑格尔法哲学批判》
费尔巴哈发表他的《论文序言》。	
6 月：马克思结婚。	3 月、5 月、9 月：《致卢格的信》
10 月：马克思迁居巴黎。	10 月：《论犹太人问题》
1844 年：	1 月：《黑格尔哲学批判导言》
2 月：《德法年鉴》发表。	
4 月：马克思与卢格决裂。	8 月：《评“普鲁士人的〈普鲁士国王和社会改革〉”一文》
1845 年 2 月：马克思从巴黎被驱逐。	
	夏季：《巴黎手稿》

参考文献

Texts

1. *German*

K. Marx – F. Engels, *Historisch-kritische Gesamtausgabe*, ed. D. Rjazanov and V. Adoratskij (Berlin, 1927 ff.) (=*MEGA*).

K. Marx – F. Engels, *Werke* (Berlin, 1956 ff.) (=*MEW*).

K. Marx, *Frühe Schriften*, ed. H.-J. Lieber and P. Furth (Stuttgart, 1962).

K. Marx, *Die Frühschriften*, ed. S. Landshut (Berlin, 1953).

K. Marx, *Texte zu Methode und Praxis*, ed. G. Hillmann (Hamburg, 1966).

K. Marx – F. Engels, *Studienausgabe*, ed. I. Fetscher (Frankfurt, 1966).

2. *English*

K. Marx, *Early Writings*, ed. T. B. Bottomore (London, 1963).

K. Marx, *Writings of the Young Marx on Philosophy and Society*, ed. L. Easton and K. Guddat (New York, 1967).

K. Marx, *The Early Texts*, ed. D. McLellan (Oxford, 1970).

K. Marx, *Critique of Hegel's Philosophy of Right*, ed. J. O'Malley (Cambridge, 1970).

K. Marx, *Early Writings*, intro. L. Colletti (London, 1975).

K. Marx – F. Engels, *Collected Works*, vols 1–3 (London, 1976).

3. *French*

K. Marx, *Œuvres complètes*, ed. J. Molitor (Paris, 1935).

K. Marx, *Manuscrits de 1844*, ed. E. Bottigelli (Paris, 1962).

K. Marx, *Œuvres*, ed. M. Rubel (Paris, 1962 ff.).

Commentaries

1. *Books in English*

H. P. Adams, *Karl Marx in his Earlier Writings* (London, 1940; 2nd ed.

London, 1965).
S. Avineri, *The Social and Political Thought of Karl Marx* (Cambridge, 1968).
I. Berlin, *Karl Marx*, 3rd ed. (Oxford, 1963).
B. Delfgaauw, *The Young Marx* (London, 1967).
P. Demetz, *Marx, Engels and the Poets* (Chicago, 1965).
H. Draper, *Karl Marx's Theory of Revolution*, 2 vols (New York, 1977).
L. Dupré, *The Philosophical Foundations of Marxism* (New York, 1966).
E. Fromm (ed.), *Socialist Humanism* (London, 1967).
E. Fromm, *Marx's Concept of Man* (New York, 1961).
R. Garaudy, *Karl Marx: The Evolution of his Thought* (London, 1967).
S. Hook, *From Hegel to Marx*, 2nd ed. (Michigan, 1962).
Z. Jordan, *The Evolution of Dialectical Materialism* (London, 1967).
G. Lichtheim, *Marxism* (London, 1961).
N. Lobkowicz, *Theory and Practice: The History of a Marxist Concept* (Notre Dame, 1967).
K. Löwith, *From Hegel to Nietzsche* (London, 1965).
D. McLellan, *The Young Hegelians and Karl Marx* (London, 1969).
H. Marcuse, *Reason and Revolution* (New York, 1941).
F. Mehring, *Karl Marx* (London, 1936).
B. Nicolaievsky and O. Maenchen-Helfen, *Karl Marx* (London, 1936).
N. Rotenstreich, *Basic Principles of Marx's Philosophy* (Indianapolis and New York, 1965).
J. Talmon, *The Origins of Totalitarian Democracy* (London, 1952).
R. Tucker, *Philosophy and Myth in Karl Marx* (Cambridge, 1961).
V. Venable, *Human Nature: The Marxian View* (London, 1946).

2. *Articles in English*

S. Avineri, 'Marx and Jewish Emancipation', *Journal of the History of Ideas*, XXV (1964).
S. Avineri, 'The Hegelian Origins of Marx's Political Thought', *Review of Metaphysics* (Sep 1967).
D. Bell, 'Two Roads from Marx: The Themes of Alienation and Exploitation and Workers' Control in Socialist Thought', in *The End of Ideology* (Glencoe, 1960).
D. Bell, 'The Debate on Alienation', in *Revisionism*, ed. L. Labedz (London, 1962).
R. Bowles, 'The Marxian Adaptation of the Ideology of Fourier', *South Atlantic Quarterly*, LIV ii (1955).

D. Braybrooke, 'Diagnosis and Remedy in Marx's Doctrine of Alienation', *Social Research* (autumn 1958).

G. Cohen, 'Bourgeois and Proletarians', *Journal of the History of Ideas* (Jan 1968).

F. Conklin, 'Some Aspects of the Marxian Philosophy of God', *The New Scholasticism*, XXVIII (1954).

L. Easton, 'Alienation and History in the Early Marx', *Philosophy and Phenomenological Research* (Dec 1961).

M. Evans, 'Marx Studies', *Political Studies* (autumn 1970).

I. Fetscher, 'The Young and the Old Marx', in *Marx and the Western World*, ed. N. Lobkowicz (Notre Dame, 1967).

L. Halle, 'Marx's Religious Drama', *Encounter* (Oct. 1965).

M. Harrington, 'Marx versus Marx'. *New Politics* (autumn 1961).

A.L. Harris, 'Utopian Elements in Marx's Thought', *Ethics*, LX (Jan 1950).

D. Hodges, 'The Young Marx: A Reappraisal', *Philosophy and Phenomenological Research* (Dec 1966).

W. Johnston, 'Marx's Verse of 1836–37', *Journal of the History of Ideas* (Apr 1967).

E. Kamenka, 'The Primitive Ethic of Karl Marx', *Australasian Journal of Philosophy*, XXXV ii (1957).

N. Lobkowicz, 'Marx's Attitude towards Religion', in *Marx and the Western World*, ed. N. Lobkowicz (Notre Dame, 1967).

K. Löwith, 'Self-alienation in the Early Writings of Marx', *Social Research* (1954).

S. Lukes, 'Alienation and Anomie', in *Philosophy, Politics and Society*, 3rd series, ed. P. Laslett and W. G. Runciman (Oxford, 1967).

D. McLellan, 'Marx's View of the Unalienated Society', *Review of Politics* (Oct 1969).

S. Moore, 'Marx and the State of Nature', *Journal of the History of Philosophy* (1967).

E. Olssen, 'Marx and the Resurrection', *Journal of the History of Ideas* (1968).

J. O'Malley, 'History and Man's "Nature" in Marx', *Review of Politics*, (Oct 1966).

J. O'Neill, 'Alienation, Class Struggle and Marxian Anti-politics', *Review of Metaphysics* (1964).

J. O'Neill, 'The Concept of Estrangement in the Early and Later Writings of Karl Marx', *Philosophy and Phenomenological Research* (Sep 1964)

H. Parsons, 'The Prophetic Mission of Karl Marx', *Journal of Religion* (Jan 1964).

R. Pranger, 'Marx and Political Theory', *Review of Politics* (Apr 1968).

M. Rader, 'Marx's Interpretation of Art and Aesthetic Value', *British Journal of Aesthetics* (1967).

A. Ryan, 'A New Look at Professor Tucker's Marx', *Political Studies* (1967).

A. Schaff, review of Fromm and Tucker, *History and Theory*, II (1962).

T. Sowell, 'Marx and the Freedom of the Individual', *Ethics* (Oct 1962).

3. *Books in French*

L. Althusser, *Pour Marx* (Maspero, Paris, 1966).

K. Axelos, *Marx, penseur de la technique* (Éditions de Minuit, Paris, 1961).

E. Bottigelli, *Genèse du socialisme scientifique* (Éditions Sociales, Paris, 1967).

J. Y. Calvez, *La Pensée de Karl Marx* (Seuil, Paris, 1956).

A. Cornu, *Karl Marx. Sa vie et son œuvre* (Alcan, Paris, 1934).

A. Cornu, *Karl Marx et Friedrich Engels. Leur vie et œuvre*, 3 vols (Presses Universitaires de France, Paris, 1955–62).

G. Cottier, *L'Athéisme du jeune Marx* (Urin, Paris, 1959).

G. Cottier, *Du romantisme au marxisme* (Alsatia, Paris, 1961).

H. Desroches, *Marxisme et religions* (P.U.F., Paris, 1962).

H. Desroches, *Socialismes et sociologie religieuse* (Paris, 1965).

R. Garaudy, *Karl Marx* (Seghers, Paris, 1964).

F. Grégoire, *Aux sources de la pensée de Marx : Hegel, Feuerbach* (Louvain and Paris, 1947).

H. Lefebvre, *Le Matérialisme dialectique* (P.U.F., Paris, 1937).

H. Lefebvre, *Marx : sa vie, son œuvre* (P.U.F., Paris, 1964).

H. de Lubac, *Le Drame de l'humanisme athée* (Spes, Paris, 1943).

E. Mandel, *La Formation de la Pensée économique de Karl Marx* (Maspero, Paris, 1967).

P. Naville, *Le Nouveau Léviathan* (Paris, 1957).

R. Ollivier, *Marx et Engèls, poètes* (Mercure de France, Paris, 1935).

M. Rubel, 'Introduction to K. Marx', *Oeuvres*, Vol. 2 (Paris, 1968).

L. Somerhausen, *L'Humanisme agissant de Karl Marx* (Paris, 1946).

C. Wackenheim, *La Faillite de la religion d'après Karl Marx* (Paris, 1963).

E. Weil, *Hegel et l'État* (Paris, 1950).

4. *Articles in French*

H. C. Desroches, 'Socialisme et sociologie du christianisme', *Cahiers Internationaux de Sociologie* (1956).

R. Duchac, 'Bourgeoisie et prolétariat à travers l'œuvre de Marx',

Cahiers Internationaux de Sociologie (1961).

M. Dufrenne, 'Histoire et historicité: un aspect de la sociologie du jeune Marx', *Cahiers Internationaux de Sociologie* (1948).

E. Grollier, 'Classes et rapports de classes dans les premières œuvres de Marx', *Cahiers Internationaux de Sociologie* (1954).

G. Gurvitch, 'La Sociologie du Jeune Marx', *Cahiers Internationaux de Sociologie* (1948).

J. Hyppolite, 'Marxisme et Philosophie', *Revue Socialiste*, v, reprinted in: *Études sur Hegel et Marx*, 2nd ed. (Paris, 1965).

J. Hyppolite, 'De la structure philosophique du "Capital" et quelques présupposées philosophiques de l'œuvre de Marx', *Bulletin de la société française de Philosophie*, XLII (Oct 1948) (reprinted as above).

J. Hyppolite, 'La Conception hégélienne de l'État et sa critique par Karl Marx', *Cahiers Internationaux de Sociologie* (1947) (reprinted as above).

H. Jaegar, 'Savigny et Marx', *Archives de la Philosophie du Droit* (1967).

M. Rubel, 'Les Cahiers d'études de Karl Marx (1840–1853)', *International Review of Social History* (1957).

M. Rubel, 'Science, éthique et idéologie', *Cahiers Internationaux de Sociologie* (1966).

R. van der Gucht, 'Aventures du marxisme', *Frères du Monde*, XLV (1967).

5. *Books in German*

J. Barion, *Hegel und die marxistische Staatslehre* (Bonn, 1963).

H. Barth, *Wahrheit und Ideologie* (Zürich, 1945).

K. Bekker, *Marx' philosophische Entwicklung – Sein Verhältnis zu Hege* (Zürich, 1940).

E. Bloch, *Das Prinzip Hoffnung*, 2 vols (Berlin, 1954 f.).

W. Blumenberg, *Karl Marx* (Hamburg, 1962).

K. Bockmuehl, *Leiblichkeit und Gesellschaft* (Göttingen, 1961).

K. H. Breuer, *Der Junge Marx – Sein Weg zum Kommunismus* (Cologne, 1954).

G. Dicke, *Der Identitätsgedanke bei Feuerbach und Marx* (Cologne-Opladen, 1960).

M. Friedrich, *Philosophie und Ökonomie beim jungen Marx* (Berlin, 1960).

G. Hillmann, *Karl Marx: Texte zu Methode und Praxis*, 3 vols (Hamburg, 1966).

G. Hillmann, *Marx und Hegel* (Frankfurt, 1966).

J. Hommes, *Der technische Eros* (Freiburg, 1955).

P. Kägi, *Genesis des historischen Materialismus* (Vienna, 1965).
H. Klages, *Technischer Humanismus: Philosophie und Soziologie der Arbeit bei Marx* (Stuttgart, 1964).
H. König, *Die Rheinische Zeitung von 1842/3 in ihrer Einstellung zur Kulturpolitik des Preussischen Staates* (Münster, 1927).
A. Kuenzli, *Marx – Eine Psychographie* (Vienna, 1966).
S. Landshut, *Karl Marx: Die Frühschriften – Einleitung* (Stuttgart, 1953).
K. Löwith, *Von Hegel zu Nietzsche*, 2nd ed. (Stuttgart, 1950).
A. Massiczek, *Der menschliche Mensch* (Vienna, 1968).
G. Mende, *Karl Marx' Entwicklung vom revolutionären Demokraten zum Kommunisten*, 3rd ed. (Berlin, 1960).
S. Miller and B. Sawadzki, *Karl Marx in Berlin* (Berlin, 1956).
H. Monz, *Karl Marx und Trier* (Trier, 1964).
T. Oiserman, *Die Entstehung der marxistischen Philosophie* (Berlin, 1965).
J. Plenge, *Marx und Hegel* (Tübingen, 1911).
M. Reding, *Der politische Atheismus* (Vienna, 1957).
R. Sannwald, *Marx und die Antike* (Basel, 1957).
A. Schaff, *Marxismus und das menschliche Individuum* (Vienna, 1965).
H. Schiel, *Die Umwelt des jungen Marx* (Trier, 1964).
A. Schmidt, *Der Begriff der Natur in der Lehre von Marx* (Frankfurt am Main, 1962).
W. Schuffenhauer, *Feuerbach und der junge Marx* (Berlin, 1965).
W. Sens, *Karl Marx. Seine irreligiöse Entwicklung und anti-christliche Einstellung* (Halle, 1935).
H. Stuke, *Philosophie der Tat* (Stuttgart, 1963).
E. Thier, *Das Menschenbild des jungen Marx* (Göttingen, 1957).
W. Victor, *Marx und Heine*, 3rd ed. (Berlin, 1953).

6. *Articles in German*

D. Baumgarten, 'Über den "verloren geglaubten" Anhang zu Karl Marx' Doktordissertation' in *Gegenwartsprobleme der Soziologie. Alfred Vierkandt zum 80. Geburtstag*, ed. Eisermann (Potsdam, 1949).
E. Bloch, 'Der Student Marx', *Sinn und Form*, III iv (1951).
F. Borkenau, *Karl Marx – Auswahl und Einleitung* (Fischer Bücherei, Frankfurt am Main, 1956).
F. Delekat, 'Vom Wesen des Geldes', *Marxismusstudien*, I (1954).
I. Fetscher, 'Von der Philosophie des Proletariats zur proletarischen Weltanschauung', *Marxismusstudien*, II (1957).
I. Fetscher, 'Das Verhältnis des Marxismus zu Hegel', *Marxismus-studien*, III (1960).
J. Gebhardt, 'Karl Marx und Bruno Bauer', *Politische Ordnung und menschliche Existenz. Festgabe für Eric Voegelin* (Munich, 1962).

H. Gollwitzer, 'Die marxistische Religionskritik und christlicher Glaube', *Marxismusstudien*, IV (1962).

C. Gruenberg, 'Urkundliches aus den Universitätsjahren von Karl Marx', *Archiv für die Geschichte des Sozialismus und der Arbeiterbewegung*, XII (1926).

C. Gruenberg, 'Marx als Abiturient – Urkundliche Mitteilungen mit Einleitung', *Archiv für die Geschichte des Sozialismus und der Arbeiterbewegung*, XI (1925) 6.

R. Heiss, 'Hegel und Marx', *Symposium, Jahrbuch für Philosophie*, I (1948).

H. Hirsch, 'Marx und das religiöse Opium', *Geist und Tat, V* viii (1950).

H. Hirsch, 'Marxiana Judaica', *Cahiers de l'ISEA*, Series S (1963).

H. Hirsch, 'Marxens Milieu', *Cahiers de l'ISEA*, Series S (1965).

G. Huntemann, 'Der Gedanke der Selbstentfremdung bei Karl Marx und in den Utopien von E. Cabet bis G. Orwell', *Zeitschrift für Religions- und Geistesgeschichte*, VI (1954).

A. Kober, 'Karl Marx' Vater und das napoleonische Ausnahmegesetz gegen die Juden, 1808', *Jahrbuch des kölnischen Geschichtsvereins*, XIV (1932).

L. Landgrebe, 'Hegel und Marx', *Marxismusstudien*, I (1954).

L. Landgrebe, 'Das Problem der Dialektik', *Marxismusstudien*, III (1960).

E. Lenz, 'Karl Marx über die epikureische Philosophie', in *Archiv für die Geschichte des Sozialismus und der Arbeiterbewegung*, XIII (1918).

P. Ludz, 'Zur Situation der Marx-Forschung in West-Europa', *Kölner Zeitschrift für Soziologie und Sozialphilosophie*, X (1954).

W. Maihofer, 'Recht und Staat im Denken des jungen Marx', in *Karl Marx 1818–1968* (no editor) (Mainz 1968).

H. Marcuse, 'Neue Quelle zur Grundlegung des historischen Materialismus', *Die Gesellschaft*, IX (1932).

E. Metzke, 'Mensch und Geschichte im ursprünglichen Ansatz des Marx'schen Denkens', *Marxismusstudien*, II (1957).

H. Monz, 'Die soziale Lage der elterlichen Familie von Karl Marx', in *Karl Marx 1818–1968* (no editor) (Mainz, 1968).

T. Ramm, 'Die künftige Gesellschaftsordnung nach der Theorie von Marx und Engels', *Marxismusstudien*, II (1957).

A. Rich, 'Die kryptoreligiösen Motive in den Frühschriften von Karl Marx', *Theologische Zeitschrift*, VII (1951).

G. Rohrmoser, 'Stillstand der Dialektik', *Marxismusstudien*, V (1968).

H.-M. Sass, 'Feuerbach statt Marx', *International Review of Social History* (1967).

H. Schlawin, 'Grundzüge der Philosophie des jungen Marx', *Studia Philosophica*, XVII (1957).

H. Stein, 'Karl Marx und der Rheinische Pauperismus', *Jahrbuch des kölnischen Geschichtsvereins*, XIV (1932).
E. Thier, 'Etappen der Marxinterpretation', *Marxismusstudien*, I (1954).

7. *Books in Italian*

M. dal Pra, *La dialettica in Marx* (Bari, 1965).
G. Pischel, *Marx Giovane* (Milan, 1948).
M. Rossi, *Marx e la dialettica hegeliana* (Rome, 1962).
A. Sabetti, *Sulla fondazione del materialismo storico* (Florence, 1962).

索　引

图书在版编目（CIP）数据

马克思主义以前的马克思/（英）戴维·麦克莱伦（David McLellan）著；李智等译．—北京：中国人民大学出版社，2023．10
（马克思主义研究译丛：典藏版）
ISBN 978-7-300-32006-9

Ⅰ．①马… Ⅱ．①戴… ②李… Ⅲ．①马克思主义—研究 Ⅳ．①A81

中国国家版本馆 CIP 数据核字（2023）第 142874 号

“十三五”国家重点出版物出版规划项目
马克思主义研究译丛·典藏版
马克思主义以前的马克思
［英］戴维·麦克莱伦（David McLellan） 著
李智 杨倩 等 译
Makesi Zhuyi Yiqian de Makesi

出版发行	中国人民大学出版社		
社 址	北京中关村大街 31 号	**邮政编码**	100080
电 话	010－62511242（总编室）		010－62511770（质管部）
	010－82501766（邮购部）		010－62514148（门市部）
	010－62515195（发行公司）		010－62515275（盗版举报）
网 址	http://www.crup.com.cn		
经 销	新华书店		
印 刷	涿州市星河印刷有限公司		
开 本	720 mm×1000 mm 1/16	**版 次**	2023 年 10 月第 1 版
印 张	13.5 插页 3	**印 次**	2023 年 10 月第 1 次印刷
字 数	230 000	**定 价**	79.00 元

马克思主义研究译丛·典藏版

从戈尔巴乔夫到普京的俄罗斯道路：苏联体制的终结和新俄罗斯
[美] 大卫·M. 科兹　弗雷德·威尔
非理性主义：卢卡奇与马克思主义理性观　[美/法] 汤姆·洛克莫尔
马克思与黑格尔的对话　[美] 诺曼·莱文
马克思主义理论的新起点　[美] 斯蒂芬·A. 雷斯尼克 理查德·D. 沃尔夫
资本主义的起源：学术史视域下的长篇综述　[加] 埃伦·米克辛斯·伍德
大同世界　[美] 迈克尔·哈特　[意] 安东尼奥·奈格里
平等与自由：捍卫激进平等主义　[加] 凯·尼尔森
马克思社会发展理论新解　[美] 罗伯特·布伦纳
革命的马克思主义与20世纪社会现实　[比利时] 欧内斯特·曼德尔
超越后殖民理论　[美] 小埃·圣胡安
民主化的进程　[匈] 捷尔吉·卢卡奇
马克思的《大纲》：《政治经济学批判大纲》150年　[意] 马塞罗·默斯托
理解马克思　[美] 乔恩·埃尔斯特
中国辩证法：从《易经》到马克思主义　[美] 田辰山
马克思传（第4版）　[英] 戴维·麦克莱伦
苏联的马克思主义：一种批判的分析　[美] 赫伯特·马尔库塞
全球动荡的经济学　[美] 罗伯特·布伦纳
马克思的幽灵：债务国家、哀悼活动和新国际　[法] 雅克·德里达
马克思以后的马克思主义（第3版）　[英] 戴维·麦克莱伦
反对资本主义　[美] 戴维·施韦卡特
马克思的复仇：资本主义的复苏和苏联集权社会主义的灭亡
[英] 梅格纳德·德赛
激进民主　[美] 道格拉斯·拉米斯
马克思思想导论（第3版）　[英] 戴维·麦克莱伦
马克思与恩格斯：学术思想关系　[美/英] 特瑞尔·卡弗
新帝国主义　[美] 戴维·哈维
新自由资本主义的兴衰成败　[美] 大卫·M. 科兹
马克思　[美/英] 特瑞尔·卡弗
另一个马克思：从早期手稿到国际工人协会　[意] 马塞罗·默斯托
马克思主义与国家：一种分析的方法　[英] 保罗·威瑟利
青年马克思（第三版）　[俄罗斯] Н. И. 拉宾
马克思的《资本论》（第六版）
[英] 本·法尔恩　阿尔弗雷多·萨德-费洛
卡尔·马克思：马克思思想传记（第2版）　[美] 艾伦·W. 伍德
马克思主义以前的马克思　[英] 戴维·麦克莱伦